Der Einfluß der Ehegattenbesteuerung auf den Drittaufwand zwischen Ehegatten

Europäische Hochschulschriften
Publications Universitaires Européennes
European University Studies

Reihe II
Rechtswissenschaft

Série II Series II
Droit
Law

Bd./Vol. 3939

PETER LANG
Frankfurt am Main · Berlin · Bern · Bruxelles · New York · Oxford · Wien

Katharina Franckenstein

Der Einfluß der Ehegattenbesteuerung auf den Drittaufwand zwischen Ehegatten

PETER LANG
Europäischer Verlag der Wissenschaften

Bibliografische Information Der Deutschen Bibliothek
Die Deutsche Bibliothek verzeichnet diese Publikation in der Deutschen Nationalbibliografie; detaillierte bibliografische Daten sind im Internet über <http://dnb.ddb.de> abrufbar.

Zugl.: Frankfurt (Main), Univ., Diss., 2003

D 30
ISSN 0531-7312
ISBN 3-631-52481-1

www.peterlang.de

VORWORT

Die vorliegende Arbeit wurde im Wintersemester 2002/2003 von der Juristischen Fakultät der Johann Wolfgang Goethe-Universität in Frankfurt am Main als Dissertation angenommen.
Mein herzlicher Dank gilt Frau Richterin des Bundesverfassungsgerichts Professor Dr. Lerke Osterloh für die stets engagierte Betreuung des Vorhabens und Herrn Professor Dr. Joachim Wieland für die zügige Erstellung des Zweitgutachtens.
Besonders bedanken möchte ich mich auch bei meinem Vater, Herrn Professor Dr. Rolf-Dieter Felst, für seinen Beitrag zur Beendigung der Arbeit.

INHALTSVERZEICHNIS

TEIL 1: DER DRITTAUFWAND

TEIL 3: EHEGATTENBESTEUERUNG UND EHEGATTEN - DRITTAUFWAND

TEIL 1: DER DRITTAUFWAND

1. Kapitel
Einführung in die Fragestellung der Arbeit

A. Einleitung

Unter dem Problemkreis „Drittaufwand"[1] versteht man die Frage, ob und gegebenenfalls wie im Einkommensteuerrecht Aufwendungen Berücksichtigung finden, die zwar durch eine steuerbare oder existenzvorsorgende Tätigkeit des Steuerpflichtigen veranlaßt sind, aber nicht von ihm selbst, sondern von einem Dritten wirtschaftlich getragen werden.[2]

Um einen solchen häufig vorkommenden Fall des Drittaufwandes handelt es sich beispielsweise bei der sog. unentgeltlichen Nutzungsüberlassung. Überläßt eine Ehefrau ihrem Ehemann unentgeltlich Praxisräume in einem ihr gehörenden Gebäude, so trägt die Ehefrau in Form der Absetzungen für Abnutzung (AfA) hinsichtlich ihres Eigentums Aufwendungen, die im Veranlassungszusammenhang mit der Erwerbstätigkeit ihres Mannes stehen. Dies ist ein klassischer, bis heute heftig umstrittener Fall des Drittaufwandes, in dem die AfA der Ehefrau nach dem heutigen

---

[1] In Literatur und Rechtsprechung wird sowohl der Ausdruck „Drittaufwand" als auch der der „Drittaufwendungen" verwandt.

[2] Vgl. Brandis, StuW 1990, 57 ; Heilmann, DStR 1993, 1201 (1203) ; Diemer, BB 1992, 26 ; Biergans, DStR 1989, 367 (372) ; Jakob, DStR 1987, 784 (785) ; Groh, BB 1982, 133 (140) ; Söhn, in: Kirchhof/Söhn, EStG, § 4 Rdnr. E 190 ; Prinz, in: Herrmann/Heuer/Raupach, EStG, § 9 Anm. 43 ; Christ, Drittaufwand, Werbungskosten und Einkommensteuersystem, S. 25 ; Adamik, Die einkommensteuerrechtliche Behandlung des Drittaufwands, S. 3f.

Stand der Rechtsprechung steuerlich unberücksichtigt bleibt, da sie mit der unentgeltlichen Überlassung keine Einkünfte erzielt.[3] Das war aber nicht immer so.

Bis 1987 hatte die Rechtsprechung die Abziehbarkeit von Drittaufwand in Form der AfA-Beträge in solchen Fällen mittels einer Konstruktion der Nutzungsrechtseinlage möglich gemacht.[4] Danach sollte der Nutzende ein unentgeltlich erlangtes Nutzungsrecht, bewertet mit dem modifizierten Teilwert, in sein Betriebsvermögen einlegen und abschreiben können.[5]
Durch Beschluß v. 26.10.1987[6] machte der Große Senat des Bundesfinanzhofes dieser Konstruktion ein Ende. In dem Beschluß entschied der Große Senat, daß schlichte Nutzungsvorteile nicht Gegenstand einer Einlage sein können, da sie nicht die Eigenschaft von Wirtschaftsgütern hätten. Bei dinglichen oder obligatorischen Nutzungsrechten mit gesicherter Rechtsposition dagegen handele es sich zwar um einlagefähige Wirtschaftsgüter, bei der Bewertung der Einlage sei jedoch „dem Zweck der Einlage Rechnung zu tragen". Daher sei die Bewertung solcher Einlagen mit dem Teilwert „mit den Wertungen des Einkommensteuerrechtes, erzielte Nutzungen der Besteuerung zu unterwerfen, nicht vereinbar", da anderenfalls „dem Nutzungsertrag eine entsprechende Abschreibung auf das Nutzungsrecht" gegenüberstünde mit der Folge, „daß die durch Realisierung des Nutzungsrechts erzielte Vermögensmehrung unversteuert" bliebe.[7] Der Einlagewert solcher Nutzungsrechte

---

[3] BFH v. 23.8.1999 - GrS 2/97, BFHE 189, 160 (165ff), BStBl. II 1999, 782 (786f), DStR 1999, 1649ff; BFH v. 20.9.1990 - IV R 300/84, BFHE 162, 86 (88f), BStBl. II 1991, 82 (84).
[4] BFH v. 20.11.1980 - IV R 117/79, BFHE 131, 516 (519), BStBl. II 1981, 68 (70) ; BFH v. 2.8.1983 - VIII R 170/78, BFHE 139, 76 (78), BStBl. II 1983, 735 (736) : BFH v. 2.8.1983 - VIII R 57/80, BFHE 139, 73 (75), BStBl. II 1983, 739 (740) ; BFH v. 31.10.1978 - VIII R 196/77, BFHE 127, 168 (170), BStBl. II 1979, 401 ; BFH v. 22.1.1980 - VIII R 74/77, BFHE 129, 485 (488), BStBl. II 1980, 244.
[5] Vgl. BFH v. 20.8.1986 - I R 41/82, BFHE 147, 502 (517ff), BStBl. II 1987, 65 (68, 71f).
[6] BFH v. 26.10.1987 - GrS 2/86, BFHE 151, 523, BStBl. II 1988, 348.
[7] BFH v. 26.10.1987 - GrS 2/86, BFHE 151, 523 (531), BStBl. II 1988, 348 (353).

beträgt demnach grundsätzlich 0 Euro.[8] „Ob bei der unentgeltlichen Überlassung der Nutzung durch Angehörige auch die dem Angehörigen entstandenen und noch entstehenden Aufwendungen als sog. Drittaufwand vom Betriebsinhaber abgesetzt werden können"[9], ließ der Bundesfinanzhof in seinem Beschluß jedoch ausdrücklich offen.

In der Folgezeit war man vielfach der Meinung, der Große Senat habe die Frage, ob Drittaufwand abzugsfähig ist, in dem Beschluß grundsätzlich verneint und nur für den Fall offengelassen, daß er im Verhältnis zwischen Angehörigen entstanden sei.[10] Tatsächlich war jedoch nur der Weg zur Abziehbarkeit des Drittaufwandes mittels der Bildung einer Nutzungsrechtseinlage verneint worden.[11] Die Konstruktion anderer Wege zur Abziehbarkeit des Drittaufwandes ging weiter.

1992 legte der IV. Senat des Bundesfinanzhofes dem Großen Senat wegen der grundsätzlichen Bedeutung einen bis dahin „klassischen" Fall des Drittaufwandes vor, mit der Bitte um Beantwortung der Rechtsfrage, ob „im Falle der unentgeltlichen Nutzungsüberlassung durch Angehörige der diesen entstandene Aufwand beim Nutzenden als sog. Drittaufwand berücksichtigt werden"[12] kann. In dem Fall ging es um die Frage, ob der Ehemann die von ihm allein getragenen Kosten für die Renovierung des, in dem gemeinsamen Haus der klagenden Eheleute gelegenen Praxisteils in voller Höhe geltend machen darf oder nur in Höhe der hältigen, seinem Eigentumsanteil (Grundsatz der Aufteilung selbständiger Gebäudeteile in so viele Wirtschaftsgüter wie Eigentümer vorhanden sind) entsprechenden Kosten.

---

[8] Vgl. auch dazu *Söhn*, in: Kirchhof/Söhn, EStG, § 4 Rdnr. E 233.
[9] BFH v. 26.10.1987 - GrS 2/86, BFHE 151, 523 (535), BStBl. II 1988, 348 (353).
[10] BFH 20.9.1990 - IV R 300/84, BFHE 162, 86 (88), BStBl. II 1991, 82 (83) ; gl.A. *Groh*, DB 1988, 514 (518) ; *Bordewin*, DStR 1988, 227 (230) ; a.A. *Schmidt*, FR 1988, 166 ; *Biergans*, DStR 1989, 367 (372ff).
[11] Schmidt/*Drenseck*, EStG, § 7 Rdnr. 35 ; *Meuerer*, in: Lademann, EStG, § 4 Anm. 578.

Die erhoffte „Lösung" der Drittaufwandsproblematik brachte der Beschluß des Großen Senats v. 30.1.1995 zu der vorgelegten Frage jedoch nicht. Der Große Senat sah in den streitigen Aufwendungen keinen Drittaufwand, sondern Eigenaufwand des Nutzenden auf ein für ihn zum Teil fremdes Wirtschaftgut.[13] Somit ging der Streit um die Möglichkeit und Voraussetzungen der Abzugsfähigkeit des Drittaufwandes weiter.

Bereits 1996 stand der Drittaufwand auf Grund von drei Vorlagebeschlüssen des VI. Senates des Bundesfinanzhofes erneut auf dem Prüfstand des Großen Senates.[14] Allen drei Vorlagebeschlüssen lagen Sachverhaltsgestaltungen zwischen Ehegatten zugrunde. Diesmal bestanden innerhalb des VI. Senates unterschiedliche Auffassungen über die Frage, ob es für den Werbungskosten- bzw. Betriebsausgabenabzug eines Ehegatten nicht gleichgültig sei, wer von den Ehegatten die Kosten für das genutzte Wirtschaftsgut getragen habe; ob also nicht die zwischen den Ehegatten bestehende Lebens- und Wirtschaftsgemeinschaft Sonderregelungen für die Abziehbarkeit des Drittaufwandes (Dritt-AfA) zwischen Ehegatten erforderlich ma-

---

[12] BFH v. 9.7.1992 - IV R 115/90, BFHE 169, 56, BStBl. II 1992, 948.

[13] BFH v. 30.1.1995 - GrS 4/92, BFHE 176, 267 (272), BStBl. II 1995, 781 (783). Der Große Senat hatte sich von der sonst in diesen Fällen vorgenommenen Konstruktion der vorherigen Zuwendung der auf den Nicht-Unternehmer-Ehegatten entfallenden Renovierungskosten anläßlich der Nutzung des Wirtschaftsgutes und des daraus resultierenden eigenen Aufwandes des Nicht-Unternehmer-Ehegatten (hier die Ehefrau) abgewandt. Somit lag kein Aufwand der nutzungsüberlassenden Ehefrau mehr vor, den der einkünfteerzielende Ehemann als sog. Drittaufwand geltend machen könnte. Vielmehr handelte es sich so um Eigenaufwand des Ehemannes, den dieser im eigenen betrieblichen Interesse, soweit der Miteigentumsanteil der Klägerin betroffen ist, auf ein fremdes Wirtschaftsgut getätigt hat. Diesen Eigenaufwand darf der Ehemann steuerlich voll geltend machen. Denn das Nettoprinzip, dem zufolge erwerbssichernde Aufwendungen von den Einkünften abgezogen werden, gebietet den Abzug der vom Steuerpflichtigen getätigten Aufwendungen auch dann, wenn und soweit diese Aufwendungen auf ein fremdes (hier im Eigentum der Ehefrau) stehendes Wirtschaftsgut erbracht werden, BStBl. II 1995, 281 (284). Vgl. auch BFH v. 19.10.1995 - IV R 136/90, BFH/NV 1996, 306.

[14] BFH v. 22.11.1996 - VI R 77/95, BFHE 181, 362ff, BStBl. II 1997, 208ff, DStRE 1997, 134ff; BFH v. 25.11.1996 - VI R 8/90, BFHE 181, 377ff, BStBl. II 1997, 215ff DStRE 1997, 140ff; BFH v. 25.11.1996 - VI R 23/95, BFHE 181, 383ff, BStBl. II 1997, 219ff, DStRE 1997, 143f.

che.[15] Eine Mindermeinung innerhalb des VI. Senates bejahte dies, da nur so fragwürdige Konstruktionen wie der wechselseitige Abschluß von Miet- und Gebrauchsüberlassungsverträgen unter Ehegatten vermieden würden.[16] Die Mehrheit innerhalb des VI. Senates demgegenüber sah in der Abziehbarkeit von Drittaufwand eine so gravierende Durchbrechung der subjektbezogenen Einkunftsermittlung, daß sie nur auf Grund einer ausdrücklichen Bestimmung im Gesetz möglich sei.[17]

Dieser Auffassung schloß sich der Große Senat im wesentlichen an. In seinen jüngsten Beschlüssen zum Drittaufwand vom 23.8.1999 sah er keine gesetzliche Grundlage, Aufwendungen für Abnutzung (AfA) dem beruflich nutzenden Ehegatten zuzurechnen, solange dieser keine eigenen Kosten getragen und sich nicht an den Anschaffungs- bzw. Herstellungskosten des eingesetzten Wirtschaftsgutes beteiligt hat.[18]

Hatte der beruflich nutzende Ehegatte demgegenüber eigene Aufwendungen auf das von ihm zur Einkunftserzielung genutzte Wirtschaftsgut getätigt, so erklärte der BFH diese Aufwendungen für grundsätzlich abziehbar, unabhängig von einem eigenen Eigentumsanteil des nutzenden Ehegatten,[19] denn Voraussetzung für den Abzug von Aufwendungen ist nach Auffassung des BFH nicht, „daß dem Steuerpflichtigen das Wirtschaftsgut, an dessen Anschaffungs- oder Herstellungskosten er sich beteiligt, als Eigentümer zuzurechnen ist. Ausschlaggebend sei vielmehr letztlich, ob der

---

[15] BFH v. 22.11.1996 - VI R 77/95, BFHE 181, 362 (365ff), BStBl. II 1997, 208 (209f).
[16] BFH v. 22.11.1996 - VI R 77/95, BFHE 181, 362 (367), BStBl. II 1997, 208 (210), DStRE 1997, 134 (136).
[17] BFH v. 22.11.1996 - VI R 77/95, BFHE 181, 362 (370), BStBl. II 1997, 208 (210), DStRE 1997, 134 (136).
[18] BFH v. 23.8.1999 - GrS 2/97, BFHE 189, 160 (165ff), BStBl. II 1999, 782 (786), DStR 1999, 1649 (1651f).
[19] BFH v. 23.8.1999 - GrS 1/97, BFHE 189, 151 (154ff), BStBl. II 1999, 778 (780), DStR 1999, 1653 (1655) ; BFH v. 23.8.1999 - GrS 5/97, BFHE 189, 174, BStBl. II 1999, 775 (776), DStR 1999, 1656 (1657).

Steuerpflichtige Aufwendungen im beruflichen Interesse trägt.“[20] Damit setzt der BFH die bereits mit der Entscheidung vom 30.1.1995 begonnene Rechtsprechung zur Abziehbarkeit von Eigenaufwand fort. Nichtabziehbarer *echter Dritt*aufwand liegt danach nur in den Fällen vor, in denen der einkunftserzielende Steuerpflichtige selbst keine eigenen Aufwendungen auf das Wirtschaftsgut getätigt hatte, sondern Aufwendungen eines Dritten ihm rechtlich zugerechnet werden sollen. Für eine solche Zurechnung sieht der Große Senat derzeit keine Grundlage im Gesetz. Die Aussage des BFH, „Ein anderes Ergebnis könnte nur durch eine gesetzliche Regelung ermöglicht werden“[21] sowie die Ausdehnung der steuerlichen Berücksichtigung von Eigenaufwand des nutzenden Ehegatten (*unechter Drittaufwand*),[22] legen die Vermutung nahe, der Große Senat favorisiere einen möglichst umfangreichen Abzug von Drittaufwendungen. Allerdings sieht er für die Abziehbarkeit des sog. *echten Drittaufwandes* zwischen Ehegatten derzeit (noch) keinen dogmatisch gangbaren Weg.[23] Eine Lösung scheint er sich daher von dem Steuergesetzgeber zu erhoffen.

Vor diesem Hintergrund scheint die Behandlung des Drittaufwandes noch nicht abschließend geklärt zu sein.

---

[20] BFH v. 23.8.1999 - GrS 1/97, BFHE 189, 151 (155), BStBl. II 1999, 778 (780), DStR 1999, 1653 (1655).

[21] BFH v. 23.8.1999 - GrS 2/97, BFHE 189, 160 (170), BStBl. II 1999, 782 (788), DStR 1999, 1649 (1652).

[22] BFH v. 23.8.1999 - GrS 1/97, BFHE 189, 151 (155f), BStBl. II 1999, 778 (780), DStR 1999, 1653 (1654) ; BFH v. 23.8.1999 - GrS 3/97, BFHE 189, 172 (174), BStBl. II 1999, 787 (789), DStRE 1999, 777 (778) ; BFH v. 23.8.1999 - GrS 5/97, BFHE 189, 174 (177f), BStBl. II 1999, 774 (776), DStR 1999, 1656 (1657).

[23] So auch *Fischer*, NWB, Fach 3, S. 10925 (10933).

B. Ehegatten - Drittaufwand – ein Sonderfall ?

In sämtlichen dem Großen Senat des BFH zum Drittaufwand vorgelegten Fällen, sowie in den allermeisten sonstigen Verfahren zu Fragen des Drittaufwandes, ging und geht es um Sachverhaltsgestaltungen zwischen Ehegatten.[24] Der Grund hierfür liegt wohl darin, daß zwischen Ehegatten am ehesten Aufwendungen ohne Gegenleistung für einen anderen erbracht werden (sog. Dritt-Zahlungen) oder Wirtschaftsgüter unentgeltlich zur Verfügung gestellt werden (sog. Dritt-AfA).[25]

In Hinblick auf die in der Regel zwischen Ehegatten bestehende eheliche Wirtschaftsgemeinschaft, in der nicht unterschieden wird zwischen "meinen und deinen" Ausgaben, sondern das gemeinsame Wirtschaften im Vordergrund steht, erscheint es besonders ungerecht, Erwerbsaufwendungen steuerlich unberücksichtigt zu lassen, nur weil sie von dem anderen Ehegatten gezahlt wurden.

---

[24] Arbeitszimmer-Fälle: BFH v. 18.10.1983 - VI R 68/83, BFHE 139, 520, BStBl. II 1984, 112f; BFH v. 3.4.1987 - VI R 91/85, BFHE 149, 572, BStBl. II 1987, 623ff; BFH v. 12.2.1988 - VI R 141/85, BFHE 152, 491, BStBl. II 1988, 764ff; BFH v. 18.3.1988 - VI R 27/85, BFH/NV 1988, 773f; BFH v. 18.3.1988 - VI R 78/83, BFH/NV 1988, 777f.
FG Berlin v. 21.1.1975 - V 75/74, EFG 1975, 414ff; FG Berlin v. 14.10.1980 - V 314/79, EFG 1981, 337ff, bestätigt durch BFH v. 22.6.1987 - IX R 38/81, FR 1988, 138 ; FG Rheinland-Pfalz v. 27.1.1987 - 2 K 286/85, EFG 1987, 452f; FG Rheinland-Pfalz v. 27.9.1988 - 2 K 91/86, EFG 1989, 106f.
Praxis-Fälle: BFH v. 31.5.1972 - IV R 31/69, BFHE 106, 79, BStBl. II 1972, 699f ; BFH v. 22.1.1980 - VIII R 74/77, BFHE 129, 485, BStBl. II 1980, 244ff ; BFH v. 20.9.1990 - IV R 300/84, BFHE 162, 86, BStBl. II 1991, 82f; BFH v. 7.11.1991 - IV R 57/90, BFHE 165, 545, BStBl. II 1992, 141ff; BFH v. 9.7.1992 - IV R 115/90, BFHE 169, 56, BStBl. II 1992, 948ff; BFH v. 30.1.1995 - GrS 4/92, BFHE 176, 267, BStBl. II 1995, 281 ; BFH v. 23.11.1995 - IV R 50/94, BFHE 179, 303, BStBl. II 1996, 193.
FG Düsseldorf v. 4.11.1970 - II 150/69 E, EFG 1971, 226f ; FG Düsseldorf v. 24.5.1973 - IX 12/73 E, EFG 1973, 595f ; FG Münster v. 28.5.1974 - VI 1697/72 E, EFG 1974, 566f ; Hess. FG v. 27.7.1989 - 10 K 499 - 500/86, EFG 1990, 165f ; FG Köln v. 22.8.1990 - 11 K 3659/87, EFG 1991, 14f; FG Rheinland-Pfalz v. 24.5.1991 - 4 K 1149/88, EFG 1992, 10 ; FG Rheinland-Pfalz v. 12.11.1991 - 2 K 2833/89, EFG 1992, 331f.

[25] Vgl. Teil 1, 2. Kap., B. Die verschiedenen Fallgruppen des Drittaufwandes und ihre rechtliche Behandlung.

In der Tat ist die Ausgangslage für die Beurteilung des Drittaufwandes bei Ehegatten eine andere als bei fremden Dritten.[26] Ehegatten leben – auch nach den Vorstellungen des Steuergesetzgebers[27] – in der Regel in einer Lebens- und Wirtschaftsgemeinschaft, die durch die gegenseitige Teilhabe der Ehegatten am gemeinsamen Erwerb und Verbrauch gekennzeichnet ist. Durch die Zusammenveranlagung nach §§ 26b, 32a Abs. 5 EStG, der Regelveranlagung für Ehegatten (§ 26 Abs. 3 EStG), wird dieser Erwerbs- und Verbrauchsgemeinschaft der Ehegatten auch steuerlich Rechnung getragen.[28]

Der aus der historischen Haushaltsbesteuerung übernommenen Vorstellung von der Wirtschaftsgemeinschaft der Ehegatten, welche auch im heutigen Steuerrecht weiterhin ihren Niederschlag findet, steht die die Ehegattenbesteuerung seit dem Beschluß des Bundesverfassungsgericht zur Haushaltsbesteuerung vom 17.1.1957[29] prägende Individualbesteuerung gegenüber, die dazu führt, daß auf der für den hier zu untersuchenden Drittaufwand[30] relevanten Ebene der Einkünfteermittlung (§ 2 Abs. 2 EStG) Ehegatten sich wie fremde Dritte gegenüberstehen[31] und die Erwerbs- und Verbrauchsgemeinschaft dort unberücksichtigt bleibt.[32]

---

[26] Ebenso *Weber-Grellet*, StuW 1993, 199 (208).

[27] Vgl. *Lang*, Die Bemessungsgrundlage der Einkommensteuer, S. 623.

[28] Vgl. in Teil 2, 2. Kap., B., II.,1.a.), aa.) Erwerbs- und Verbrauchsgemeinschaft (§ 26b EStG).

[29] BVerfG v. 17.1.1957 - 1 BvL 4/54, BVerfGE 6, 55ff, BStBl. II 1957, 195ff.

[30] Grundsätzlich gibt es Drittaufwand auf allen Stufen der Ermittlung des zu versteuernden Einkommens (§ 2 Abs. 2 - 5 EStG), also auch bei den Sonderausgaben und außergewöhnlichen Belastungen (§ 2 Abs. 4 EStG), vgl. *Crezelius*, Steuerrecht II, § 9 Rdnr. 6 ; *Diemer*, BB 1992, 26 Fn. 3 ; *Heilmann*, Persönliche Vermögensbelastung als Voraussetzung der Aufwendungstatbestände im Einkommensteuerrecht, S. 65 ; *Adamik*, Die einkommensteuerrechtliche Behandlung des Drittaufwandes, S. 8 ; *Kaiser*, Die Abzugsfähigkeit des Drittaufwandes, S. 32ff. Im Bereich des Drittaufwandes zwischen Ehegatten, welcher Gegenstand diese Arbeit ist, steht jedoch ausschließlich der Drittaufwand im Bereich der Werbungskosten und Betriebsausgaben im Streit.

[31] BFH v. 26.7.1983 - VIII R 160/80, BFHE 139, 69 (71), BStBl. II 1983, 674.

[32] *Büchele*, DStR 1997, 952 zweifelt den Grundsatz der getrennten Einkunftsermittlung bei zusammenveranlagten Ehegatten an mit dem Argument, es handele sich nicht um ein geschriebenes Tatbestandsmerkmal des § 26b EStG.

Innerhalb des heutigen Systems der Ehegattenbesteuerung kommen also zwei unterschiedliche Besteuerungskonzeptionen zur Wirkung. So werden die Einkünfte der Ehegatten nach dem Prinzip der Individualbesteuerung für jeden Ehegatten einzeln ermittelt, was grundsätzlich zur Nichtabziehbarkeit des im Rahmen der Einkünfteermittlung entstehenden Drittaufwandes auch zwischen Ehegatten führt.[33] Im weiteren Verlauf der Ermittlung der Einkommensteuerbemessungsgrundlage werden die Einkünfte der Ehegatten dann, um der ehelichen Wirtschaftsgemeinschaft Rechnung zu tragen, zusammengerechnet und die Ehegatten im folgenden wie ein Steuerpflichtiger behandelt (§ 26b EStG). Daher ist außerhalb der Einkünfteermittlung anfallender Drittaufwand zwischen Ehegatten grundsätzlich abziehbar, unabhängig davon, welcher der Ehegatten ihn wirtschaftlich getragen hat.[34]

Es stellt sich also die Frage, ob die beiden die Ehegattenbesteuerung beherrschenden Besteuerungskonzeptionen, die Individualbesteuerung und die Besteuerung der „ehelichen Wirtschaftsgemeinschaft"[35], hinsichtlich des Drittaufwandes im Bereich der Einkünfteermittlung in einem richtigen Ausgleich zueinander stehen oder ob nicht vielmehr die eheliche Wirtschaftsgemeinschaft auch im Bereich der Einkünfteermittlung zur Abziehbarkeit des Drittaufwandes zwischen Ehegatten führen muß.[36]

---

[33] BFH v. 20.9.1990 - IV R 300/84, BFHE 162, 86, BStBl. II 1981, 82.

[34] BFH v. 22.3.1967 - VI R 300/66, BFHE 89, 69 (71), BStBl. III 1967, 596 (597) ; BFH v. 19.4.1989 - X R 2/84, BFHE 157, 101 (104), BStBl. II 1989, 683 (684) ; *Kaiser*, Die Abzugsfähigkeit des Drittaufwandes, S. 76 (Sonderausgaben), S. 83 (außergewöhnliche Belastungen) ; *Tipke*, StuW 1980, 1 (9) ; vgl. auch *Kanzler*, in: Herrmann/Heuer/Raupach, EStG, § 33 Anm. 21.

[35] Vgl. *Lang*, Die Bemessungsgrundlage der Einkommensteuer, S. 621f. *Lang* verwendet den Begriff „Haushaltsbesteuerung" für die zweite Konzeption innerhalb der Ehegattenbesteuerung, da sie aus der historischen Haushaltsbesteuerung übernommen wurde. In dieser Arbeit soll jedoch der Begriff von der ehelichen Wirtschaftsgemeinschaft geprägt werden, um nicht zu sehr in die Nähe des Schlagwortes der „verfassungswidrigen Haushaltsbesteuerung" zu geraten.

[36] Ebenso *Gosch*, Die Wirtschaftsprüfung 1994, 73 (75).

Eine Mindermeinung innerhalb des VI. Senates hatte in dem Vorlagebeschluß vom 22.11.1996[37] einen Vorstoß in diese Richtung gemacht und sich auf den Standpunkt gestellt, es „bestehe eine tatsächliche Vermutung des Inhalts, daß typischerweise Eheleute das Familienheim in Lebens- und Wirtschaftsgemeinschaft errichtet haben und daß deswegen anzunehmen sei, die Aufwendungen seien von demjenigen Ehegatten getragen worden, der das Wirtschaftsgut für seine betrieblichen oder beruflichen Zwecke nutze“[38]. Für diese Ansicht sprächen auch die folgenden Überlegungen: „Wenn die Einkünfte im Grundsatz auch bei Ehegatten getrennt zu ermitteln seien, gehe es letztlich auch nach Abschaffung der Haushaltsbesteuerung um die Ermittlung der steuerlichen Leistungsfähigkeit der Ehegemeinschaft als Lebens- und Wirtschaftsgemeinschaft. Würden daher von einem Ehegatten (....) Aufwendungen getätigt, die die Einkunftserzielung des anderen Ehegatten (....) förderten, so müßten diese Aufwendungen als Erwerbsaufwendungen des Einkunftserzieler-Ehegatten abziehbar sein. Der Besteuerung würde eine unzutreffende Leistungsfähigkeit der Ehegemeinschaft zugrunde gelegt, wenn zwar Einnahmen des Einkunftserzieler-Ehegatten steuererhöhend angesetzt würden, die Aufwendungen dagegen unberücksichtigt blieben, die der Eigentümer-Ehegatte für die Einkunftserzielung des Einkunftserzieler-Ehegatten getätigt habe und die der Steigerung der steuerlichen Leistungsfähigkeit der Ehegemeinschaft gedient hätten“[39].

Bestätigt sah sich diese Mindermeinung auch durch § 26b EStG, wonach Ehegatten gemeinsam wie ein Steuerpflichtiger behandelt würden. Soweit § 26b EStG davon ausgehe, daß zunächst die Einkünfte der Ehegatten ermittelt würden, sei damit die

---

[37] BFH v. 22.11.1996 - VI R 77/95, BFHE 181, 362 (366f), BStBl. II 1997, 208, DStRE 1997, 134 (136).

[38] BFH v. 22.11.1996 - VI R 77/95, BFHE 181, 362 (366f), BStBl. II 1997, 208, DStRE 1997, 134 (136).

[39] BFH v. 22.11.1996 - VI R 77/95, BFHE 181, 362 (367), BStBl. II 1997, 208 (210), DStRE 1997, 134 (136).

Ermittlungstechnik gemeint. Diese könne aber der Verwirklichung des materiell-rechtlichen Grundsatzes nicht entgegenstehen, wonach bei der Besteuerung von Ehegatten die gemeinsame steuerliche Leistungsfähigkeit ausschlaggebend sei.[40]
Der Große Senat ist dieser Mindermeinung nicht so weit gefolgt, eine tatsächliche Vermutung dieser Art anzunehmen, dennoch hat sie den Großen Senat so weit gebracht, einen Finanzierungsbeitrag des Einkunftserzieler-Ehegatten unabhängig von den Eigentumsverhältnissen an dem Gebäude als auf seinen beruflich oder betrieblich genutzten Teil des Gebäudes verwandt anzusehen und zum steuerlichen Abzug zuzulassen.[41]

Bevor näher darauf eingegangen wird, ob die eheliche Lebens- und Wirtschaftsgemeinschaft eine weitergehende Sonderbehandlung des Drittaufwandes zwischen Ehegatten auf der Ebene der Einkünfteermittlung rechtfertigen oder sogar gebieten kann, soll zuerst ein Überblick über die grundsätzliche Problematik des Drittaufwandes gegeben werden. Im Anschluß daran wird die Entwicklung der Besteuerung von Ehegatten von der Haushaltsbesteuerung zur heutigen Form der Ehegattenbesteuerung dargestellt, um so den Hintergrund der heutigen gesetzlichen Regelungen zur Ehegattenbesteuerung deutlich zu machen.
Schließlich wird untersucht, ob die Ehegattenbesteuerung – insbesondere die Zusammenveranlagung – zu einer steuerlichen Abziehbarkeit des Drittaufwandes zwischen zusammenveranlagten Ehegatten führt.

---

[40] BFH v. 22.11.1996 - VI R 77/95, BFHE 181, 362 (367), BStBl. II 1997, 208 (210), DStRE 1997, 134 (136).
[41] BFH v. 23.8.1999 - GrS 1/97, BFHE 189, 151 (155f), BStBl. II 1999, 778 (780), DStR 1999, 1653 ; vgl. hierzu auch Teil 1, 2. Kap. B. I. 2. b.) bb.) unechte Dritt-AfA.

2. Kapitel

Darstellung der Drittaufwandsproblematik

A. Drittaufwand – ein der Einkommensteuer immanentes Problem

In dem einkommensteuerrechtlichen „Normalfall" zahlt der Steuerpflichtige seine mit der Verwirklichung eines Einkunftstatbestandes in Zusammenhang stehenden Aufwendungen selbst. Die beiden Komponenten des Werbungskosten- bzw. Betriebsausgabenbegriffes – Veranlassungszusammenhang und Vermögensminderung – fallen somit in der Person des Steuerpflichtigen zusammen und die Einkünfteminderung durch die getätigten Aufwendungen wird unproblematisch dem Steuerpflichtigen zugeordnet (§ 2 Abs. 2 EStG).

Problematisch wird es jedoch bei dem oben beschriebenen sog. Drittaufwand.[42] Hier fallen die beiden Tatbestandskomponenten des Betriebsausgaben- bzw. Werbungskostenbegriffes auseinander, da der Veranlassungszusammenhang der Aufwendungen mit Einnahmen des Steuerpflichtigen gegeben ist, die Vermögensminderung jedoch bei dem zahlenden Dritten eintritt. In diesen Fällen des Auseinanderfallens des Werbungskosten- bzw. Betriebsausgabentatbestandes stellt sich die Frage, ob und auf welchem Wege die Vermögensminderung des zahlenden Dritten dem Steuerpflichtigen zugerechnet werden kann. Es bedarf folglich einer konkreten Entscheidung über die personelle Zurechnung der fraglichen Aufwendungen.

Das Einkommensteuerrecht enthält hierzu keine ausdrücklichen Vorschriften. Es verlangt zwar hinsichtlich der Einkünfte in den §§ 2 Abs. 1 bzw. 8 Abs. 1, 11 Abs. 1 EStG expressis verbis Zufluß beim Steuerpflichtigen. Bei den Betriebsausgaben und Werbungskosten hingegen wird ein Abfluß beim Steuerpflichtigen selbst in den

§§ 4 Abs. 4 bzw. 9 Abs. 1, 11 Abs. 2 EStG jedoch nicht erwähnt. Ob, bei wem und in welcher Weise ein solcher Vermögensabfluß des Steuerpflichtigen vorliegen muß, ist dogmatischer Kern der Drittaufwandsproblematik.

[42] Vgl. Teil 1, 1.Kap., A. Einleitung.

B. Die verschiedenen Fallgruppen des Drittaufwandes und ihre rechtliche Behandlung

I. Werbungskosten und Betriebsausgaben

Werbungskosten (§ 9 Abs. 1 EStG) und Betriebsausgaben (§ 4 Abs. 4 EStG) lassen sich nach Maßgabe ihrer zeitlichen Geltendmachung einteilen in solche, die sofort in vollem Umfang abzugsfähig sind, und andere, die periodisiert als sog. Absetzung für Abnutzung (AfA) in Teilbeträgen geltend gemacht werden müssen. Da es auch beim Drittaufwand um die Abziehbarkeit von Werbungskosten und Betriebsausgaben geht, muß dort entsprechend unterschieden werden zwischen sofort abziehbaren *Dritt-Zahlungen* und der sog. *Dritt-AfA*.

1. Dritt-Zahlungen

Um Fälle der sog. Dritt-Zahlungen handelt es sich, wenn ein Dritter für einen Steuerpflichtigen Aufwendungen wirtschaftlich trägt, die im Veranlassungszusammenhang zu Einnahmen des Steuerpflichtigen stehen und bei diesem als sofort abzugsfähige Betriebsausgaben oder Werbungskosten abziehbar wären.
Das ist beispielsweise der Fall, wenn ein Vater die Zahlungen für die Dachreparatur am Mietshaus seines Sohnes übernimmt. Für den Vater sind das Ausgaben, denen keine Einnahmen aus dem Mietobjekt gegenüberstehen. Bei dem Sohn liegen zwar mit der Dachreparatur in Veranlassungszusammenhang stehende Mieteinnahmen vor, er hat jedoch die Ausgaben wirtschaftlich nicht getragen.
In einem solchen Fall, in dem die beiden „Tatbestands"komponenten des Aufwendungstatbestandes – Veranlassungszusammenhang und Vermögensminderung – in

unterschiedlichen Personen verwirklicht sind, stellt sich die Frage nach einer Zurechnungsmöglichkeit der einzelnen Tatbestandsmerkmale, um so den Abzug der Ausgaben zu gewährleisten. Für die Zurechnung von Aufwendungen ist es dabei zunächst entscheidend, daß sie mit steuerpflichtigen Einnahmen in Veranlassungszusammenhang stehen. Es ist also nur derjenige abzugsberechtigt, mit dessen Einnahmen oder steuerlich relevanter Tätigkeit die Aufwendungen in Veranlassungszusammenhang stehen. Hierüber besteht seit den sog. Mai-Urteilen des BFH Einigkeit.[43]

Anders ist es jedoch hinsichtlich der Vermögensminderung. Die Frage, ob und unter welchen Voraussetzungen die Vermögensminderung des Dritten dem einkünfteerzielenden Steuerpflichtigen zugerechnet werden kann, wird als Kernproblem des Drittaufwandes heftig diskutiert.

a.) Literaturmeinungen zu den Dritt-Zahlungen

Bei der Suche nach einem Lösungsweg für die Dritt-Zahlungen wird in der Literatur überwiegend unterschieden zwischen Sachverhalten in denen es um eine „Abkürzung des Zahlungsweges" geht und solchen der „Abkürzung des Vertragsweges". Während man sich bei ersteren einig ist, die Dritt-Zahlungen zum Abzug beim Steuerpflichtigen zuzulassen,[44] sind letztere weiterhin umstritten.[45]

---

[43] BFH v. 13.5.1980 - VIII R 63/79, BFHE 131, 212, BStBl. II 1981, 295ff; BFH v. 13.5.1980 - VIII R 75/79, BFHE 131, 208, BStBl. II 1981, 297ff; BFH v. 13.5.1980 - VIII R 128/78, BFHE 131, 216, BStBl. II 1981, 293ff.

[44] Schmidt/*Drenseck*, EStG, § 9 Rdnr. 71 ; *ders.* FR 1987, 235 ; *Littmann*, DB 1980, 1040 ; *Hutter*, DStZ 1981, 47 (51) ; *Diemer*, BB 1992, 36 (39) ; *v. Bornhaupt*, in: Kirchhof/Söhn, EStG, § 9 Rdnr. B 53ff ; *Lang*, in: Tipke/Lang, Steuerrecht, § 9 Rz. 222f ; *Jakob*, Einkommensteuer, § 2 Rdnr. 30 ; *ders.*, DStR 1987, 784 (787f) ; *Jakob/Jüptner*, FR 1988, 141 (148f) ; *Crezelius*, Steuerrecht II, § 9 Rdnr. 6; *Prinz*, Werbungskosten bei den Einkünften aus Vermietung und Verpachtung, S. 44 ; *ders.*, in: Herrmann/Heuer/Raupach, § 9 EStG Anm. 43 ; *Ruppe*, in: Schulze-Osterloh (Hrsg.), Rechtsnachfolge im Steuerrecht, S. 45 (71ff.) ; *Groh*, BB 1982, 133 (141) ; einschränkend auf Angehörige, *ders.*, DB 1988, 514 (518) ; *Trzaskalik*, StuW 1983, 126 (134f) ;

Demgegenüber kommen die Anhänger des sachlichen Verlassungsprinzips unabhängig von dieser Unterteilung zu einer Abziehbarkeit der Dritt-Zahlungen.

aa.) sachliches Veranlassungsprinzip

Nach dem *Gedanken der sachlichen Veranlassung* soll es für die Abziehbarkeit von Aufwendungen allein ausreichend sei, daß die Aufwendungen in einem sachlichen Veranlassungszusammenhang zu der einkünfteerzielenden Tätigkeit des Steuerpflichtigen stehen. Auf eine persönliche Belastung beim Steuerpflichtigen selbst kommt es nach dieser Theorie nicht an, da die Einkünfte losgelöst von der Person des Steuerpflichtigen ermittelt würden. Das Gesetz fordere weder in § 4 Abs. 4 EStG noch in § 9 Abs. 1 EStG, daß es sich um Ausgaben des Steuerpflichtigen

---

ders. in: Kirchhof/Söhn, EStG, § 11 Rdnr. C 13f. ; *ders.*, in: Ertragsbesteuerung, FS f. Ludwig Schmidt, S. 51 (63f) ; *Claßen*, in: Lademann, EStG, § 9 Anm. 4a ; *Jüptner*, Leistungsfähigkeit und Veranlassung, S. 121 (Fn. 115) ; *Schulz*, Grundlagen und System der Einkommensbesteuerung, Tz. 245f, 491 ; *Lukas*, DStR 1979, 376 (377) ; *Beiser*, Der Abzug von Schuldzinsen in der Einkommensteuer, S. 134f ; *ders.*, StuW 1991, 136 (140ff) ; *ders.*, DStR 1993, 789ff ; *Apitz*, FR 1985, 554 ; *Bordewin*, in: Hartmann/Böttcher/Nissen/Bordewin, EStG, § 4, 5 Rdnr. 211b ; *Söhn*, in: Kirchhof/Söhn, EStG, § 4 Rdnr. E 195ff ; *Hoyer*, BB 1981, 230 (233) ; *Kaiser*, FR 1993, 557 (563f) ; *ders.*, Die Abzugsfähigkeit des Drittaufwandes, S. 119ff, 135ff ; *Koller*, Abgrenzung von Einkunftstatbeständen im Einkommensteuerrecht, S. 18f ; *Rasenack*, Einkünfte aus Vermietung und Verpachtung, S. 120ff.
Annäherend an den Zuwendungsgedanken auch: *Wolff-Diepenbrock*, in: Littmann/Bitz/Putz, EStG, § 11 Rdnr. 127ff ; *Heilmann*, Persönliche Vermögensbelastung als Voraussetzung der Aufwendungstatbestände im Einkommensteuerrecht, S. 90, 96ff ; *ders.*, DStR 1993, 1201 (1205f).
Einschränkend: *Christ*, Drittaufwand, Werbungskosten und Einkommensteuersystem, S. 210 ; *Adamik*, Die einkommensteuerrechtliche Behandlung des Drittaufwands, S. 30ff.
[45] Gegen die Abziehbarkeit des Drittaufwandes bei der Abkürzung des Vertragsweges insbes.: *Stephan*, DB 1988, 2477 (2481) ; *Brandis*, StuW 1990, 57 (63) ; *Söhn*, in: Kirchhof/Söhn, EStG, § 4 Rdnr. E 216f ; *Fischer*, NWB, Fach 3, S. 10925 (10933) ; *Wolff-Diepenbrock*, DStR 1999, 1642 (1643). Dafür: *Wassermeyer*, DB 1999, 2486 bei Geschäften des täglichen Lebens (Ausn.: Dauerschuldverhältnisse).

selbst handeln müsse.[46] Somit ist nach dem Gedanken der sachlichen Veranlassung jeder Drittaufwand abziehbar.

bb.) Abkürzung des Zahlungsweges

aaa.) Kostentragungsprinzip

Für die Vertreter des Kostentragungsprinzips kommt es beim Werbungs- bzw. Betriebsausgabenabzug hingegen entscheidend darauf an, wer die Kosten getragen hat. Danach ist die Verwirklichung des Aufwendungstatbestandes grundsätzlich an die unmittelbare Verausgabung der Aufwendungen durch den Steuerpflichtigen selbst gebunden.[47] Begleicht der Steuerpflichtige die Aufwendungen mit geerbten oder geschenkten Mitteln, so steht dies dem Werbungskostenabzug nach dem Kostentragungsprinzip nicht entgegen, denn der Vermögensabfluß beim Steuerpflichtigen liegt vor; woher die Mittel stammen, ist nach allgemeiner Auffassung unerheblich.[48] Zahlt ein Dritter hingegen Aufwendungen des Steuerpflichtigen für diesen direkt an dessen Gläubiger, so sehen die Vertreter des Kostentragungsprinzips darin eine derartige Ähnlichkeit zum Abzug der Aufwendungen mit geschenkten Mitteln, daß auch hier davon auszugehen sei, der Dritte habe dem Steuerpflichtigen den Geldbetrag schenken wollen, die Mittel seien also schon dem Dispositionsbereich des Steuerpflichtigen zuzurechnen. Lediglich aus Praktikabilitätsgründen – zur „Abkürzung des Zahlungsweges" – zahle der Dritte nicht erst an den Steuerpflichtigen,

---

[46] *Biergans*, LB, S. 1066 ; *ders.*, FR 1984, 297 (304f) ; *ders.*, DStR 1989, 367 (372ff) ; *Stadie*, FR 1988, 141 (147) ; *D. Meyer*, BB 1986, 986 (988).

[47] *Brandis*, StuW 1990, 57 (61) ; *ders.*, in: Blümich, EStG, § 7, Rdnr. 117, 120 ; *Paus*, DStZ 1990, 487 (488) ; *Stephan*, DB 1988, 2477 (2480f, 2484) ; *Ley*, DStR 1986, 23 (24) ; *Wolff-Diepenbrock*, DStZ 1982, 331 (335) ; a.A. *ders.* jedoch jetzt in: Littmann/Bitz/Pust, EStG, § 11 Rdnr. 127ff ; *Rössler*, DStZ 1981, 274 (276f) ; *ders.*, FR 1987, 338 (339) ; *Hutter*, DStZ 1981, 51.

[48] Schmidt/*Drenseck*, EStG, § 9 Rdnr. 71.

sondern gleich an dessen Gläubiger.[49] Voraussetzung hierfür ist jedoch, daß der Steuerpflichtige mit der Direktzahlung des Dritten einverstanden ist und eine Schuld des Steuerpflichtigen beglichen wird.[50]

Nach dem Kostentragungsprinzip findet also im Wege der sog. „Abkürzung des Zahlungsweges" eine Zurechnung der für den Aufwendungstatbestand notwendigen Vermögensminderung beim einkünfteerzielenden Steuerpflichtigen statt.[51]

bbb.) Zuwendungsgedanke

Für die Vertreter des Zuwendungsgedankens kommt es beim Werbungskosten- bzw. Betriebsausgabenabzug nicht darauf an, wer die Kosten verausgabt hat; ausreichend ist für sie vielmehr, daß die fragliche Vermögensminderung im Zeitpunkt der Zahlung bereits dem Dispositionsbereich des Steuerpflichtigen zugerechnet werden kann. Im Sinne des Zuwendungsgedanken können Zahlungen eines Dritten immer dann dem Dispositionsbereich des Steuerpflichtigen zugerechnet werden, wenn in ihnen eine einkommensteuerrechtlich unbeachtliche unentgeltliche Zuwendung des zahlenden Dritten an den Steuerpflichtigen gesehen werden kann.[52] Danach sei die Übernahme der Ausgaben durch den Dritten eine Zuwendung in Höhe der ersparten Aufwendungen an den Steuerpflichtigen. Diese ist nach § 12 Nr. 2

---

[49] *Ley*, DStR 1986, 23 (24 Fn. 6) ; *Wolff-Diepenbrock*, DStZ 1982, 331 (335) ; *ders.*, DStR 1983, 250 (253).

[50] *Brandis*, StuW 1990, 57 (61 Fn. 27) ; *Stephan*, DB 1988, 2477 (2484) ; *Paus*, DStZ 1990, 487 (488).

[51] *Ley*, DStR 1986, 23 (24) ; *Wolff-Diepenbrock*, DStZ 1982, 331 (335) ; *Brandis*, StuW 1990, 57 (61) ; *Paus*, DStZ 1990, 487 (488) ; *Christ*, Drittaufwand, Werbungskosten und Einkommensteuersystem, S. 207, 210.

[52] Vertreter des Zuwendungsgedankens bei Dritt-Zahlungen: *Jakob/Jüptner*, FR 1988, 141 (148f); *Jakob*, Einkommensteuer, § 2 Rdnr. 30 ; *ders.*, DStR 1987, 784 (787f) ; *Lang*, in: Tipke/Lang, Steuerrecht, § 9 Rz. 222 ; *Weber-Grellet*, DB 1995, 2550 (2551) ; *Diemer*, BB 1992, 36 (44ff) ; *Crezelius*, Steuerrecht II, § 9 Rdnr. 6 ; *Prinz*, in: Herrmann/Heuer/Raupach, EStG, § 9 Anm. 43 ; *Ruppe*, in: Schulze-Osterloh, Rechtsnachfolge im Steuerrecht, S. 45 (71ff) ; *v. Born-*

EStG beim zuwendenden Dritten als private Einkommensverwendung steuerlich unbeachtlich und führt beim begünstigten Steuerpflichtigen zu einer nichtsteuerbaren Einnahme.[53] Deshalb sei der Vorgang genauso zu behandeln, als habe der zahlende Dritte dem Steuerpflichtigen die gezahlte Geldsumme in bar geschenkt. Die unmittelbare Verausgabung anstelle des Steuerpflichtigen sei auch hier wirtschaftlich betrachtet nur eine „Abkürzung des Zahlungsweges".[54]
Auch die Vertreter des Zuwendungsgedankens kommen also im Wege der Annahme einer Zuwendung zur Zurechnung der Dritt-Zahlung beim einkünfteerzielenden Steuerpflichtigen.

cc.) Abkürzung des Vertragsweges

Von der Abkürzung des Zahlungsweges ist die sog. Abkürzung des Vertragsweges zu unterscheiden.[55] In diesem Fall schließt der Dritte im eigenen Namen für den Steuerpflichtigen einen Vertrag und leistet auch selbst die geschuldete Zahlung. Im Gegensatz zu den oben genannten Fällen der „Abkürzung des Zahlungsweges" tilgt der Dritte hier seine eigene vertragliche Schuld.

aaa.) Kostentragungsprinzip

In den Augen der Vertreter des Kostentragungsprinzips hat die Tatsache der Eigenverpflichtung des Dritten bedeutsame steuerliche Auswirkungen. Angesichts der Erfüllung einer eigenen Schuld durch den Dritten müsse davon ausgegangen wer-

---

haupt, in: Kirchhof/Söhn, EStG, § 9 B 53f; *Söhn*, in: Kirchhof/Söhn, EStG, § 4 E 195ff; *Beiser*, DStR 1993, 789ff; Schmidt/*Drenseck*, EStG, § 9 Rdnr. 71.

[53] Eventuell schenkungssteuerrechtlich relevant.

[54] BFH v. 3.4.1987 - VI R 91/85, BFH 149, 572 (576), BStBl. II 1987, 623 (625) ; *Söhn*, in: Kirchhof/Söhn, EStG, § 4 E 191 ; *Heuer/Jansen*, in: Herrmann/Heuer/Raupach, EStG, § 7 Rdnr. 54 ; *Diemer*, BB 1992, 36ff; *Groh*, BB 1982, 133ff.

[55] Vgl. Schmidt/*Drenseck*, EStG, § 9 Rdnr. 71 ; so auch BFH v. 23.8.1999 - GrS 2/97, BFHE 189, 160 (167f), BStBl. II 1999, 782 (787), DStR 1999, 1649 (1651).

den, daß die Ausgaben hierfür vom Dritten und nicht vom Steuerpflichtigen getragen werden.[56] Dieser Fall sei von den oben behandelten der Zahlung mit geschenkten Mitteln grundsätzlich verschieden, da es hier an einer Verpflichtung des Steuerpflichtigen fehle.[57] Aus diesem Grunde könne hier eine Kostentragung durch den Steuerpflichtigen nicht angenommen werden mit der Folge, daß ihm ein Werbungskostenabzug zu versagen sei.[58]

bbb.) Zuwendungsgedanke

Die Vertreter des Zuwendungsgedankens halten demgegenüber die Eigenverpflichtung des zahlenden Dritten gegenüber dem Zahlungsempfänger für steuerlich unerheblich, denn die tatsächliche Dispositionsbefugnis des Steuerpflichtigen über die Zahlung kann unabhängig davon bestehen, ob der Dritte mit der Zahlung eine Verpflichtung des Steuerpflichtigen oder eine Eigenverbindlichkeit erfülle.[59] Solange der zahlende Dritte *für den Steuerpflichtigen* tätig sei, also einen Vertrag zugunsten Dritter abschließe, seien die Fälle der Abkürzung des Vertragsweges den Fällen der Abkürzung des Zahlungsweges wirtschaftlich vergleichbar und könnten daher nicht anders entschieden werden.[60] § 12 Nr. 2 EStG bestätige diese Auffassung, indem er freiwillige Zuwendungen und Zuwendungen auf Grund einer freiwillig begründeten Rechtspflicht ausdrücklich gleichstelle.[61] Daher sei in beiden Fällen – ungeachtet

---

[56] *Ley*, DStR 1986, 23 (24, Fn. 6) ; *Brandis*, StuW 1990, 57 (61).
[57] *Wolff-Diepenbrock*, DStZ 1982, 331 (335) ; *Brandis*, StuW 1990, 57 (61) ; *Paus*, DStZ 1990, 487 (488).
[58] *Wolff-Diepenbrock*, DStZ 1982, 331 (335) ; *ders.*, DStR 1983, 250 (253) ; a.A. *ders.* in: Littmann/Bitz/Pust, EStG, § 11 Rdnr. 129 ; *Stephan*, DB, 1988, 2477 (2480f, 2484) ; *Günther*, INF 1988, 83 ; *Paus*, DStZ 1990, 487 (488) ; *ders.*, FR 1983, 28 (32) ; *B. Meyer*, FR 1981, 421 (427).
[59] *Prinz*, in: Herrmann/Heuer/Raupach, EStG, § 9 Anm. 43.
[60] Schmidt/*Drenseck*, EStG, § 9 Rdnr. 71 ; *Prinz*, in: Herrmann/Heuer/Raupach, EStG, § 9 Anm. 43 ; *Klinger*, Drittaufwendungen als Werbungskosten des Steuerpflichtigen?, S. 89.
[61] *Klinger*, Drittaufwendungen als Werbungskosten des Steuerpflichtigen?, S. 89.

der unterschiedlichen zivilrechtlichen Gestaltung – steuerrechtlich von einer unentgeltlichen Zuwendung an den Steuerpflichtigen auszugehen.[62]

b.) Stand der Rechtsprechung zu den Dritt-Zahlungen

aa.) Abkürzung des Zahlungsweges

Der BFH statuierte erstmals in seinem Urteil v. 3.4.1987[63] den allgemeinen Grundsatz, daß sog. Dritt-Zahlungen zu Werbungskosten bzw. Betriebsausgaben beim Einkunftserzieler führen können, wenn hierin eine einvernehmliche Abkürzung des sonst erforderlichen Zahlungsweges, nämlich der Leistung des Dritten an den Steuerpflichtigen und dann von diesem an seinen Gläubiger, zu erblicken sei.[64] Damit war auch nach der Rechtsprechung die Zurechnung der Vermögensminderung beim Einkünfteerzieler im Wege der „Abkürzung des Zahlungsweges“ möglich.[65]
Die eigene vertragliche Verpflichtung des einkünfteerzielenden Steuerpflichtigen war für die Rechtsprechung zu dieser Zeit noch keine zwingende Voraussetzung für die Anwendung dieses allgemeinen Grundsatzes.[66]

---

[62] *Diemer*, BB 1992, 36 (43) ; Schmidt/*Drenseck*, EStG, § 9 Rdnr. 71 ; *ders.*, FR 1987, 235 ; *Prinz*, in: Herrmann/Heuer/Raupach, EStG, § 9 Anm. 43 ; *Trzaskalik*, StuW 1983, 126 (135) ; *ders.*, in: Kirchhof/Söhn, EStG, § 11 Rdnr. C 14 ; *Heilmann*, Persönliche Vermögensbelastung als Voraussetzung der Aufwendungstatbestände im Einkommensteuerrecht, S. 97f ; *ders.*, DStR 1993, 1201 (1205f) ; *Bordewin*, in: Hartmann/Böttcher/Nissen/Bordewin, EStG, §§ 4, 5 Rdnr. 211b ; *Söhn*, in: Kirchhof/Söhn, EStG, § 4 Rdnr. E 211ff ; *Kaiser*, Die Abzugsfähigkeit des Drittaufwandes, S. 122, 137.
[63] VI R 91/85, BFHE 149, 572 (576).
[64] So bereits die Urteile: RFH v. 10.2.1937 - VI A 111/37, RFHE 41, 50, RStBl. 1937, 898 ; BFH v. 1.4.1965 - IV 3/61 U, BFHE 82, 310, BStBl. III 1965, 359 ; BFH v. 6.12.1968 - VI R 86/67, BFHE 94, 485, BStBl. II 1969, 237.
[65] BFH v. 20.9.1990 - IV R 300/84, BFHE 162, 86 (89), BStBl. II 1991, 82 (83) ; BFH v. 9.7.1992, IV R 115/90, BFHE 169, 56 (61), BStBl. II 1992, 948 (951) ; BFH v. 23.8.1999 - GrS 2/97, DStR 1999, 1649 (1651).

bb.) Abkürzung des Vertragsweges

Erst 1996 schränkte der BFH den allgemeinen Grundsatz der „Abkürzung des Zahlungsweges" dahingehend ein, daß jetzt eine Verbindlichkeit des Steuerpflichtigen beglichen werden mußte, um die Vermögensminderung dem einkünfteerzielenden Steuerpflichtigen zurechnen zu können. Von einer Abkürzung des Zahlungsweges kann danach nur noch die Rede sein, wenn der Dritte für Rechnung des Steuerpflichtigen an dessen Gläubiger leistet.[67]

In seinen jüngsten Beschlüssen zum Drittaufwand ließ der Große Senat demgegenüber erneut offen, ob er im Falle der sog. „Abkürzung des Vertragsweges" die Zahlung des Dritten beim Steuerpflichtigen als Werbungskosten oder Betriebsausgaben zum Abzug zulassen würde.[68]

Der IV. Senat nahm daraufhin eine Differenzierung innerhalb der Fälle der „Abkürzung des Vertragsweges" vor und ließ den Drittaufwand jedenfalls bei Bargeschäften des täglichen Lebens mit der Begründung zum Abzug zu, bei „Geschäften für den, den es angeht" sei dem Vertragspartner die Person des Leistenden ebenso gleichgültig, wie beim abgekürzten Zahlungsweg. Es mache daher keinen Unterschied, ob der Dritte gegenüber dem Steuerpflichtigen auf eine Bargeldschenkung verzichte und für Rechnung des Steuerpflichtigen an dessen Gläubiger leiste oder ob er seinem Vertragspartner vorenthalte, daß er im Namen des Steuerpflichtigen, also in fremdem Namen handele. In beiden Fällen sei der Dritte nicht für eigene Rechnung tätig, sondern für Rechnung des Steuerpflichtigen.[69]

---

[66] Vgl. das vom BFH angeführte Urteil des RFH v. 10.2.1937 - VI A 111/37, RFHE 41, 50, RStBl. 1937, 898 in dem der Schwiegervater Vertragsschluß und Zahlung für den einkünfteerzielenden Schwiegersohn vornimmt.

[67] BFH v. 13.3.1996 - VI R 103/95, BFHE 180, 139 (142), BStBl. II 1996, 375.

[68] BFH v. 23.8.1999 - GrS 2/97, BFHE 189, 160 (167f), BStBl. II 1999, 782 (785), DStR 1999, 1649 (1651).

[69] BFH v. 24.2.2000 - IV R 75/98, BFHE 191, 301 (303), BStBl. II 2000, 314, DStR 2000, 814 (815).

Anders sei es jedoch bei Dauerschuldverhältnissen, insbesondere wenn sie auf eine Nutzungsüberlassung gerichtet sind. In diesen Fällen handele der Dritte stets für eigene Rechnung und wende dem Steuerpflichtigen nur ein obligatorisches oder ungesichertes Nutzungsrecht zu, das nicht wie ein Wirtschaftsgut aktiviert und abgeschrieben werden kann.[70]

2. Dritt-AfA

Bei der sog. Dritt-AfA handelt es sich um Fälle, in denen ein Steuerpflichtiger, dem ein Wirtschaftsgut von einem Dritten unentgeltlich zur Einnahmenerzielung überlassen wurde, die von dem Dritten getragenen Anschaffungs- und Herstellungskosten für das Wirtschaftsgut als Absetzungen für Abnutzung (AfA) bei sich geltend machen will.

Eine solche Fallkonstellation liegt beispielsweise in dem bereits oben erwähnten typischen Drittaufwandsfall vor, in dem die Ehefrau ihrem Ehemann in einem ihr gehörenden Haus Praxisräume unentgeltlich überläßt.[71] Hier hat die Ehefrau zwar die Anschaffungs- oder Herstellungskosten für das Haus getragen, sie erzielt aber keine eigenen Einnahmen aus dem Haus. Der unentgeltlich nutzende Ehemann demgegenüber erzielt zwar Einnahmen aus dem Haus, er hat jedoch keine Anschaffungs- bzw. Herstellungskosten für das betrieblich eingesetzte Wirtschaftgut verausgabt. Auch hier stellt sich also die Frage, wer den auf die Praxisräume entfallenden AfA-Anteil steuerlich geltend machen kann. Zwingende Voraussetzung für die Geltendmachung der AfA als Werbungskosten bzw. Betriebsausgaben ist ihr Ver-

---

[70] BFH v. 24.2.2000 - IV R 75/98, BFHE 191, 301 (303), BStBl. 2000, 314, DStR 2000, 814 (815).

[71] Vgl. Teil 1, 1. Kap., A. Einleitung.

anlassungszusammenhang zu steuerpflichtigen Einnahmen.[72] So kommt in den Fällen der unentgeltlichen Nutzungsüberlassung nur eine AfA-Berechtigung des unentgeltlich Nutzenden in Betracht. Ob und unter welchen Voraussetzungen es für diesen jedoch eine AfA-Berechtigung gibt, ohne daß er selbst Anschaffungs- bzw. Herstellungskosten getragen hat, ist bis heute heftig umstritten.

a.) Literaturmeinungen zu der Dritt-AfA

Die Meinungen zur AfA-Berechtigung des unentgeltlich Nutzenden gehen weit auseinander. Das Meinungsspektrum reicht von der völligen Ablehnung der AfA-Berechtigung bis hin zur uneingeschränkten Anerkennung.[73]
Gegenwärtig werden vier Grundpositionen vertreten.

aa.) sachliches Veranlassungsprinzip

Für die Vertreter des sachlichen Veranlassungsprinzips[74] ergeben sich bei der Dritt-AfA keine Besonderheiten. Wie bereits bei den Dritt-Zahlungen lassen sie auch hier einen sachlichen Veranlassungszusammenhang der Dritt-AfA zu Einnahmen des Steuerpflichtigen ausreichen, um diese beim Steuerpflichtigen abzuziehen. Eine persönliche Belastung des Steuerpflichtigen selbst fordere der Aufwendungstatbestand auch für die AfA nicht.[75]

---

[72] Vgl. hierzu oben Teil 1, 2. Kap., B., I., 1. Dritt-Zahlungen ; sowie BFH v. 13.5.1980 - VIII R 63/79, BFHE 131, 208 (210), BStBl. II 1981, 295 (296) ; BFH v. 13.5.1980 - VIII R 75/79, BFHE 131, 212 (214), BStBl. II 1981, 297 (298) ; BFH v. 13.5.1980 - VIII R 128/78, BFHE 131, 216 (218), BStBl. II 1981, 293 (294).
[73] Vgl. zum Meinungsstand hinsichtlich der Dritt-AfA auch ausführlich Schmidt/*Drenseck*, EStG, § 7 Rdnr. 35ff.
[74] Vgl. zum sachlichen Veranlassungsprinzip bereits unter Teil 1, 2. Kap., B., I., 1. a.) aa.).
[75] Hauptvertreter: *Biergans*, FR 1984, 297ff ; *Stadie*, Die persönliche Zurechnung von Einkünften, S. 33ff. ; *ders.* DB 1984, 578, 579 ; *D. Meyer*, BB 1986, 986ff.
Vgl. zum Veranlassungsprinzip auch *Nolde*, in: Herrmann/Heuer/Raupach, EStG, § 7 Anm. 51, sowie oben Teil 1, 2. Kap., B. I., 1. a.) aa.).

bb.) Zuwendungsgedanke

Ein Teil der Literatur[76] wendet den Zuwendungsgedanken auch auf die Dritt-AfA an und kommt so zu einer Abziehbarkeit beim unentgeltlich Nutzenden. Danach wendet der Eigentümer dem Nutzenden zwar nicht das Eigentum selbst zu, aber die Anschaffungs- und Herstellungskosten (Aufwandverteilungsthese[77]) bzw. den Werteverzehr des Wirtschaftsgutes (Werteverzehrthese[78]), der durch die AfA-Verteilung auf den Zeitraum seiner Nutzung entfällt. Dies ergäbe sich aus der Vorschrift § 51 Abs. 1 Nr. 2 Buchst. p EStG und deren Entstehungsgeschichte, woraus der „Plan des Gesetzgebers" abzuleiten sei, daß nicht nur im Falle der unentgeltlichen Übertragung eines Wirtschaftsgutes, sondern auch im Falle der unentgeltlichen Nutzungsüberlassung der „Rechtsnachfolger" zur Ausschöpfung des AfA-Potentials befugt sein soll.[79]

---

[76] Hauptvertreter: *Jakob*, DStR 1987, 784 (788ff) ; *ders.*, Steuern vom Einkommen I, § 11, 1.3.4.1., S. 238 ; *ders.*, Einkommensteuer, § 4 Rdnr. 84 ; *Jakob/Jüptner*, FR 1988, 141 (149ff) ; *Ruppe*, in: Schulze-Osterloh (Hrsg.), Rechtsnachfolge im Steuerrecht, S. 45 (74ff, 84) ; *Drenseck*, FR 1981, 150f ; *ders.*, FR 1992, 726 ; *ders.*, FR 1990, 587 ; Schmidt/*Drenseck*, EStG (18. Aufl.), § 7 Rdnr. 38.
Vgl. auch *Nolde*, in: Herrmann/Heuer/Raupach, EStG, § 7 Anm. 51 ; *Schmidt*, FR 1978, 542 ; *ders.*, FR 1985, 620 (621) ; *Diemer*, BB 1992, 36 (46) ; *Beiser*, Der Abzug von Schuldzinsen in der Einkommensteuer, S. 135 (Fn. 130) ; *ders.*, StuW 1991, 136 (140f) ; *ders.* DStR 1993, 789 (790f) ; *Kaiser*, FR 1993, 557 (563) ; *ders.*, Die Abzugsfähigkeit des Drittaufwandes, S. 123ff, 135ff : *Koller*, Abgrenzung von Einkunftstatbeständen im Einkommensteuerrecht, S. 21f ; *Lang*, in: Tipke/Lang, Steuerrecht, § 9 Rz. 222. Einschränkend auf den wirtschaftlichen Eigentümer nach § 39 AO, *Klinger*, Drittaufwendungen als Werbungskosten des Steuerpflichtigen?, S. 170.

[77] Die Aufwandsverteilungsthese wird von denjenigen angewandt, die in den AfA-Normen eine Kostenverteilungsvorschrift sehen. Vgl. *Klinger*, Drittaufwendungen als Werbungskosten des Steuerpflichtigen, S. 105f.

[78] Die Anhänger der Wertverzehrthese sehen den Zweck der AfA-Vorschriften im Ausgleich des nutzungsbedingten Wertverzehrs. Die AK/HK sind danach einkommensneutrale Vermögensumschichtung und mangels Vermögensminderung keine WK/BA. Vgl. im einzelnen *Klinger*, Drittaufwendungen als Werbungskosten des Steuerpflichtigen?, S. 103 m.w.N.

[79] Vgl. hierzu ausführlich Schmidt/*Drenseck*, EStG (18. Aufl.), § 7 Rdnr. 38 und EStG (21. Aufl.), § 7 Rdnr. 36ff, 41.

cc.) Splittertheorie[80]

Ähnlich ist auch die Auffassung der Vertreter der Splittertheorie. Sie bejahen die Abziehbarkeit der Dritt-AfA indem sie in der unentgeltlichen Nutzungsmöglichkeit einen „Eigentumssplitter" sehen, der übertragen wird und somit die AfA-Berechtigung des unentgeltlich Nutzenden nach den Vorschriften der Rechtsnachfolge im Eigentum gemäß § 11d Abs. 1 S. 1 EStDV eröffne.[81]

dd.) Kostentragungsprinzip

Die Gegenposition vertreten die Anhänger des Kostentragungsprinzips.[82] Für sie ist nur derjenige zum Werbungskosten- bzw. Betriebsausgabenabzug berechtigt, der die Aufwendungen wirtschaftlich getragen hat. Die Abziehbarkeit der Dritt-AfA scheitert für den unentgeltlich Nutzenden daran, daß ihm das Wirtschaftsgut nicht zuzurechnen ist und er damit wirtschaftlich nicht den Aufwand bzw. Werteverzehr trägt. Ausnahmen gelten nur nach den besonderen gesetzlichen Vorschriften der §§ 7 Abs. 1 und 11d Abs. 1 EStDV.

---

[80] Auch z.T. als Abspaltungs-, Aufteilungs- oder Übertragungstheorie bezeichnet.

[81] Hauptvertreter: *Littmann*, DB 1980, 1040 (1041f) ; *ders.* DStR 1980, 388 ; *Kessler*, BB 1985, 1386 (1389, 1393) bzgl. Nießbrauch ; *Söffing*, FR 1975, 414 (416ff) bzgl. Nießbrauch ; *Wiegel*, FR 1967, 269 (270f) u. 302 bzgl. Nießbrauch ; *Wichmann*, BB 1986, 28 (30) ; *Mathiak*, StuW 1981, 289 (292).

[82] Hauptvertreter: *Adamik*, Die einkommensteuerrechtliche Behandlung des Drittaufwandes, S. 106 ; *Schellenberger*, DStR 1981, 395 (401); , *Schubert*, FR 1994, 815 (817) ; *Nolde*, in: Herrmann/Heuer/Raupach, EStG, § 7 Anm. 52.

b.) Stand der Rechtsprechung zu der Dritt-AfA

aa.) echte Dritt-AfA

Näherte sich der BFH hinsichtlich der Dritt-Zahlungen mit der Anerkennung des Grundsatzes von der „Abkürzung des Zahlungsweges" dem in der Literatur vertretenen Zuwendungsgedanken weitgehend an, so stellt er in seiner neuesten Entscheidung zum Drittaufwand ausdrücklich klar, daß er den Zuwendungsgedanken, soweit dieser über die Abkürzung des Zahlungs- und Vertragsweges hinausgeht, ablehne.[84] Hinsichtlich der von einem Dritten getragenen Anschaffungs- oder Herstellungskosten und deren Verteilung in Form der AfA, bleibt der BFH bei der strikten Anwendung des Kostentragungsprinzips.[85] AfA kann danach nur ansetzen, wer sie wirtschaftlich trägt.[86] Durch die unentgeltliche Nutzungsüberlassung werde dem Nutzenden „kein Teil des Wirtschaftsgutes oder dessen Anschaffungskosten zugewendet (...). Er wird i.d.R. weder dessen wirtschaftlicher Eigentümer (BFH-Urteil vom 1. Oktober 1997 X R 91/94, BFHE 184, 179, 182, BStBl II 1989, 203, zu 5., m.w.N.), noch ist die Nutzungsmöglichkeit ein Teil des Wirtschaftsguts (vgl. BFH-Urteil vom 20. September 1989 X R 140/87, BFHE 158, 361, BStBl II 1990, 368, zu 2.a). Mit den Anschaffungs- oder Herstellungskosten bleibt allein der Dritte belastet. Der Steuerpflichtige erzielt gerade infolge der unentgeltlichen Nutzungsüberlassung einen höheren Ertrag (...). Die (anteiligen) Anschaffungs- und Herstellungskosten des genutzten Wirtschaftsguts können – losgelöst von einer tatsächlichen

---

[83] Ein nach den BFH-Beschlüssen v. 23.8.1999 - GrS 1/97, 2/97, 3/97, 5/97, von *Fischer*, NWB, S. 10925ff geprägter Begriff.

[84] BFH v. 23.8.1999 - GrS 2/97, BFHE 189, 160 (168), BStBl. II 1999, 782 (785), DStR 1999, 1649 (1651).

[85] BFH v. 24.4.1990 - IX R 9/86, BFHE 160, 522 (524), BStBl. II 1990, 888 ; BFH v. 20.9.1990 - IV R 300/84, BFHE 162, 86 (88), BStBl. II 1991, 82 ; BFH v. 9.7.1992 - IV R 115/90, BFHE 169, 56 (61), BStBl. II 1992, 948 (951) ; BFH v. 28.9.1993 - IX R 156/88, BFHE 172, 439 (441), BStBl. II 1994, 319.

[86] FG Saarland v. 19.6.1970, EFG 1970, 493 rk.

Belastung – zivilrechtlich und steuerrechtlich nicht übertragen und zugewendet werden“[87].[88]

Auch eine analoge Anwendung des § 11d EStDV lehnt der BFH ab.[89] § 11d EStDV setze, wie auch § 7 Abs. 2, 3 EStDV, die Übertragung des Eigentums an dem Wirtschaftsgut voraus. Das ist die Überlassung zur Nutzung nicht, auch nicht teilweise.[90]

So sieht der Große Senat des BFH derzeit keine gesetzliche Grundlage für eine Zurechnung von Aufwendungen in Form der AfA beim unentgeltlich Nutzenden, solange dieser keine Anschaffungs- bzw. Herstellungskosten für das Wirtschaftsgut getragen hat.[91]

bb.) unechte Dritt-AfA

Hat der unentgeltlich Nutzende hingegen zumindest teilweise eigene Aufwendungen auf das von ihm genutzte Wirtschaftsgut getätigt, so gebietet es nach Auffassung des Großen Senates das Nettoprinzip, diesen Aufwendungen auch zur steuerlichen Geltendmachung zu verhelfen.[92] Denn es sei grundsätzlich unerheblich, ob das Wirtschaftsgut, auf das die Aufwendungen getätigt werden, dem Steuerpflichtigen

---

[87] BFH v. 23.8.1999 - GrS 2/97, BFHE 189, 160 (168), BStBl. II 1999, 782 (786), DStR 1999, 1649 (1651).

[88] Ebenso BFH v. 28.7.1981 - VIII R 141/77, BFHE 134, 409 (411f), BStBl. II 1982, 454 ; BFH v. 22.1.1985 - IX R 4/79, BFH/NV 1986, 149 ; BFH v. 28.9.1993 - IX R 156/88, BFHE 172, 439 (441), BStBl. II 1994, 319 ; BFH v. 13.3.1996 - VI R 103/95, BFHE 180, 139 (141f), BStBl. II 1996, 375 ; BFH v. 26.10.1987 - GrS 2/86, BFHE 151, 523 (534f), BStBl. II 1988, 348 (353) ; BFH v. 27.6.1978 - VIII R 168/73, BStBl. II 1978, 674 (675).

[89] BFH v. 23.8.1999 - GrS 2/97, BFHE 189, 160 (169), BStBl. II 1999, 782 (787), DStR 1999, 1649 (1651) ; BFH v. 9.7.1992 - IV R 115/90, BFHE 169, 56 (60), BStBl. II 1992, 948 (950).

[90] Ebenso BFH v. 20.9.1990 - IV R 300/84, BFHE 162, 86 (89), BStBl. II 1991, 82 ; BFH v. 9.7.1992 - IV R 115/90, BFHE 169, 56 (66), BStBl. II 1992, 948 (953).

[91] BFH v. 23.8.1999 - GrS 2/97, BFHE 189, 160 (170), BStBl. II 1999, 782 (788), DStR 1999, 1649 (1652).

zuzurechnen sei. Entscheidend für die Abzugsberechtigung sei vielmehr, daß der Steuerpflichtige Aufwendungen im eigenen beruflichen Interesse getätigt habe. Bei der AfA-Berechtigung gehe es nicht um die Nutzung eigenen oder fremden Vermögens, sondern um die Abziehbarkeit von eigenem Aufwand, der durch die Einkunftserzielung veranlaßt sei. Dieser Aufwand müsse zur Wahrung des Nettoprinzips steuerlich berücksichtigt werden. Soweit er sich nicht in einem dem Steuerpflichtigen zurechenbaren Wirtschaftsgut manifestiert habe, sei er „wie ein materielles Wirtschaftsgut" zu behandeln und entsprechend nach den Regeln über Wirtschaftsgüter abzuschreiben.[93]

Dies gelte sowohl für die Überschußeinkünfte als auch für die Gewinneinkünfte, da die Voraussetzungen des Abzugs von AfA bei der Ermittlung des Überschusses der Einnahmen über die Werbungskosten die gleichen seien wie bei der Gewinnermittlung. Das entspreche der ständigen Rechtsprechung des BFH.[94]

So hat der Große Senat beispielsweise entschieden, daß Herstellungskosten, die der Miteigentümer-Ehegatten aufwendet, bei dessen Einkünften aus selbständiger Arbeit im Wege der AfA auch insoweit als eigener Aufwand zu berücksichtigen seien,

---

[92] BFH v. 23.8.1999 - GrS 1/97, BFHE 189, 151 (155), BStBl. II 1999, 778 (780), DStR 1999, 1652 (1653). Ebenso bereits BFH v. 30.1.1995 - GrS 2/94, BFHE 176, 267 (273), BStBl. II 1995, 281 (284).

[93] BFH v. 22.1.1980 - VIII R 74/77, BFHE 129, 485 (488), BStBl. II 1980, 244 ; BFH v. 17.3.1989 - III R 58/87, BFHE 157, 83 (85), BStBl. II 1990, 6 ; BFH v. 30.1.1995 - GrS 4/92, BFHE 176, 267 (274f), BStBl. II 1995, 281 (285) , BFH v. 23.8.1999 - GrS 1/97, BFHE 189, 151 (155), BStBl. II 1999, 778 (780), DStR 1999, 1652 (1653f). Diese Rechtsprechung widerspricht nicht den im Beschluß des BFH zur Nutzungsrechtseinlage (BFH v. 26.10.1987 - GrS 2/86, BFHE 151, 523 (535), BStBl. II 1988, 348) aufgestellten Grundsätzen (vgl. oben Teil 1, 1. Kap., A. Einleitung), denn durch die Bejahung betrieblich veranlaßter Aufwendungen wird kein auf der Nutzung beruhender und im Betrieb erwirtschafteter Gewinn der Besteuerung entzogen, sondern es wird ein vom Betriebsinhaber selbst für betriebliche Zwecke getragener Aufwand zum Betriebsausgabenabzug anerkannt.

[94] Vgl. BFH v. 2.3.1962 - VI 79/60 S, BFHE 174, 513, BStBl. III 1962, 192 ; BFH v. 21.7.1967 - VI R 307/66, BFHE 89, 520, BStBl. III 1967, 734 ; BFH v. 28.11.1977 - GrS 2-3/77, BFHE 124, 43 (48), BStBl. II 1978, 105 ; BFH v. 30.1.1995 - GrS 4/92, BFHE 176, 267 (273), BStBl.

als sie auf den Anteil des anderen Eigentümer-Ehegatten am Gebäude entfallen.[95] Denn es komme weder darauf an, ob der Steuerpflichtige Miteigentümer des Gebäudes sei, in dem er sein Arbeitszimmer nutze, noch darauf, ob er mit seinen Aufwendungen ein ihm zurechenbares Wirtschaftsgut erlange, auf das AfA vorzunehmen sei.

II. Sonderausgaben und außergewöhnliche Belastungen

Das Problem des Drittaufwandes existiert nicht nur im Bereich der Werbungskosten und Betriebsausgaben; auch Sonderausgaben und außergewöhnliche Belastungen (existenzsichernde Aufwendungen) können von einem Dritten verausgabt worden sein, so daß sich das Problem ihrer personellen Zurechnung stellt.

Im Bereich der existenzsichernden Aufwendungen ist man sich grundsätzlich darüber einig, daß Voraussetzung für den steuerlichen Abzug von Sonderausgaben und außergewöhnlichen Belastungen eine wirtschaftliche Belastung des Steuerpflichtigen selbst mit den fraglichen Aufwendungen ist; also Zahlungen eines Dritten beim Steuerpflichtigen grundsätzlich nicht abziehbar sind. Im einzelnen streitig ist jedoch, wann eine solche wirtschaftliche Belastung des Steuerpflichtigen vorliegt.

II 1995, 281 (284) ; BFH v. 22.11.1996 - VI R 77/95, BFHE 181, 362 (367), BStBl. II 1997, 208 (210).

[95] BFH v. 30.1.1995 - GrS 4/92, BFHE 176, 267 (273), BStBl. II 1995, 281 (285) ; BFH v. 23.8.1999 - GrS 1/97, BFHE 189, 151 (155f), BStBl. II 1999, 778 (780), DStR 1999, 1652 (1653).

1. Literaturmeinung

Nach Auffassung der Literatur ist es für die wirtschaftliche Belastung des Steuerpflichtigen erforderlich - aber auch ausreichend -, daß der Steuerpflichtige entweder selbst Mittel einsetzt, die ihm wirtschaftlich zur Verfügung stehen, oder daß Dritte die Aufwendungen für den Steuerpflichtigen mit Mitteln finanzieren, die dem Steuerpflichtigen zuzurechnen sind,[96] denn auch dem Steuerpflichtigen „nur" zurechenbare Ausgaben tangierten sein steuerliches Einkommen und stellten daher im Sinne des subjektiven Leistungsfähigkeitsprinzip eine indisponible Einkommensverwendungen des Steuerpflichtigen dar. Daher sei es in jedem Fall ausreichend, wenn die Zahlung durch einen Bevollmächtigten oder Geschäftsführer ohne Auftrag erfolge.[97] Darüber hinaus müßten dem Steuerpflichtigen aber auch solche Zahlungen als eigene Belastung zugerechnet werden, die ein Dritter entweder aus steuerpflichtigen Einnahmen des Steuerpflichtigen oder im Sinne einer unentgeltlichen Zuwendungen an den Steuerpflichtigen direkt an den Empfänger gezahlt habe.[98] In diesen Fällen sei der Vorgang wirtschaftlich wie eine nicht steuerbare Zuwendung an den Steuerpflichtigen und eine anschließende Verwendung der zugewendeten Mittel durch den Steuerpflichtigen zu qualifizieren. Die Literatur wendet also auch im Bereich der existenzsichernden Aufwendungen den Gedanken von der „Abkürzung des Zahlungsweges" an.[99]

---

[96] *Nolde*, in: Herrmannn/Heuer/Raupach, EStG, § 10 Rdnr. 16 ; *Söhn*, in: Kirchhof/Söhn, EStG, § 10 Rdnr. B 12, 80, 135, E 164ff ; *Trzaskalik*, in: Kirchhof/Söhn, EStG, § 11 Rdnr. C 14 ; Schmidt/*Drenseck*, EStG, § 10 Rdnr. 17, § 33 Rdnr. 6 ; BFH v. 22.10.1971 - VI R 242/69, BFHE 104, 63 ; BStBl. II 1972, 177.

[97] Schmidt/*Heinicke*, EStG, § 10 Rdnr. 15 ; *Nolde*, in: Herrmann/Heuer/Raupach, EStG, § 10 Rdnr. 16 ; *Söhn*, in: Kirchhof/Söhn, EStG, § 10 Rdnr. B 136 ; *Trzaskalik*, in: Kirchhof/Söhn, EStG, § 11 Rdnr. C 14 ; Schmidt/*Drenseck*, EStG, § 33 Rdnr. 6.

[98] *Söhn*, in: Kirchhof/Söhn, EStG, § 10 Rdnr. E 165 ; Schmidt/*Heinicke*, EStG, § 10 Rdnr. 17.

[99] Vgl. auch *Wolff-Diepenbrock*, DStR 1999, 1642 (1643).

2. Stand der Rechtsprechung

Die Rechtsprechung vertritt demgegenüber in bezug auf den Drittaufwand im Bereich der existenzsichernden Aufwendungen das strenge Kostentragungsprinzip an.[100] So fordert der Bundesfinanzhof in ständiger Rechtsprechung als Voraussetzung für die steuerliche Berücksichtigung existenzsichernder Aufwendungen eine unmittelbare eigene wirtschaftliche Belastung des Steuerpflichtigen.[101] Er folgert dies aus dem Begriff „Aufwendungen", sowie dem Gesetzeszusammenhang und Normzweck des § 10 Abs. 1 EStG. Danach soll aus der Verwendung des Wortes „Aufwendungen" in § 10 Abs. 1 S. 1 EStG für alle Sonderausgaben[102] hervorgehen, daß die wirtschaftliche Belastung des Einkommens Anlaß für die steuerliche Begünstigung durch § 10 EStG sei. Die Abziehbarkeit soll nach dem Sinn und Zweck des § 10 Abs. 1 EStG lediglich möglich sein, soweit der Steuerpflichtige mit den Kosten belastet ist.[103]

---

[100] BFH v. 19.4.1989 - X R 2/84, BFHE 157, 101ff, BStBl. II 1989, 683, FR 1989,496 m. Anm. *Schmidt* ; BFH v. 8.3.1995 - X R 80/91, BFHE 177, 375ff ; BStBl. II 1995, 637 ; zustimmend die Verwaltungspraxis der Finanzbehörden, Abschn. 88 EStH 1993.

[101] BFH v. 27.9.1963 - VI 123/62 U, BFHE 77, 592, BStBl. II 1963, 536 ; BFH v. 20.2.1970 - VI R 11/68, BFHE 98, 357, BStBl. II 1970, 314 ; BFH v. 13.8.1971 - IV R 171/68, BFHE 103, 350, BStBl. II 1972, 57 ; BFH v. 20.2.1976 - VI R 131/74, BFHE 118, 331 ; BFH v. 22.11.1983 - VIII R 37/79, BFHE 140, 63 (68) ; BFH v. 24.9.1985 - IX R 2/80, BFHE 145, 507 (510), BStBl. II 1986, 284 ; BFH v. 19.4.1989 - X R 2 /84, BFHE 157, 101 (104) ; BStBl. II 1989, 683 (684f).

[102] In BFH v. 20.2.1976 - VI R 131/74, BFHE 118, 331 (332) wird eine solche Folgerung für den Bereich der Sonderausgaben getroffen. Da das Einkommensteuergesetz die Begriffe „Aufwendungen" und „Ausgaben" jedoch synonym verwendet (vgl. *Söhn*, in: Kirchhof/Söhn, EStG, § 10 Rdnr. B 4 m.w.N.) gilt das selbe für die außergewöhnlichen Belastungen.

[103] BFH v. 27.9.1963 - VI 123/62 U, BFHE 77, 592, BStBl. III 1963, 536 ; BFH v. 20.2.70 - VI R 123/62 U, BFHE 98, 357, BStBl. II 1970, 314 ; BFH v. 13.8.1971 - VI R 171/68, BFHE 103, 350, BStBl. II 1972, 57 ; BFH v. 24.9.1985 - IX R 2 /80, BFHE 145, 507 (510), BStBl. II 1986, 284 ; BFH v. 19.4.1989 - X R 2 /84, BFHE 157, 101 (104), BStBl. II 1989, 683.

Der BFH sieht sich in dieser Auffassung bestätigt durch die Sonderregelungen für die Ehegattenbesteuerung (§§ 26a[104] und 26b EStG), welche verdeutlichen, daß es nur bei Ehegatten nicht darauf ankommt, wer von ihnen jeweils die existenzsichernden Aufwendungen geschuldet und bestritten hat.[105]

In diesem Sinne hält die Rechtsprechung den zum Werbungskosten- bzw. Betriebsausgabenabzug anerkannten Gedanken, unter bestimmten Voraussetzungen auch Zahlungen eines Dritten als Aufwendungen des Steuerpflichtigen anzusehen (Abkürzung des Zahlungsweges),[106] auf den Bereich der existenzsichernden Aufwendungen für nicht übertragbar. Als Begründung wird angeführt, es möge im Bereich der erwerbssichernden Aufwendungen unbedenklich sein, den Gesichtspunkt der individuellen Belastung in gewissem Umfang zu vernachlässigen; dies fände seine Rechtfertigung jedoch letztlich in dem Zweck des Werbungskosten- bzw. Betriebsausgabenabzugs, all diejenigen Aufwendungen zu erfassen, die der Erzielung von Einkünften gedient haben. Im Bereich der Sonderausgaben hingegen ginge es darum, nur den Steuerpflichtigen zu begünstigen, der tatsächlich wirtschaftlich belastet ist.[107]

---

[104] Sonderausgaben i.S.d. § 10 Abs. 1 Nr. 1 EStG (Unterhaltsleistungen) können bei getrennt veranlagten Ehegatten nur bei dem Ehegatten abgezogen werden, der sie geleistet hat (§ 26a S. 2 EStG).

[105] BFH v. 22.3.1967 - VI R 300/66, BFHE 89, 69 (71) ; BFH v. 19.4.1989 - X R 2/84, BFHE 157, 101 (104), BStBl. II 1989, 683.

[106] Siehe Teil 1, 2. Kap., B. I. Dritt-Zahlungen.

[107] BFH v. 19.4.1989 - X R 2/84, BFHE 157, 101 (104), BStBl. II 1989, 683, FR 1989, 496 m. Anm. *Schmidt*.

[108] BFH v. 20.11.1952 - IV 6/52 U, BFHE 57, 91, BStBl. III 1953, 36 ; BFH v. 9.5.1974 - VI R 233/71, BFHE 112, 371, BStBl. II 1974, 546 ; BFH v. 9.5.1974 - VI R 137/72, BFHE 112, 484, BStBl. II 1974, 633 ; BFH v. 19.4.1989 - X R 28/86, BFHE 157, 505 (507), BStBl. II 1989, 862.

[109] BFH v. 20.11.1952 - IV 6/52 U, BFHE 57, 91, BStBl. III 1953, 36 ; BFH v. 29.11.1973 - VI R 6/72, BFHE 111, 385, BStBl. II 1974, 265.

III. Zusammenfassung

Drittaufwand kann im Bereich der Sonderausgaben und außergewöhnlichen Belastungen auf Grund der Forderung der Rechtsprechung nach einer konsequenten Anwendung des strengen Kostentragungsprinzips steuerlich nicht abgezogen werden. Inwieweit sich die Rechtsprechung hier der Kritik der Literatur[111] beugt und auch bei existenzsichernden Aufwendungen zu einer Zurechung der Drittaufwendungen beim Steuerpflichtigen im Wege der „Abkürzung des Zahlungsweges" kommt, muß abgewartet werden.

Für die hier in Frage stehenden Drittaufwendungen zwischen Ehegatten bleibt das ohne Bedeutung, da zusammenveranlagte Ehegatten im Bereich der Sonderausgaben und außergewöhnlichen Belastungen ohnehin als ein Steuerpflichtiger angesehen werden (§ 26b EStG) und eine Zurechnung daher zwischen ihnen unproblematisch möglich ist.

In bezug auf sofort abziehbare Aufwendungen kann das Problem des Drittaufwandes mit Hilfe der von der Rechtsprechung und Literatur anerkannten Konstruktion der „Abkürzung des Zahlungsweges" als weitgehend gelöst angesehen werden. Die Vermögensminderung des zahlenden Dritten kann dem einkünfteerzielenden Steuerpflichtigen zur Vervollständigung seines Aufwendungstatbestandes hier zugerechnet werden. Lediglich hinsichtlich der Voraussetzungen einer solchen Zurechnung im Falle der sog. „Abkürzung des Vertragsweges" bestehen zwischen den Vertretern des Kostentragungsgedankens und denen des Zuwendungsgedankens unterschiedliche Auffassungen.

Im Unterschied zu den Fällen der Dritt-Zahlungen zeichnet sich bei der Dritt-AfA keine einheitliche Lösung des Problems ab. Vielmehr besteht Uneinigkeit sowohl

---

[110] BFH v. 8.3.1995 - X R 80/91, BFHE 177, 375 (377), BStBl. II 1995, 637.

[111] Vgl. beispielsweise *Wolff-Diepenbrock*, DStR 1999, 1642 (1643).

über die generelle Möglichkeit einer steuerlichen Berücksichtigung der Dritt-AfA an sich als auch über den Weg, wie man zu einer Berücksichtigung innerhalb der Systematik des Einkommensteuergesetzes kommen könnte. Hier scheint ein Lösungsweg noch in weiter Ferne zu liegen. Wegen der grundsätzlich ablehnenden Haltung der Rechtsprechung hinsichtlich der Abziehbarkeit der sog. *echten* Dritt-AfA beim unentgeltlich Nutzenden muß der Drittaufwand in Form von Absetzungen für Abnutzung als steuerlich nicht berücksichtigungsfähig angesehen werden. Der Vorstoß der Senatsminderheit in Richtung einer Sonderbehandlung von Ehegatten hat zu einem Teilerfolg in bezug auf die Abziehbarkeit der sog. *unechten* Dritt-AfA geführt, wenn auch nicht auf dem von der Mindermeinung vorgeschlagenen dogmatischen Weg über eine tatsächliche Vermutung, daß Eheleute ihr Familienheim in Lebens- und Wirtschaftsgemeinschaft errichten. So sah der Große Senat in der Lebens- und Wirtschaftsgemeinschaft der Ehegatten keine Anhaltspunkte für eine Zurechnung von Aufwendungen zwischen den Ehegatten, wie es die Mindermeinung innerhalb des VI. Senates vorgeschlagen hatte.[112] Nicht untersucht worden ist jedoch in den Beschlüssen des BFH der Einfluß der bereits bestehenden Sonderregelungen der Ehegattenbesteuerung auf den Drittaufwand zwischen Ehegatten. Ob man darum für Ehegatten hinsichtlich der Dritt-AfA zu anderen Ergebnissen kommen kann und eventuell muß, soll im weiteren Gang der Arbeit untersucht werden.

Bevor jedoch hierauf näher eingegangen wird, soll im folgenden zuerst die Entwicklung der Ehegattenbesteuerung dargestellt werden, da sie Voraussetzungen für das Verständnis des heutigen Systems der Ehegattenbesteuerung und deren Auswirkungen auf den Drittaufwand ist.

---

[112] Vgl. den Vorlagebeschluß des VI. Senates an den Großen Senat des BFH v. 22.11.1996 - VI R 77/95, BFHE 181, 362, BStBl. II 1997, 208 sowie die Entscheidung des Großen Senates v. 23.8.1999 - GrS 2/97, BFHE 189, 160ff, BStBl. II 1999, 782, DStR 1999, 1649 (1652).

TEIL 2: DIE EHEGATTENBESTEUERUNG

1. Kapitel
Die historische Entwicklung der Besteuerung von Ehegatten

A. Die Haushaltsbesteuerung

Zu den ersten[113] Steuerarten auf dem Territorium des Deutschen Reiches gehörten die Haus-, Hütten-, Schornstein-, Rauchfang- und Herdsteuern.[114] Sie fielen im Sinne einer Kopfsteuer an, d.h. für jeden steuerpflichtigen Kopf wurde derselbe Betrag festgesetzt.[115]

Die Erhebung dieser Steuer erfolgte haushaltsweise. Von dem Haushaltsvorstand bzw. Familienoberhaupt wurden neben seinen eigenen auch die auf die einzelnen Köpfe der in seinem Haus, seiner Hütte, an seinem Schornstein, Rauchfang oder Herd vereinten Personen entfallenden Beträge eingezogen.[116]

Grund hierfür war die leichtere Handhabe für die damals ohnehin nicht sehr ausgeprägte Verwaltung. Die Steuererhebung von jedem einzelnen Bewohner hätte einen umfangreichen Verwaltungsaufwand verursacht.

---

[113] Derartige Steuern existierten bereits im 14. Jahrhundert, *Waterkamp*, Ehegattenveranlagung und Freizügigkeit in der Europäischen Gemeinschaft, S. 5.

[114] *Fiedler*, Die Haushaltsbesteuerung im Einkommensteuerrecht, S. 22ff.

[115] *Becker*, Der „Grundsatz der Individualbesteuerung" im deutschen Einkommensteuerrecht, S. 30 ; *Waterkamp*, Ehegattenveranlagung und Freizügigkeit in der Europäischen Gemeinschaft, S. 5.

[116] *Waterkamp*, Ehegattenveranlagung und Freizügigkeit in der Europäischen Gemeinschaft, S. 5 ; *Becker*, Der „Grundsatz der Individualbesteuerung" im deutschen Einkommensteuerrecht, S. 30.

Die Erkenntnis der Ungerechtigkeit einer derartigen Pauschalbesteuerung einerseits und ihre Uneinträglichkeit andererseits führte aber schon bald dazu, sie durch Steuern zu ergänzen oder zu ersetzen, die nach Ständen oder Klassen gestaffelt waren.[117]

Eine grundlegende Änderung des Steuerwesens hin zur Einkommensbesteuerung trat jedoch erst zu Beginn des 19. Jahrhunderts ein, als allmählich die Idee der Besteuerung nach dem Einkommen sich durchzusetzen begann.

I. Reglement von 1808

In Preußen – und zwar nur für Ostpreußen und Litauen – führte Freiherr v. Stein 1808 erstmals eine Einkommensteuer ein, die zur Tilgung der von der Stadt Königsberg vorgelegten Kriegskontributionen dienen sollte. 1811 mußte man wegen des Fehlschlagens dieses ersten preußischen Versuchs eine Klassensteuer von dem Einkommen einführen, um die aus der Verpflegung französischer Truppen entstandenen Kosten zu decken. Aber auch diese Steuer hatte keinen langen Bestand. Sie wurde nach zahlreichen Änderungen 1814 bereits wieder aufgehoben.[118]

II. Klassensteuer von 1820

Erst die preußische Steuerreform von 1820 führte mit dem *"Gesetz wegen Einführung einer Klassensteuer. Vom 30.5.1820"*[119] ein brauchbares und lebensfähiges

---

[117] *Fiedler*, Die Haushaltsbesteuerung im Einkommensteuerrecht, S. 23.
[118] *Fiedler*, Die Haushaltsbesteuerung im Einkommensteuerrecht, S. 26.
[119] Gesetzes-Sammlung für die Königlichen Preußischen Staaten, Berlin 1820, S. 140.

Steuergesetz ein, in dem an Stände anknüpfende Klassen[120] mit festen Jahresbeträgen[121] belastet wurden.[122]

Die Erhebung der Steuern erfolgte – wie schon bei den Kopfsteuern – nach Haushaltungen, so daß die gesamte Steuer von dem Familien- bzw. Haushaltungsvorstand eingezogen wurde (§ 4 lit. a des Gesetzes). Eine solche (steuerliche) Haushaltung bildeten der Hausherr, oder die selbständig wirtschaftende Hausfrau jeweils mit ihren Angehörigen, denen sie Wohnung und Unterhalt gaben (§ 4 lit. b).[123] Damit unterfielen sowohl die Ehefrau als auch Kinder und sonstige Angehörige der sog. *Haushaltsbesteuerung.*[124] Dies bedeutete jedoch nicht, daß sie keine selbstän-

---

[120] *Waterkamp*, Ehegattenveranlagung und Freizügigkeit in der Europäischen Gemeinschaft, S. 11; *Kullmer*, Die Ehegattenbesteuerung, S. 10 ; § 3 des Gesetzes wegen Einführung einer Klassensteuer, vom 30.05.1820: „Die Steuer wird in der Regel nach fünf Klassen erhoben, dergestalt, daß die Lohnarbeiter, gemeines Gesinde und Tagelöhner die unterste oder fünfte, der geringere Bürger- und Bauernstand die vierte, die wohlhabenden Einwohner die beiden darauf folgenden Klassen und die vorzüglich wohlhabenden und reichen Einwohner, die der ersten Klasse bilden." *Grabower*, Preussens Steuern vor und nach den Befreiungskriegen, S. 516 ; *Großfeld*, Die Einkommensteuer, S. 35 ; *Fiedler*, Die Haushaltsbesteuerung im Einkommen-steuerrecht, S. 26 ; *Linzbach*, Der Werdegang der preussischen Einkommensteuer unter besonderer Berücksichtigung ihrer kausalen Entwicklungsfaktoren, S. 141.

[121] *Kullmer*, Die Ehegattenbesteuerung, S. 10 ; *Kohlschütter*, Die Haushaltsbesteuerung im deutschen Einkommensteuerrecht, S. 12 ; *Grabower*, Preussens Steuern vor und nach den Befreiungskriegen, S. 522, Fn. 1 ; *Fuisting*, Die geschichtliche Entwicklung des Preußischen Steuersystems und systematische Darstellung der Einkommensteuer, S. 26f.

[122] *Kirchhof*, in : Kirchhof/Söhn, EStG, § 2 Rdnr. A 391 ; *Waterkamp*, Ehegattenveranlagung und Freizügigkeit in der Europäischen Gemeinschaft, S. 10.

[123] § 4 Abs. b des Gesetzes ; § 3 der Instruktion vom 25. August 1820, abgedruckt bei *Schimmelpfennig*, Die Preußischen direkten Steuern, 2. Theil, 1831, S. 10, zit. in BVerfGE 6, 55 (67, 68), Personen, „welche durch Blutsfreundschaft miteinander verwandt sind, in demselben Hause wohnen und aus dem Vermögen des Hausherrn oder der Hausfrau erhalten werden".

[124] Kostgänger und Personen, die mit Gehalt oder Lohn zu Dienstleistungen angenommen sind, wurden nicht zu den Angehörigen einer Haushaltung gezählt (§ 4 lit. c). *Kullmer*, Die Ehegattenbesteuerung, S. 11 ; *Waterkamp*, Ehegattenveranlagung und Freizügigkeit in der Europäischen Gemeinschaft, S. 11 ; *Becker*, Der „Grundsatz der Individualbesteuerung" im deutschen Einkommensteuerrecht, S. 38.

digen Steuersubjekte mehr waren. Steuerpflichtig war und blieb nach § 1 des Gesetzes jede einzelne natürliche Person.[125]
Die Haushaltsbesteuerung diente auch hier lediglich der Verwaltungsvereinfachung. Der Steuerpflichtige sollte aus Vereinfachungsgründen nach einer „auf wenigen und leicht erkennbaren Merkmalen beruhenden Abstufung besteuert werden". Ferner war der Gesetzgeber darauf bedacht, ein „genaues Eindringen in die Vermögensverhältnisse" zu vermeiden.[126] Deshalb bestimmte § 4 a des Gesetzes die Haushaltung zur Erhebungseinheit. Sie war Element der Veranlagung und sollte der einfacheren Veranlagung dienen. Auswirkungen auf die Einkommensermittlung – wie vielfach angenommen wird – hatte sie nicht, denn eine solche fand nicht statt, da es sich um eine reine Klassensteuer mit klassenbezogenen festen Steuersätzen handelte. Das Einkommen spielte als Maß für die Besteuerung keine Rolle, so daß auch keine Einkommensermittlung vorgenommen werden mußte.

III. Anfänge der Besteuerung nach der Leistungsfähigkeit

Gedanklicher Hintergrund der Besteuerung war damals der Grundsatz, daß jeder nach dem Maße der besonderen Vorteile, die er dem Gemeinwesen verdankt, bzw. der besonderen Kosten, die er verursacht, zur Steuer heranzuziehen sei (Äquivalenzprinzip).[127] Die Steuer war Entgelt für den Schutz, den der Staat dem Leben und

---

[125] § 1 Abs. 1 des Gesetzes stellt die grundsätzlich Steuerpflicht für alle Einwohner Preussens auf. § 1 Abs. 2ff und § 2 des Gesetzes sahen Ausnahmen von dieser generellen Steuerpflicht für Kinder, Arme, Fremde, Militärangehörige und ihre Haushaltungen, Einwohner von Mahl- und Schlachtsteuerpflichtigen Städten sowie durch andere Gesetze ausdrücklich von der Steuer befreite vor.

[126] Instruktion v. 25.8.1820, in: *Schimmmelpfennig*, S. 10. Vgl. auch die Darstellung in BVerfG v. 17.1.1957 - 1 BvL 4/54, BVerfGE 6, 55 (67), BStBl. I 1957, 193 (196).

[127] Der Gedanke der Äquivalenztheorie zeigt sich besonders deutlich an § 4 lit. d des Gesetzes, wonach derjenige, der weder einen eigenen Haushalt führt noch einem solchen besteuerten Haus-

Vermögen des einzelnen bot. Steuergegenstand war die geschützte Person oder das geschützte Vermögen, Maßstab der Steuergleichheit die gewährte Sicherheit. Diese Verteilung der Lasten beruht auf dem damaligen Verständnis des Staates als ein auf Grund freier Entschließung der Menschen entstandenes Herrschaftsgefüge (Staats- und Gesellschaftsvertragslehre).[128]

Im Lauf des 19. Jahrhunderts wandelte sich das allgemeine Staatsverständnis von der Staatsvertragslehre zu einer „organischen" Staatslehre. Der Staat wurde jetzt als ein höheres, nicht mehr im Dienste der Menschen stehendes Gemeinwesen verstanden, das sich aus eigenständigen Wirtschaftssubjekten zusammensetzt.[129] Gegenüber einer solchen naturgegebenen Einheit konnte die Steuerzahlung nicht mehr als Gegenleistung bzw. Mitbeteiligung aufgefaßt werden. Dies hatte zur Folge, daß zur Steuerrechtfertigung keine nutzentheoretischen Überlegungen mehr herangezogen wurden, sondern der Gedanke des vom einzelnen an den Staat zu erbringenden Opfers Bedeutung erlangte.

So löste Mitte des vorigen Jahrhunderts in der Finanzwissenschaft die sog. Opfertheorie das Äquivalenzprinzip ab.[130] Die Opfertheorie stellt keinen Zusammenhang zwischen Staatsleistung und Steuerpflicht des Bürgers mehr her, sondern fordert

---

halt angehörte, die Hälfte des Steuersatzes seiner Klasse als sogenannte Personensteuer zu zahlen hatte. Man war damals der Meinung, daß eine vielköpfige Familie grundsätzlich höher besteuert werden müsse, als alleinstehende Personen, da eine Familie an den Einrichtungen des Staates und insbesondere an der Sicherheits- und Verteidigungsfunktion dringender interessiert sei und diese auch mehr in Anspruch nehme, als eine Einzelperson, *Fiedler*, Die Haushaltsbesteuerung im Einkommensteuerrecht, S. 23, 27.

[128] *Kirchhof*, in: Kirchhof/Söhn, EStG, § 2 Rdnr. A 245f.

[129] Siehe zur Abhängigkeit zwischen Steuern und Staatstheorien, *Franke*, Entwicklung und Begründung der Einkommensbesteuerung, S. 14ff ; *Christ*, Drittaufwand, Werbungskosten und Einkommensteuersystem, S. 12.

[130] *Kirchhof*, in: Kirchhof/Söhn, EStG, § 2 Rdnr. A 255, 270. Vgl. zur Opfertheorie, *K. Schmidt*, Die Steuerprogression, S. 16ff ; *Birk*, Das Leistungsfähigkeitsprinzip als Maßstab der Steuernormen, S. 23ff.

von jedem Bürger ein gleiches Opfer.[131] Allgemeinheit und Gleichmäßigkeit der Besteuerung werden zu den obersten Grundsätzen der Steuergerechtigkeit erhoben.[132]

Die soziale Bewegung des 19. Jahrhunderts sieht insbesondere in der Verteilung der öffentlichen Lasten nach der individuellen wirtschaftlichen Leistungsfähigkeit eine Möglichkeit der gerechten Besteuerung.[133] Der Ursprung dieser Idee einer Besteuerung nach der Leistungsfähigkeit findet sich bereits im klassischen Altertum, wird jedoch erst jetzt als Maßstab einer gerechten Steuerlastverteilung zur Geltung gebracht.[134] So löst das Leistungsfähigkeitsprinzip[135] das bis in das 19. Jahrhundert hinein überwiegend vertretene Äquivalenzprinzip als Maß für die gerechte Steuerlastverteilung ab. Als Hauptindikator der Leistungsfähigkeit wird die finanzielle Kraft einer Person angesehen, welche sich in seinem Einkommen ausdrückt. [136] Die Idee der Besteuerung nach der Leistungsfähigkeit der Steuerpflichtigen führte in der Folgezeit zu einem Wechsel von der Besteuerung nach Klassen zu einer allgemeinen Einkommensteuer.[137]

---

[131] *Birk*, Das Leistungsfähigkeitsprinzip als Maßstab der Steuernormen, S. 24.

[132] *Kirchhof*, in: Kirchhof/Söhn, EStG, § 2 Rdnr. A 255.

[133] Die industrielle Entwicklung und die Entfaltung eines kapitalistischen Wirtschaftssystems im 19. Jahrhundert verursachte eine sozialpolitische Gegenbewegung, die starken Einfluß auf die Ausgestaltung der Einkommensteuer gewinnt. Bevor dem wirtschaftlich Schwachen durch staatliche Ausgabenprogramme geholfen wird, soll die Besteuerung sozialpolitisch ausgerichtet werden. Vordenker der sozialpolitischen Schule ist *Adolph Wagner*, der neben einem fiskalischen einen sozialpolitischen Zweck der Steuer sieht. Dieser liegt darin, „regulierend in die Verteilung des Volkseinkommens und des Volksvermögens einzugreifen, im allgemeinen daher so, daß eine Veränderung der im „freien Verkehr" sich vollziehenden Verteilung erfolge", *Wagner*, Finanzwissenschaft, S. 207.

[134] *Birk*, Das Leistungsfähigkeitsprinzip als Maßstab der Steuernormen, S. 24 ; *Pohmer/Jurke*, FA 42 (1984), S. 445ff ; *Kirchhof*, in: Kirchhof/Söhn, EStG, § 2 Rdnr. A 268ff.

[135] Näher zu seinem Inhalt siehe unten 2. Kap., A. I. Allgemeines Leistungsfähigkeitsprinzip.

[136] *Kirchhof*, in: Kirchhof/Söhn, EStG, § 2 Rdnr. A 269.

[137] Ideengeschichtlich wird die Besteuerung des Einkommens durch die Vertreter des Finanzklassizismus vorbereitet. Es ist ihr Verdienst, das Einkommen als Maßstab einer allgemeinen und gerechten Besteuerung entwickelt zu haben. So war schon für *Adam Smith* das Einkommen Ausdruck der Leistungsfähigkeit und Grundlage jeder Steuerzahlung. Der einzelne sollte zu den

IV. Klassen- und klassifizierte Einkommensteuer von 1851

Die praktischen Auswirkungen dieser Erkenntnisse zeigten sich zum Teil bereits in dem *„Gesetz betreffend die Einführung einer Klassen- und klassifizierten Einkommensteuer. Vom 1. Mai 1851"*[138], welches das bis dahin geltende Klassensteuergesetz des Jahres 1820 ablöste.

Für die Höhe der Steuer spielte jetzt erstmals das Jahreseinkommen eine Rolle.[139] Bei Steuerpflichtigen mit einem Jahreseinkommen unter 1001 Reichstalern, erfolgte die Steuereinstufung weiter nach Klassenmerkmalen. Betrug das Jahreseinkommen, unter Hinzurechnung des etwaigen besonderen Einkommens der zur Haushaltung gehörenden Familienangehörigen, jedoch mehr als 1000 Reichstaler, so wurde der Steuerpflichtige in 30 Steuerstufen entsprechend seinem Einkommen eingeschätzt.[140]

Auch in diesem Gesetz wurde an dem Prinzip der Steuererhebung nach Haushaltungen festgehalten.[141]

Staatslasten "in proportion to their respective abitities" (*A. Smith*, An Inquiry into the Nature and Causes of the Wealth of Nations, Book V, Chap. II, Part. II, S. 347) und damit „im Verhältnis zu ihren Fähigkeiten" beitragen. Auch die Erklärung der Menschenrechte von 1789 und die erste französische Verfassung von 1791 sahen eine Lastenverteilung im Verhältnis der Fähigkeit vor, *Pohmer/Jurke*, FA 42 (1984), S. 445 (451f) ; *Schuppert*, Verfassungsrechtliche Prüfungsmaßstäbe bei der Überprüfung von Steuergesetzen, in: FS f. Zeitler, S. 691 (711) ; *Benda*, DStZ 1984, 159 (160). *Smith* wandte sich jedoch gegen eine Besteuerung des Gesamteinkommens, weil sie zu einem inquisitorischen Eindringen in die Privatsphäre führe, *A. Smith*, An Inquiry into the Nature and Causes of the Wealth of Nations, S. 367.

[138] Gesetz, betreffend die Einführung einer Klassen- und klassifizierten Einkommensteuer vom 1.5.1851, PrGS 1851, 193.

[139] Im Laufe des 19. Jahrhunderts war auch die steuerliche Unterscheidung nach Klassen oder Ständen aufgegeben worden und durch reine Einkommensteuern ersetzt worden, die nur noch an das Einkommen und Vermögen als Besteuerungsobjekt anknüpfen.

[140] *Becker*, Der „Grundsatz der Individualbesteuerung" im deutschen Einkommen-steuerrecht, S. 186ff ; *Kirchhof*, in: Kirchhof/Söhn, EStG, § 2 Rdnr. A 394.

[141] § 8 für die Veranlagung und Erhebung der Klassensteuer ; § 16 für die klassifizierte Einkommensteuer.

V. Einführung einer progressiven Besteuerung

Mit dem Wandel der Staatsauffassung im 19. Jahrhundert schritt auch die Steuertheorie in Deutschland von der individualistischen zur sozialen Staats- und Steuerlehre fort, und man begann die Steuern als ein im Gesamtinteresse erforderliches, nach der Leistungsfähigkeit gleichmäßig zu verteilendes Opfer aufzufassen.[142]
Ziel der Opfertheorie war es, eine gleichmäßige Besteuerung im Sinne der Gleichmäßigkeit der verhältnismäßigen Opfer der Steuerpflichtigen herzustellen. Die Opfergleichheit war danach erreicht, wenn die Einbuße an Bedürfnisbefriedigung durch die Steuer bei jedem Steuerpflichtigen gleich ist. Da der Bedarf grundsätzlich relativ zum steigenden Einkommen abnimmt, folgt aus der Opfertheorie eine progressive Besteuerung. Die Steuer sollte nicht nach einem festen Prozentsatz erhoben werden, sondern das höhere Einkommen sollte progressiv, d.h. mit einem relativ höheren Steuersatz belastet werden.[143]
Auf dieser Grundlage begann die Idee der progressiven Besteuerung sich immer stärker durchzusetzen.[144] Neben die gleichheitsorientierte Ausprägung des Lei-

---

[142] Vgl. oben unter Teil 2, 1.Kap. A. III. Anfänge der Besteuerung nach der Leistungsfähigkeit ; *Grabein*, FA Bd. 13 (1896) Teil 1, S. 111ff (113).
[143] *Kirchhof*, in: Kirchhof/Söhn, EStG, § 2 Rdnr. A 257.
[144] Die Grundlage der Idee einer progressiven Besteuerung geht bis in die Antike zurück. *Aristoteles* und *Plato* lehrten: Nicht der Nutzen des einzelnen soll gefördert, sondern die Idee des Guten verwirklicht werden. So habe der Einzelne nicht nach Maßgabe des ihm aus dem Staatsverband entstehenden Nutzens, also nach den Grundsätzen der den Privatverkehr beherrschenden „entgeltenden Gerechtigkeit", sondern nach den Grundsätzen der „verteilenden Gerechtigkeit" nach Maßgabe seiner Kräfte, seines Vermögens zu den Staatslasten beizutragen. (*Aristoteles*, Ethic, Nic., lib. VIII, Cap. III, Cap. XV). Vgl. auch *Grabein*, FA Bd. 12 (1895), Teil 2, S. 1ff (4). Mit diesen Ausführungen hatte Aristoteles die Grundlage für die theoretische Begründung der Steuerprogression gelegt. Eine Grundlage, welche jedoch für nahezu zwei Jahrtausende unberührt blieb.
Im Mittelalter kam eine progressive Besteuerung bisweilen im Steuerwesen zur Anwendung. Der Antrieb hierfür lag aber weniger in der Verwirklichung einer gerechten Besteuerung, als in dem Ziel zur Deckung eines außerordentlichen Finanzbedarfs des Staates sehr große Summen aufzutreiben (vgl. *Grabein*, FA Bd. 12 (1895) Teil 2, S. 1ff (5)).

stungsfähigkeitsprinzips traten sozialpolitische Konzeptionen, welche die Steuerprogression ergänzend begründen. Diese hatten aber insbesondere die Steuerfreiheit des Existenzminimums, die Berücksichtigung besonderer Belastungen und die Berücksichtigung der Familienverhältnisse zur Folge.[145]

Zunächst hielt man, nach der Durchsetzung des Leistungsfähigkeitsprinzips, an der Proportionalbesteuerung fest, erachtete man die Progression anfangs als ein revolutionäres Prinzip, hinzielend auf die kommunistische Nivellierung aller Vermögensunterschiede.[146]

Gegen Ende des 19. Jahrhunderts wurde die progressive Besteuerung dann durch das Änderungsgesetz zur Klassen- und klassifizierten Einkommensteuer vom 25. Mai 1873 auch in den deutschen Steuergesetzen eingeführt.[147] Zunächst jedoch nur

---

Erst mit der Ausbildung des modernen Staates und der zunehmenden Bedeutung der Steuern entstand eine Steuerlehre, die über Grundsätze gerechter Besteuerung nachdachte und Gründe pro und contra Steuerprogression entwickelte. Montesquieu, der oft als Begründer der Lehre von der progressiven Besteuerung gilt, erkannte sie als ein Gebot „austeilender Gerechtigkeit" und wies auf die Verschiedenheit der Opfer hin, welche das Entrichten des gleichen Prozentsatzes bedeutete.

[145] *Neumann*, Die progressive Einkommensteuer im Staats- und Gemeinde-Haushalt, S. 173ff; *Wagner*, Finanzwissenschaft, II. Teil, S. 428ff.

[146] *Grabein*, FA Bd. 13 (1896) Teil 1, S. 111 (115).

[147] Diese Entwicklung vollzog sich allerdings nicht allein auf Grund der Anerkennung der inneren Berechtigung der Steuerprogression an sich, sondern wurde veranlaßt und gefördert durch eine Reihe äußerer Momente.

So zeigte die moderne volkswirtschaftliche Entwicklung die Tendenz zur Steigerung des Gegensatzes zwischen arm und reich, was die Anwendung progressiver Skalen auch fiskalisch zweckmäßig machte. Auf der anderen Seite hatte die auf dem Gleichheitsprinzip beruhende Kultur eine gewaltige Steigerung der Macht der unteren Klassen bewirkt, was sich auch auf dem Gebiet des Steuerwesens daran zeigte, daß man danach strebte, die Steuerlast von den Schultern Minderbegüterter auf die der wohlhabenden und reichen Volksklassen abzuwälzen, vgl. *Grabein*, FA Bd. 13 (1896) Teil 1, S. 111 (117).

Der entscheidende Grund wird jedoch die gewaltige Steigerung der steuerlichen Ausgaben innerhalb der zweiten Hälfte des 19. Jahrhunderts liegen. Eine natürliche Folge dieser Entwicklung mußte es daher sein, die gedanklich schon lange vorbereitete Progression einzuführen, um so die stark vermehrte Steuerlast zum einen erträglich zu machen, zum anderen überhaupt finanzierbar zu gestalten. Denn anderenfalls hätte zur Deckung der Staatsfinanzen ein recht hoher Proportionalsteuerfuß angewandt werden müssen, der von den Ärmeren nicht mehr aufgebracht werden konnte.

hinsichtlich der Klassensteuer.[148] Für die Einkommensteuer[149] blieb es bei dem gleichmäßigen Satz von 3% des höchsten, in die nächst niedrigere Stufe gehörenden Einkommens.[150]

VI. Preußisches Einkommensteuergesetz von 1891

Zur reinen Verwirklichung der progressiven Besteuerung kam es dann erstmals durch das, unter dem preußischen Finanzminister Johannes v. Miquel geschaffene, "*Preußische Einkommensteuergesetz vom 24.6.1891*"[151], welches die Klassen- und klassifizierte Einkommensteuer zu einer einheitlichen Einkommensteuer verschmolz. Damals reichte die Progressionsspanne von 0,57%[152] bis 4% bei einem Einkommen von knapp über 100.000 RM.[153]

1. Der Wandel von der Haushaltsbesteuerung zur Ehegattenbesteuerung

Das neue Einkommensteuergesetz brachte auch Veränderungen in der Steuererhebung. Man übernahm zwar aus den früheren Gesetzen die „Veranlagung nach Haushaltungen", bei der dem Haushaltungsvorstand das Einkommen der steuerpflichtigen Angehörigen der Haushaltung zum Zwecke der einfacheren Steuerveranlagung[154] zugerechnet wurde (§ 11 Abs. 1 Preuß. EStG 1891). Ausgenommen von der gemeinsamen Veranlagung wurden jetzt aber Kinder und deren Angehörige,

---

[148] Bis 3.000 RM Einkommen.
[149] Ab 3.000 RM Einkommen.
[150] *Kullmer*, Die Ehegattenbesteuerung, S. 12f.
[151] PrGS 1891, 175.
[152] Ab einem Einkommen von 900 RM (Existenzminimum, § 5 S. 1 Preuß. EStG 1891).
[153] *Schöberle*, in: Kirchhof/Söhn, § 32a Rdnr. A 55 ; *Kullmer*, Die Ehegattenbesteuerung, S. 12 ; Gesetz-Sammlung für die Königlich Preußischen Staaten, Preuß. Gesetzessammlung, 1891, S. 175.

wenn sie ein Einkommen aus Erwerb oder sonstigen Quellen besaßen, welches der Verfügung des Haushaltsvorstandes entzogen war, sowie von ihrem Ehemann dauernd getrennt lebende Ehefrauen (§ 11 Abs. 3 Preuß. EStG 1891).

Von der ursprünglichen „Haushaltsbesteuerung" blieb somit faktisch nur noch eine reine „Ehegattenbesteuerung" übrig, auch wenn der Wortlaut des Preußischen EStG 1891 diesbezüglich nicht eindeutig war.[155]

Erst in dem durch die *„Novelle vom 19. Juni 1906 zum preußischen Einkommenssteuergesetz"*[156] neu gefaßten[157] § 11 Preuß. EStG 1906 kam die Entwicklung von der Haushalts- zur Ehegattenbesteuerung auch im Wortlaut eindeutig zum Ausdruck.[158] § 10[159] ordnete jetzt eine Gesamtbesteuerung der Ehegatten in der Person

---

[154] Begründung des Gesetzentwurfes (S. 48), in: Fuisting/Strutz, § 10 Anm. 2.

[155] § 11 Preuß. EStG 1891: „Behulfs der Steuerveranlagung ist dem Einkommen des Haushaltungsvorstandes das Einkommen der Angehörigen der Haushaltung zuzurechnen. (...) Selbständig zu veranlagen sind: 1. Ehefrauen, wenn sie dauernd von dem Ehemanne getrennt leben; 2. Kinder und deren Angehörige der Haushaltung, wenn sie ein der Verfügung des Haushaltungsvorstandes nicht unterliegendes Einkommen aus eigenem Erwerb (...) oder aus anderen Quellen beziehen."

[156] PrGS 1906, 260.

[157] Man empfand den § 11 als unbefriedigend, da man zwar tendenziell von einer Haushaltsbesteuerung abrücken wollte, sich jedoch zu einer grundlegenden Neukonzeption nicht entschließen konnte, *Waterkamp*, Ehegattenveranlagung und Freizügigkeit in der Europäischen Gemeinschaft, S. 17 ; *Kullmer*, Die Ehegattenbesteuerung, S. 14.

[158] § 10 Preuß. EStG 1906: „Dem Einkommen eines nach § 1 Nr. 1 bis 3 Steuerpflichtigen wird das in Preußen steuerpflichtige Einkommen seiner Ehefrau hinzugerechnet. Selbständig werden Ehefrauen nur veranlagt, wenn sie dauernd von dem Ehemanne getrennt leben, (...)". ; *Kullmer*, Die Ehegattenbesteuerung, S. 13.

[159] Vgl. § 10 der Novelle zum preußischen Einkommensteuergesetz vom 19. Juni 1906: „Dem Einkommen eines nach § 1 Nr. 1 - 3 Steuerpflichtigen wird das in Preußen steuerpflichtige Einkommen seiner Ehefrau hinzugerechnet. Selbständig werden Ehefrauen nur veranlagt, wenn sie dauernd von dem Ehemann getrennt leben oder ihre Steuerpflicht nur nach § 2 begründet ist."

des Ehemannes an,[160] während die Besteuerung der Kinder und sonstigen Haushaltsangehörigen allein nach den allgemeinen Regeln erfolgte.[161]

2. Die Ehegattenbesteuerung und der progressive Tarif

Das Zusammentreffen der Zusammenveranlagung von Ehegatten mit dem neuen progressiven Tarif, der sowohl für das Einkommen der zusammenveranlagten Haushaltung[162] als auch für Einzelveranlagte (§ 11 preuß. EStG 1891) galt, führte zu einer steuerlichen Mehrbelastung der Ehegatten. Denn bei einem progressiven Tarif, der in mehr oder weniger steilem Anstieg den Steuersatz wachsen läßt, steigt die Steuerlast mit der Höhe des Einkommens an, so daß bei der Zusammenveranlagung und damit Zusammenrechnung der Einkommen mehrerer Personen – wie der Haushalts- bzw. Ehegattengemeinschaft – eine höhere Steuer entrichtet werden muß als bei getrennter Veranlagung der einzelnen Mitglieder.[163]

Dies war mit der Einführung der Progression nicht beabsichtigt, sondern war erst einmal eine „nicht bedachte" Nebenfolge des neuen Tarifes. Es sollte ganz im Gegenteil eine "Opfergleichheit" verwirklicht werden. Die in einem höheren Einkommen des einzelnen zum Ausdruck kommende erhöhte Leistungsfähigkeit des einzelnen sollte nach den Grundsätzen ausgleichender Gerechtigkeit entsprechend stärker besteuert werden, da ein gewisser Prozentsatz des Einkommens um so leichter entbehrt wird, je größer dasselbe ist.[164]. Da die höchste (durchschnittliche) Steuerbela-

---

[160] Dabei wurde das Einkommen der Ehefrau dem Einkommen des Ehemannes auch dann hinzugerechnet, wenn es sich um Einkommen aus dem Vorbehaltsgut oder einer selbständigen Erwerbstätigkeit der Ehefrau handelte, wenn die Ehegatten in Gütertrennung lebten oder wenn der Mann keine Verwaltung über das Vermögen der Ehefrau hatte.

[161] BVerfG v. 17.1.1957 - 1 BvL 4/54, BVerfGE 6, 55 (68), BStBl. I 1957, 193 ; *Kullmer*, Die Ehegattenbesteuerung, S. 13.

[162] In dieser Zeit unterlagen i.d.R. fast nur noch die Ehegatten der Zusammenveranlagung.

[163] *Kullmer*, Die Ehegattenbesteuerung, S. 7.

[164] *Grabein*, FA Bd. 13 (1896) Teil 1, S. 156.

stung 1891 noch bei 4% lag, fielt die Mehrbelastung durch die Zusammenveranlagung erst einmal nicht ins Gewicht.[165]

Zudem war das Einkommen der Kinder gerade aus der Zusammenveranlagung herausgenommen worden, so daß faktisch nur noch die Ehegatten zusammen veranlagt wurden.

VII. Reichseinkommensteuergesetz von 1920

Am 29.3.1920 trat dann das *„Reichseinkommensteuergesetz"* in Kraft. Die durch die Reichsverfassung vom 11.8.1919 begründete Reichsgesetzgebungskompetenz für Abgaben und sonstige Einnahmen (Art. 8 WRV) und die finanzielle Lage des Reiches nach dem I. Weltkrieg hatten den Weg dorthin bereitet.[166]

Alle bis dahin geltenden Einkommensteuergesetze der ehemaligen Partikularstaaten kamen aus einer Tradition der mehr oder weniger umfassenden gemeinschaftlichen Veranlagung von Familienangehörigen.[167] Daher wurde die Haushaltsbesteuerung trotz erheblicher Bedenken von Anfang an in die Reichseinkommensteuer-Gesetzgebung einbezogen.

So wurden die Einkünfte der Ehegatten weiterhin zusammengerechnet, sofern keine dauernde Trennung der Ehegatten vorlag (§ 16 REStG 1920).[168]

---

[165] Auch die geringfügige Erhöhung der Progression auf 4,6% durch das Einkommensteuergesetz von 1906 änderte daran nichts.

[166] *Kirchhof*, in: Kirchhof/Söhn, EStG, § 2 Rdnr. A 420.

[167] Vgl. zu den einzelnen Ländern *Waterkamp*, Ehegattenveranlagung und Freizügigkeit in der Europäischen Gemeinschaft, S. 19ff.

[168] § 16 REStG 1920: „Bei der Veranlagung zur Einkommensteuer wird das Einkommen der Ehegatten zusammengerechnet, sofern für beide Ehegatten die Voraussetzungen der persönlichen Steuerpflicht nach § 2 Nr. 1 erfüllt ist. Die Zusammenveranlagung findet von Beginn des auf die Eheschließung folgenden Rechnungsjahre bis zum Ablauf des Rechnungsjahres statt, in dem die Auflösung der Ehe erfolgt. Der Auflösung der Ehe steht die dauernde Trennung der Ehegatten oder der Wegfall der Voraussetzungen der persönlichen Steuerpflicht eines oder beider Ehegatten

Erst das Änderungsgesetz des Jahres 1921[169] brachte erste Einschränkungen der Zusammenveranlagung von Ehegatten. Das Einkommen der Ehefrau aus unselbständiger – und später (1925)[170] selbständiger – Tätigkeit schied aus der Zusammenveranlagung aus. Die Ehefrau wurde insofern selbständig veranlagt (§ 16 i.V.m. § 9 REStG).[171]

Durch das Reichseinkommensteuergesetz von 1920 kam es – in Folge dringenden staatlichen Finanzbedarfs nach dem verlorenen I. Weltkrieg – zu einer deutlichen Erhöhung der Steuerprogression.[172] Die Tarifspanne begann jetzt bei 10% ab einem Einkommen von 1.500 RM (steuerfreies Existenzminiumum § 20 Abs. 1 REStG 1920) und steigerte sich bis 60% bei 500.000 RM.[173] Für den Ehegatten sowie andere zur Veranlagungsgemeinschaft zählende Personen wurde erstmals ein Freibetrag von 500 RM (§ 20 Abs. 2 REStG) als Ausgleich für die Mehrbelastung, welche den Zusammenveranlagten durch die Progression entsteht, eingeführt.[174]

VIII. Nationalsozialistische Steuergesetzgebung

In der Zeit des Nationalsozialismus wurde die Tendenz, die Zahl der von der Zusammenveranlagung betroffenen Steuerpflichtigen einzuschränken, die sich in den

---

nach § 2 Nr. 1 gleich. Für die vermögensrechtlichen Beziehungen der Ehegatten untereinander gilt jeder Ehegatte als Schuldner des Abgabenteils, der nach den Verhältnissen berechnet wird, die sich ergeben, wenn jeder Ehegatte getrennt mit seinem Einkommen veranlagt worden wäre."

169 Änderungsgesetz zum EStG 1920 vom 24.03.1921, RGBl. S. 313.

170 § 22 Abs. 4 EStG vom 10.08.1925, RGBl. I 1925, 189.

171 *Waterkamp*, Ehegattenveranlagung und Freizügigkeit in der Europäischen Gemeinschaft, S. 26 ; *Kullmer*, Die Ehegattenbesteuerung, S. 15 ; *Becker*, Der „Grundsatz der Individualbesteuerung“ im deutschen Einkommensteuerrecht, S. 68.

172 Hinzu kam, daß der Stufenbetragstarif des preußischen EStG 1891/1906 durch einen Anstoßtarif abgelöst wurde.

173 *Schöberle*, in: Kirchhof/Söhn, EStG § 32a Rdnr. A 60.

174 *Schöberle*, in: Kirchhof/Söhn, EStG § 32a Rdnr. A 61.

bisherigen Einkommensteuergesetzen in wechselndem Maße gezeigt hatte, wieder beseitigt. Durch das *REStG 1934 vom 16.10.1934*[175] wurden sämtliche Einkünfte der Ehefrau in die gemeinsame Besteuerung wieder einbezogen (§ 26 REStG). Diese Maßnahme stand jetzt aber in Zusammenhang mit arbeitsmarktpolitischen Bestrebungen, die Ehefrau vom Arbeitsmarkt zu verdrängen. Die Gründe hierfür lagen zum einen in der hohen Arbeitslosigkeit der Zeit. Die günstige getrennte Veranlagung hinsichtlich des Arbeitseinkommens hatte viele Frauen veranlaßt, einen Arbeitsplatz anzunehmen. Diese Tendenz widersprach zum anderen auch den nationalsozialistischen Grundsätzen, nach denen die Frau ihrer Aufgabe im Haus nachzugehen habe.[176]
Die Neufassung hob ferner die Befreiung der Kindereinkünfte aus selbständiger Berufstätigkeit von der Zusammenveranlagung auf (§ 27 Abs. 3 REStG 1934). Die Zusammenveranlagung mit den Kindern wurde an die Gewährung der Kinderermäßigung (§ 32 Abs. 2 Nr. 2 REStG) geknüpft,[177] was zu einer erheblichen Ausdehnung der Zusammenveranlagung führte.

Das Einkommensteuergesetz vom 16.10.34 unterschied erstmals zwischen einem Tarif für Verheiratete und einem für Ledige und ging von der Besteuerung Verheirateter als Regelfall aus.[178] Die Steuerbeträge für Ledige wurden davon abgeleitet. Der Tarif für Verheiratete berücksichtigte die Kinderzahl durch Erhöhung der steuerfreien Einkommensteile und führte dazu, daß zusammenveranlagte Verheiratete

---

[175] RGBl. I 1934, 1005 ; RStBl. I 1934, 1261.
[176] *Waterkamp*, Ehegattenveranlagung und Freizügigkeit in der Europäischen Gemeinschaft, S. 30.
[177] § 27 Abs. 3 REStG 1934.
[178] *Wied*, in: Blümich, EStG, § 32a Rdnr. 7 ; *Schöberle*, in: Kirchhof/Söhn, EStG, § 32a Rdnr. A 64.

regelmäßig niedriger besteuert wurden, als wenn jeder Ehegatte für seine Einkünfte mit der Steuer für Ledige belastet worden wäre.[179]
Diese Tarifgestaltung war jedoch nicht auf Grund progressionsbedingter Mehrbelastung der Verheirateten entwickelt worden, sondern zeigte deutlich die bevölkerungs- und arbeitsmarktpolitischen Vorstellungen des Einkommensteuergesetzes 1934. Die Tarife blieben bis zum Ende des II. Weltkrieges maßgeblich.
Die Einkommensteuergesetze vom 6.2.1938 und 27.2.1939 sowie die kriegsbedingten Vereinfachungsmaßnahmen[180] brachten hinsichtlich der Zusammenveranlagung kaum Änderungen. Durch § 19 EStDV 1941[181] wurden die Einkünfte der Ehefrau aus nichtselbständiger Arbeit in einem dem Ehemann fremden Betrieb aus der Gemeinschaftsveranlagung wieder gelöst. Die Neuregelung beruhte erneut auf arbeitspolitischen Motiven. Den Frauen sollten jetzt ein finanzieller Anreiz zur Arbeit in den Rüstungsbetrieben gegeben werden.[182]

IX. Steuergesetzgebung nach dem II. Weltkrieg

Nach dem Krieg übernahmen die ersten Einkommensteuergesetze der Bundesrepublik die Regelungen über die Zusammenveranlagung von Ehegatten und Kindern ohne inhaltliche Änderung.[183]

---

[179] *Schöberle*, in: Kirchhof/Söhn, EStG, § 32a Rdnr. A 67.
[180] Steuervereinfachungs-VO v. 14. September 1944 ; RGBl. I 1944, 202.
[181] RGBl. I 1941, 751, RStBl. 1941, 913.
[182] *Becker*, Der „Grundsatz der Individualbesteuerung" im deutschen Einkommensteuerrecht, S. 71 ; *Kullmer*, Die Ehegattenbesteuerung, S. 19 ; *Fiedler*, Die Haushaltsbesteuerung im Einkommensteuerrecht, S. 61 ; *Woltersdorf*, Die Neuregelung der Ehegattenbesteuerung in der Bundesrepublik, S. 82.
[183] Diesbezüglich keine Veränderungen in den EStG 1949, 1950, 1951 und 1953, *Waterkamp*, Ehegattenveranlagung und Freizügigkeit in der Europäischen Gemeinschaft, S. 35.

Lediglich die tariflichen Bestimmungen wurden durch das Kontrollratsgesetz Nr. 12 v. 11.2.1946[184] aufgehoben und durch ein grundlegend neues Tarifsystem ersetzt, welches in seiner Struktur bis 1957 erhalten blieb. Man ging, im Gegensatz zum REStG 1934, wieder von der Steuerbelastung Lediger als Regelfall aus (Steuerklasse I) und sah bei verheirateten Steuerpflichtigen lediglich einen vom Einkommen abzuziehenden Freibetrag von 600 RM vor (Steuerklasse II).[185] So wurden zusammenveranlagte Ehegatten in Verbindung mit dem progressiv ansteigendenden Tarif regelmäßig ungünstiger gestellt, als im Falle einer getrennten Veranlagung. Zusätzlich führten Steuersätze von bisher nicht bekannter Höhe zu einer Mehrbelastung der Zusammenveranlagten. Der Eingangssteuersatz für Einkommen über 600 RM betrug 17%. Einkommensteile über 4.800 RM wurden mit einem Steuersatz von 50% belegt. Ab 100.000 RM galt der Grenzsteuersatz von 95%.[186]

Die Auswirkungen verminderten sich zwar infolge mehrfacher Tarifermäßigungen seit 1950, doch wurde die unterschiedlich starke Belastung von Ledigen und Ehegatten dadurch nicht grundsätzlich verändert.[187]

X. Zusammenfassung

Zusammenfassend kann festgehalten werden, daß das deutsche Steuerrecht aus einer Tradition kommt, in der Ehegatten im Grundsatz als einheitlich zu besteuerndes Gemeinschaft im Sinne einer Wirtschaftsgemeinschaft angesehen wurden.

---

[184] StuBl. 1946, 2.
[185] Art. III KRG Nr. 12, StuZBl. 1946, 2 (3) ; *Wied*, in: Blümich, EStG, § 32a Rdnr. 7.
[186] *Schöberle*, in: Kirchhof/Söhn, EStG, § 32a Rdnr. A 74 ; *Kullmer*, Die Ehegattenbesteuerung, S. 19 ; *Waterkamp*, Ehegattenveranlagung und Freizügigkeit in der Europäischen Gemeinschaft, S. 35 ; *Dziadkowski*, BB 1996, 1193 (1196).
[187] *Wied*, in: Blümich, EStG, § 32a Rdnr. 7.

B. Der Beschluß des Bundesverfassungsgerichtes zur Haushaltsbesteuerung

I. Vorlage des Finanzgerichtes München

1954 kam es auf Grund der durch die progressive Besteuerung hervorgerufenen erhöhten Besteuerung zusammenveranlagter Ehegatten gegenüber Ledigen[188] zu einer Vorlage des Finanzgerichtes München nach Art. 100 Abs. 1 GG bzw. § 13 Ziff. 11 i.V.m. §§ 80ff BVerfGG (Normenkontrollverfahren) an den ersten Senat des Bundesverfassungsgerichtes, mit der die Verfassungsmäßigkeit des § 26 des Einkommensteuergesetz v. 17.1.1952[189] - EStG (1951) - überprüft werden sollte.
Das vorlegende Finanzgericht München war der Auffassung, § 26 EStG 1951 sei „wegen Beeinträchtigung der steuerlichen Gleichstellung von verheirateten Staatsbürgern mit nicht verheirateten Staatsbürgern" unvereinbar mit Art. 3 Abs. 2 und Art. 6 Abs. 1 GG"[190].

II. Normenkontrolle des § 26 EStG (1951)

1. Prüfungspunkt

Gegenstand der Prüfung des Bundesverfassungsgerichtes war nach eigener Aussage des Gerichtes nicht die Frage, „ob abstrakt die Zusammenveranlagung mehrerer

---

[188] Vgl. Teil 2, 1. Kap., A., VI., 2. Ehegattenbesteuerung und progressiver Tarif.
[189] § 26 EStG (1951): „Haushaltsbesteuerung: Ehegatten
(1) Ehegatten werden zusammen veranlagt, solange beide unbeschränkt steuerpflichtig sind und nicht dauernd getrennt leben. Diese Voraussetzungen müssen im Veranlagungszeitraum mindestens vier Monate bestanden haben.
(2) Bei der Zusammenveranlagung sind die Einkünfte der Ehegatten zusammenzurechnen."
[190] BVerfG v. 17.1.1957 - 1 BvL 4 /54, BVerfGE 6, 55 (57), BStBl. I 1957, 193 (194).

Personen überhaupt oder der Ehegatten im besonderen mit dem Grundgesetz vereinbar ist; sondern es handelt sich darum, ob die Zusammenveranlagung von Ehegatten im Rahmen des Einkommensteuergesetzes 1951, das auf der *progressiven* Besteuerung des *einzelnen* Steuerpflichtigen beruht, verfassungswidrig ist"[191].

2. Verfassungswidrigkeit

Mit Beschluß vom 17.1.1957[192] bejahte das Bundesverfassungsgericht die Verfassungswidrigkeit des vorgelegten § 26 EStG, welcher im Rahmen des Einkommensteuergesetzes 1951 die Zusammenveranlagung der Ehegatten anordnete.

Entscheidend für die Verfassungswidrigkeit des § 26 EStG (1951) war allein die Tatsache, „daß Ehegatten durch die Zusammenveranlagung angesichts des auf die Leistungsfähigkeit des Einzelnen hin angelegten progressiven Steuertarifs im wirtschaftlichen Ergebnis schlechter gestellt werden als andere Personen"[193]. In dem auf dem Grundsatz der Individualbesteuerung beruhenden System des modernen Einkommensteuerrechtes bildeten die Fälle der Zusammenveranlagung (§§ 26, 27 EStG) einen Fremdkörper. Die geschichtliche Betrachtung zeige, daß es sich um den Rest einer ursprünglichen allgemeinen Haushaltsbesteuerung handele.

Als verfassungsrechtlich unbedenklich hingegen sah es das Bundesverfassungsgericht an, „der Besteuerung statt des Einkommens einer einzelnen Person die Summe der Einkünfte mehrerer, in Haushaltsgemeinschaft lebender Personen zugrunde zu legen, sei es, daß man überhaupt das Prinzip der Haushaltsbesteuerung wählt, sei

---

[191] BVerfG v. 17.1.1957 - 1 BvL 4/54, BVerfGE 6, 55 (66f), BStBl. I 1957, 193 (195).

[192] BVerfG v. 17.1.1957 - 1 BvL 4/54, BVerfGE 6, 55ff, BStBl. I 1957, 193ff, JZ 1957, 268ff, NJW 1957, 417ff, DÖV 1957, 180ff, DStR 1957, 202ff, BB 1957, 208ff, FamRZ 1957, 201ff.

[193] BVerfG v. 17.1.1957 - 1 BvL 4/54, BVerfGE 6, 55 (67), BStBl. I 1957, 193 (195).

es, daß man – bei Aufrechterhaltung des Grundsatzes der Individualbesteuerung – einen Proportionaltarif einführt".[194]

So war das Bundesverfassungsgericht einerseits der Auffassung, das moderne Einkommensteuerrecht beruhe auf dem Grundsatz der Individualbesteuerung,[195] in dem die Vorschriften der Zusammenveranlagung als Relikt der historischen allgemeinen Haushaltsbesteuerung ein systemwidriges Element bildeten.

Andererseits betonte es eindringlich, daß Gegenstand seiner Prüfung nicht die Frage nach der Verfassungsmäßigkeit der Zusammenveranlagung mehrerer Personen war. Vielmehr deutet es mit seiner Formulierung „es könnte verfassungsrechtlich unbedenklich sein, der Besteuerung statt des Einkommens einer einzelnen Person die Summe der Einkünfte mehrerer, in Haushaltsgemeinschaft lebender Personen zugrunde zu legen"[196] darauf hin, daß es die Zusammenveranlagung an sich für verfassungsgemäß hält.

---

[194] BVerfG v. 17.1.1957 - 1 BvL 4/54, BVerfGE 6, 55 (67), BStBl. I 1957, 193 (195).
[195] Vgl. unten Teil 2, 2. Kap., A., III. Grundsatz der Individualbesteuerung.
[196] BVerfG v. 17.1.1957 - 1 BvL 4/54, BVerfGE 6, 55 (67), BStBl. I 1957, 193 (195).

C. Die Neuordnung der Ehegattenbesteuerung

I. Übergangsregelung von 1957

Nachdem feststand, daß § 26 EStG (1951), die Zentralvorschrift der Ehegattenbesteuerung, verfassungswidrig war, war es vorrangige Aufgabe des Gesetzgebers, nach einer neuen, verfassungsgemäßen Form der Besteuerung von Ehegatten zu suchen. Da man für die Schaffung einer „endgültigen" Neuregelung Zeit benötigte, wurde unmittelbar nach dem Beschluß des Bundesverfassungsgerichts erst einmal eine Übergangsregelung durch das Steueränderungsgesetz 1957[197] für die Veranlagungszeiträume 1949-57 erlassen.[198]

Diese Übergangsregelung ging als Grundsatz von der getrennten Veranlagung zusammenlebender Ehegatten aus (§§ 26, 26a EStG), um nicht erneut in den Verdacht einer Schlechterstellung von Ehegatten gegenüber Ledigen zu geraten. Sie gestattete jedoch auf Antrag eine uneingeschränkte (§ 26b EStG) oder – durch Ausscheiden bestimmter Einkünfte aus der Zusammenveranlagung – beschränkte Zusammenveranlagung (§§ 26c, 26d EStG).[199]

---

[197] Steueränderungsgesetz 1957 v. 26.7.1957, BGBl. I 1957, 848 ; BStBl. I 1957, 352.

[198] Da der Wortlaut des § 26 EStG (1952) seit 1934 in den jeweiligen Einkommensteuergesetzen unverändert geblieben war und das Bundesverfassungsgericht keinen Zweifel daran gelassen hatte, daß in den noch schwebenden Verfassungsgerichtsverfahren zu § 26 EStG der gleiche Spruch ergehen würde, entschied sich der Gesetzgeber die Ehegattenbesteuerung für die Veranlagungszeiträume 1949-1957 insgesamt in den Übergangsvorschriften neu zu regeln (für 1952 ausdrücklich durch BVerfG v. 7.5.1957 - 1 BvR 289/56, StRK EStG § 26 Rdnr. 32, vgl. *Pflüger*, in: Herrmann/Heuer/Raupach, EStG, § 26 Anm. 3). Auswirkungen auf die Zeit vor 1949 bestanden nicht, da es sich um vorkonstitutionelles Recht handelte.

[199] Vgl. im einzelnen *Alo Köhler*, Das neue Einkommensteuergesetz mit der neuen Ehegattenbesteuerung, §§ 26, 26a, 26b, 26c, 26d, S. 154ff.

Grundgedanke der Übergangsregelung war es, den Ehegatten die jeweils günstigste Besteuerungsmöglichkeit zu eröffnen, um jeder Gefahr einer verfassungswidrigen Schlechterstellung von Ehegatten von vornherein entgegenzuwirken.[200]

II. Neuregelung von 1958

Eine „endgültige" Neuregelung der Ehegattenbesteuerung trat ab dem Veranlagungszeitraum 1958 durch das Steueränderungsgesetz 1958 v. 18.7.1958[201] in Kraft. Sie kehrte zur Zusammenveranlagung als Regelveranlagung nicht dauernd getrennt lebender Ehegatten zurück, übernahm jedoch das in der Übergangsregelung für Ehegatten enthaltene Wahlrecht zwischen Zusammenveranlagung und getrennter Veranlagung.[202] Der Gesetzgeber machte die Zusammenveranlagung aber praktisch zur Regelveranlagung, indem er in § 26 Abs. 3 EStG bei Nichtabgabe der erforderlichen Erklärungen die Wahl der Zusammenveranlagung unterstellt. Damit blieb es auch im Rahmen der Neuregelung der Ehegattenbesteuerung bei der grundsätzlichen Zusammenveranlagung nicht dauernd getrennt lebender Ehegatten.

Die vom Bundesverfassungsgericht primär kritisierten tariflichen Auswirkungen der Zusammenveranlagung wurden in der Neuregelung durch Einführung eines Splitting-Verfahrens korrigiert.[203] Das Splitting-Verfahren brachte die Zusammenveran-

---

[200] *Pflüger*, in: Hermann/Heuer/Raupach, EStG, § 26 Anm. 3.

[201] BGBl. I 1958, 473, BStBl. I 1958, 412.

[202] Diese Wahlrecht wurde aus der Übergangslösung übernommen, *Lang*, Die Bemessungsgrundlage im Einkommensteuerrecht, S. 635.

[203] Das Splitting-Verfahren war vom Bundesverfassungsgericht in seinem Haushaltsbesteuerungsbeschluß erwähnt worden und galt seit 1948 in den Vereinigten Staaten, vgl. *Kullmer*, Die Ehegattenbesteuerung, S. 48ff.

lagung darüber hinaus in Einklang mit dem das Einkommensteuerrecht beherrschenden Grundsatz der Individualbesteuerung.[204]

Die innere Begründung für dieses hartnäckige Festhalten des deutschen Steuergesetzgebers an der Zusammenveranlagung wird in seiner fest verankerten Vorstellung von der Erwerbs- und Verbrauchsgemeinschaft zusammenlebender Ehegatten gesehen.[205] Dies zeigt sich deutlich in der vom Gesetzgeber gewählten Systematik der Neuregelung.[206]

---

[204] Siehe hierzu Teil 2, 2. Kap., A., III. Grundsatz der Individualbesteuerung. Vgl. auch *Lang*, Die Bemessungsgrundlage im Einkommensteuerrecht, S. 621ff.

[205] *Lang*, Die Bemessungsgrundlage der Einkommensteuer, S. 623 ; *Pflüger*, in: Herrmann/Heuer/Raupach, EStG, § 26b Anm. 4.

Ebenso die Steuerreformkommission 1971 indem sie feststellt, das Splitting gehe „von dem im allgemeinen zutreffenden Gedanken aus, daß Ehegatten, die zusammenleben, eine Erwerbs- und Verbrauchsgemeinschaft bilden und daß demgemäß der eine Ehegatte an den Einkünften und den Ausgaben sowie den Lasten des anderen jeweils zur Hälfte teil hat", Steuerreformkommission 1971, Tz. II 554 Satz 1. Noch weiter geht die Kommission in Tz. II 554 Satz 2: „Es kann daher, ohne die Eigenschaft des einzelnen Ehepartners als Steuersubjekt in Zweifel zu ziehen, bei der Veranlagung auf die ausschließliche Zurechnung jeweils nur bei dem Ehegatten, dem die Einkünfte zugeflossen sind, verzichten."

[206] Vgl. 2. Kap., B. Aufbau und Systematik der heutigen Ehegattenbesteuerung.

2. Kapitel
Die heutige Ehegattenbesteuerung

A. Grundprinzipien der Besteuerung

I. Allgemeines Leistungsfähigkeitsprinzip

Das sog. *allgemeine Leistungsfähigkeitsprinzip* ist als Fundamentalprinzip der Steuergerechtigkeit und damit als oberster Vergleichsmaßstab steuerlicher Lastengleichheit seit Ende des 19. Jahrhunderts[207] in der Rechtswissenschaft und deutschen Steuergesetzgebung[208] weitgehend anerkannt.[209]

---

[207] Vgl. 1. Kap., III. Anfänge der Besteuerung nach der Leistungsfähigkeit. Ausführlich hierzu: *Birk*, Das Leistungsfähigkeitsprinzip als Maßstab der Steuernormen, S. 6ff ; *Pohmer/Jurke*, FA 42 (1984), S. 445.

[208] Art. 134 Weimarer Reichsverfassung: „Alle Staatsbürger ohne Unterschied tragen im Verhältnis ihrer Mittel zu allen öffentlichen Lasten nach Maßgabe der Gesetze bei". Auch für die heutige Einkommensteuer wurde die fundamentale Bedeutung des Prinzips ausdrücklich bestätigt, BT-Drucks. 7/1470, S. 211 (212).

[209] Vgl. *Lang*, in: Tipke/Lang, Steuerrecht, § 4 Rz. 81 ; *Tipke*, Die Steuerrechtsordnung, Bd. I, S. 469ff ; *Kirchhof*, StuW 1985, 319. Anders in der Finanzwissenschaft; dort geht man heute überwiegend davon aus, daß das Leistungsfähigkeitsprinzip mangels eindeutiger Konkretisierbarkeit keinen brauchbaren Maßstab für die Verteilung der Steuern liefert, *Pahlke*, FA 1969, S. 42 ; *Littmann*, Ein Valet dem Leistungsfähigkeitsprinzip, in: FS f. F. Neumark, Tübingen 1970, S. 113; vgl. auch *Birk*, Steuerrecht I, § 2 Anm. 13 und *Ruppe*, in: Herrmann/Heuer/Raupach, EStG, Einf. ESt, Anm. 540. Auch in der rechtswissenschaftlichen Diskussion wird dem Leistungsfähigkeitsprinzip vereinzelt die Tauglichkeit als Rechtsprinzip abgesprochen i.d.R. unter Hinweis auf seine Vieldeutigkeit und seine Nichtbeachtung in der Praxis, vgl. *Bodenheim*, Der Zweck der Steuern, S. 234ff ; *Kruse*, StuW 1980, 226 (231ff) ; *Blaurock*, JA 1980, 146. *Leisner*, StuW 1983, 97f, sieht im Leistungsfähigkeitsprinzip den normativen Ausdruck einer reinen Tatsachenfeststellung, daß dort mehr genommen werden könne, wo mehr ist. Für ihn ist der Übergang von der Möglichkeit zur Mehrleistung zum Leistenmüssen nichts anderes als die Glorifizierung reiner Gewalt, ein Instrument der Nivellierung und Egalisierung, von der der Staat ohne Rücksicht auf die Freiheit des einzelnen Gebrauch macht. Dagegen *Birk*, StuW 1983, 293 und *Franke*, StuW 1984, 32. Auch *Ruppe*, Die Ausnahmebestimmungen des Einkommensteuergesetzes, S. 87, ist in bezug auf das Leistungsfähigkeitsprinzip skeptisch, da sich aus ihm nicht ohne weitere Prämissen konkrete rechtliche Lösungen logisch ableiten lassen.

Inhaltliche Maxime des allgemeinen Leistungsfähigkeitsprinzips ist es, den Umfang der steuerlichen Belastung eines jeden Steuerpflichtigen am Maßstab seiner wirtschaftlichen Leistungsfähigkeit auszurichten.[210] Die Leistungsfähigkeit beschreibt dabei die individuelle Steuerzahlungsfähigkeit (sog. Ability-to-Pay Principle),[211] d.h. die Fähigkeit des einzelnen, Geldleistungen aus seinem jährlich hinzuerworbenen Einkommen für die Steuerzahlung erbringen zu können.[212]

Das Bundesverfassungsgericht sah das allgemeine Leistungsfähigkeitsprinzip stets als ein Gebot des im allgemeinen Gleichheitssatz (Art. 3 Abs. 1 GG) verankerten Grundsatzes der Steuergerechtigkeit, die Steuerlasten auf die Steuerpflichtigen im Verhältnis ihrer wirtschaftlichen Leistungsfähigkeit zu verteilen.[213] Bei der verfassungsrechtlichen Überprüfung von Steuernormen hat es dabei stets betont, daß die gleichheitsgerechte Normgebung und -anwendung „in besonderem Maße für Steu-

---

[210] *Birk*, Steuerrecht I, § 2 Anm. 13 ; *G. Schmölders*, Leistungsfähigkeit, in: Handwörterbuch des Steuerrechts, 2. Bd., S. 731.

[211] *Kirchhof*, in: Kirchhof/Söhn, EStG, § 2 Rdnr. A 276 ; *Ruppe*, in: Herrmann/Heuer/Raupach, EStG, Einf. Anm. 540 ; *Jakob*, Einkommensteuer, § 1 Rdnr. 6 ; *Lang*, Die Bemessungsgrundlage der Einkommensteuer, S. 97 ; *Söhn*, in: Söhn (Hrsg.), Die Abgrenzung der Betriebs- und Berufssphäre von der Privatsphäre im Einkommensteuerrecht, S. 13 ; *Kirchhof*, StuW 1985, 319 (320f, 323f).

[212] *Jakob*, Einkommensteuer, § 1 Rdnr. 6: „Wirtschaftliche Leistungsfähigkeit = privates Bedürfnisbefriedigungspotential" ; *Kirchhof*, in: Kirchhof/Söhn, EStG, § 2 Rdnr. A 11: „Frei verfügbares Einkommen" ; *Christ*, Drittaufwand, Werbungskosten und Einkommensteuersystem, S. 95: „Frei verfügbares Bedürfnisbefriedigungspotential". In diesem Sinne auch *Ossenbühl*, Die gerechte Steuerlast, S. 85 ; *Birk*, Das Leistungsfähigkeitsprinzip als Maßstab der Steuernormen, S. 167 ; *Söhn*, FA Bd. 46 (1988), S. 161 m.w.N.

[213] BVerfGE 8, 51 (68f) (Parteispenden) ; BVerfGE 9, 237 (243) (getrennte Veranlagung von Ehegatten) ; BVerfGE 13, 290 (295f) (Ehegattenarbeitsverhältnisse) ; BVerfGE 14, 34 (41) ; BVerfGE 27, 58 (64) (Herabsetzung der Kilometerpauschale) ; BVerfGE 32, 333 (339) (Ergänzungsabgabe) ; BVerfGE 36, 66, (72) (Stabilitätszuschlag) ; BVerfGE 43, 108 (118ff) (Kinderfreibetrag) ; BVerfGE 45, 104 (137) (Unterhaltsleistung an Kinder) ; BVerfGE 47, 1 (29) (Kinderbetreuungsaufwendungen) ; BVerfGE 55, 274 (302) ; BVerfGE 61, 319 (343ff) (Ehegattensplitting) ; BVerfGE 66, 214 (223) (Unterhaltsaufwendungen) ; BVerfGE 67, 290 (Unterhalt an geschiedenen Ehegatten) ; BVerfGE 68, 143 (152f) ; BVerfGE 82, 60 (86f) (Familienexistenzminimum).

ergesetze gilt"[214]. Konkrete Ableitungen und Bindungen für den Gesetzgeber leitet es jedoch nur sehr zurückhaltend aus diesem Verteilungsprinzip ab.[215] So war das Bundesverfassungsgericht zeitweise der Auffassung, zu einer „reinen" Verwirklichung des Prinzips sei der Gesetzgeber von Verfassungs wegen nicht verpflichtet.[216]

In neuerer Zeit gewinnt das Prinzip in den Entscheidungen des Gerichtes jedoch an Gehalt und Gewicht. Dabei wurde es vom Bundesverfassungsgericht mit Hilfe des Gleichheitssatzes konkretisiert und ihm so gesetzesdirigierende Kraft gegeben.[217] In seinem Urteil zur Besteuerung alleinstehender Eltern folgerte das Gericht bereits aus dem allgemeinen Leistungsfähigkeitsprinzip eine Pflicht des Gesetzgebers, zwangsläufige Aufwendungen der Privatsphäre aller Art zu berücksichtigen.[218]

Richtig ist, daß das Leistungsfähigkeitsprinzip entsprechend seinem hohen Rang in der Prinzipienhierarchie konkretisierungsbedürftig ist.[219] Es ist jedoch nicht, wie teilweise eingewandt wird[220], zu vieldeutig, um aus ihm konkrete Schlüsse ziehen

---

[214] BVerfGE 21, 12 (27).

[215] *Ruppe*, in: Herrmann/Heuer/Raupach, EStG, Einf. ESt Anm. 542 ; *Birk*, Steuerrecht I, § 2 Anm. 13.

[216] BVerfG v. 2.10.1969 - 1 BvL 12/68, BVerfGE 27, 58 (68) ; BVerfG v. 7.11.1972 - 1 BvR 338/68, BVerfGE 34, 103 (115) ; BVerG v. 23.11.1976 - 1 BvR 150/75, BVerfGE 43, 108 (120); BVerfG v. 11.10.1977 - 1 BvR 343/73, 83/74, 183 und 428/75, BVerfGE 47, 1 (24). Vgl. auch *Vogel*, StuW 1984, 197 (199).

[217] BVerfG v. 22.2.1984 - 1 BvL 10/80, BVerfGE 66, 214 (231f) ; BVerfG v. 4.10.1984 - 1 BvR 789/79, BVerfGE 67, 290. Vgl. auch *Kirchhof*, in: Kirchhof/Söhn, EStG, § 2 Rdnr. A 282.

[218] BVerfG v. 3.11.1982 - 1 BvR 620/78, 1335/78, 1104/79 und 363/80, BVerfGE 61, 319 (344).

[219] *Lang*, in: Tipke/Lang, Steuerrecht, § 4 Rdnr. 83 ; BVerfG v. 23.11.1976 - 1 BvR 150/75, BVerfGE 43, 108 (120) ; *Littmann*, Ein Valet dem Leistungsfähigkeitsprinzip, in: FS f. Neumark, Tübingen 1970, S. 113 ; *H.-W. Arndt*, Steuerliche Leistungsfähigkeit und Verfassungsrecht, in: FS f. Mühl, S. 29. Vgl. ausführlich *Tipke*, Die Steuerrechtsordnung, Bd. I, S. 492.

[220] *Littmann*, Ein Valet dem Leistungsfähigkeitsprinzip, in: FS für F. Neumark, Tübingen 1970, S. 113 ; *H.-W. Arndt*, Steuerliche Leistungsfähigkeit und Verfassungsrecht, in: FS f. Mühl, S. 17ff ; *ders.*, Gleichheit im Steuerrecht, NVwZ 1988, 787 ; *Martens*, Grundrecht auf Steuergerechtigkeit?, Die Rechtsprechung des BVerfG zum Leistungsfähigkeitsprinzip, KritV 87, 39ff. So auch noch BVerfGE 43, 108 (120) (Kinderfreibetrag).

zu können.[221] Vielmehr impliziert es einen „unmittelbar einsehbaren, rechtsethisch klugen"[222] Richtwert, der als Zielvorgabe für eine gerechte Verteilung der Steuerlasten und eine diesem Ziel dienende Strukturierung des Steuerrechts sorgen soll.[223] So sind zur Umsetzung des allgemeinen Leistungsfähigkeitsprinzips innerhalb der Einkommensteuer „Unterprinzipien" entwickelt worden, welche das allgemeine Leistungsfähigkeitsprinzip in sachlicher sowie in persönlicher Hinsicht konkretisieren. Mit Hilfe des sog. *Nettoprinzips* wird die steuerliche Leistungsfähigkeit bemessen.[224] Der sog. *Grundsatz der Individualbesteuerung* konkretisiert das allgemeine Leistungsfähigkeitsprinzip in Hinblick auf das Zuordnungssubjekt steuerlicher Leistungsfähigkeit.[225]

II. Nettoprinzip

Die einkommensteuerliche Bemessungsgrundlage (§ 2 Abs. 5 EStG)[226] dient dazu, die Leistungsfähigkeit des Steuerpflichtigen innerhalb der Einkommensteuer zu bemessen.[227] Sie soll das für die Steuerzahlung disponible Einkommen festlegen.[228]

---

[221] *Lang* hat einmal zutreffend formuliert, das Leistungsfähigkeitsprinzip sei „zwar *unbestimmt*, jedoch keinesfalls *unbestimmbar*", Tipke/Lang, Steuerrecht, § 4 Rz. 83.

[222] *Lang*, in: Tipke/Lang, Steuerrecht, § 4 Rz. 83.

[223] Eine Alternative zum allgemeinen Leistungsfähigkeitsprinzip in Form eines sachgerechten Fundamentalprinzips sozial gerechter Besteuerung gibt es derzeit nicht. Es gibt nur die Alternative, das Steuerrecht auf fundamentaler Prinzipienlosigkeit aufzubauen. Vgl. dazu umfassend *Tipke*, Die Steuerrechtsordnung, Bd. I, S. 469ff.

[224] Siehe hierzu Teil 2, 2. Kap., A., II. Nettoprinzip.

[225] Siehe hierzu unter Teil 2, 2. Kap., A., III. Grundsatz der Individualbesteuerung. Vgl. auch *Lang*, in: Tipke/Lang, Steuerrecht, § 4 Rz. 89.

[226] Der Gesetzgeber spricht in § 2 Abs. 5 EStG nicht von einkommensteuerlicher Bemessungsgrundlage, sondern von „zu versteuerndem Einkommen" als Bemessungsgrundlage für die tarifliche Einkommensteuer".

[227] *Raupach/Schenking*, in: Herrmann/Heuer/Raupach, EStG, § 2 Anm. 11.

[228] *Lang*, in: Tipke/Lang, Steuerrecht, § 9 Rz. 73.

Dabei ist man sich heute einig, daß das Einkommen des Steuerpflichtigen einen geeigneten Indikator steuerlicher Leistungsfähigkeit darstellt.[229]

Für die Ermittlung der einkommensteuerrechtlichen Bemessungsgrundlage gibt § 2 EStG einen mehrphasigen Weg vor.[230] Damit konkretisiert § 2 EStG die abstrakte Rechtswertungsquelle, Leistungsfähigkeitsprinzip, zu einer Rechtserkenntnisquelle.[231] Die konkreten Wertabgänge, welche zur Ermittlung des disponiblen Einkommens des Steuerpflichtigen vorgenommen werden, werden mit Hilfe des sog. *Nettoprinzips* ermittelt.[232] Dieses sich aus dem allgemeinen Leistungsfähigkeitsprinzip ergebende Prinzip beinhaltet das Postulat, alle nicht der Bedürfnisbefriedigung dienenden Ausgaben von den die Leistungsfähigkeit steigernden Mittelzugängen in Abzug zu bringen.[233]

Im Schrifttum wird das Nettoprinzip zum Kernbereich der einkommensteuerrechtlichen Grundstruktur gerechnet.[234] In diesem Sinne beschloß der 57. Deutsche Juristentag 1988 in München: „Das Nettoprinzip gehört zu den identitätskonstituierenden Merkmalen der Einkommensteuer. Als solches steht es nicht zur Disposition des Gesetzgebers."[235]

Auch das Bundesverfassungsgericht erkennt an, daß dem Einkommensteuerrecht ein „Prinzip der Nettobesteuerung" zugrunde liegt, legt sich jedoch nicht fest, ob dieses Prinzip verfassungsrechtlich vorgeschrieben ist.[236] Unabhängig von einer verfassungsrechtlichen Verankerung, sind nach dem Bundesverfassungsgericht jedoch

---

[229] *Ruppe*, in: Hermann/Heuer/Raupach, EStG, Einf. Anm. 540 ; *Jakob*, Steuern vom Einkommen I, S. 26, 34 ; *Lang*, in: Tipke/Lang, Steuerrecht, § 8 Rz. 30, § 9 Rz. 50 ; *Lang*, Die Bemessungsgrundlage der Einkommensteuer, S. 34, 97 ; *Kirchhof*, in: Kirchhof/Söhn, EStG, § 2 Rdnr. A 1ff.

[230] Vgl. *Lang*, Die Bemessungsgrundlage der Einkommensteuer, S. 33.

[231] *Kirchhof*, in: Kirchhof/Söhn, EStG, § 2 Rdnr. A 647.

[232] Schmidt/*Seeger*, EStG, § 2 Rdnr. 10 m.w.N.

[233] *Kirchhof*, in: Kirchhof/Söhn, EStG, § 2 Rdnr. A 126.

[234] *Lang*, in: Tipke/Lang, Steuerrecht, § 9 Rz. 55 ; *Lang*, Die Bemessungsgrundlage der Einkommensteuer, S. 184.

[235] Sitzungsbericht N zum 57. DJT, München 1988, S. 214.

Durchbrechungen des Nettoprinzips zulässig, sofern gewichtige Gründe hierfür vorliegen.[237] Die Anforderungen an einen solchen, die Durchbrechung rechtfertigenden Grund hat das Bundesverfassungsgericht mit zunehmender Verfestigung der Rechtsprechung zum Leistungsfähigkeitsprinzip verstärkt.[238] Reichte es früher aus, daß ein „sachlich einleuchtender"[239] Grund für die Durchbrechung vorhanden war, so muß dieser heute schon „gewichtig"[240] sein.

1. Objektives Nettoprinzip

Ausgangspunkt für die Anwendung des Nettoprinzips stellen die Einnahmen aus den in § 2 Abs. 1 S. 1 Nr. 1-7 EStG beschriebenen Erwerbshandlungen als Bruttogröße dar.

Auf einer ersten Stufe werden diese Erwerbseinnahmen gem. § 2 Abs. 2 EStG um die durch steuerbare Tätigkeit veranlaßten Erwerbsaufwendungen gekürzt; denn für die Steuerzahlung nicht disponibel und daher von der Steuerbemessungsgrundlage abzuziehen ist der Teil der erwirtschafteten Bezüge, der im Zusammenhang mit der Erwerbstätigkeit ausgegeben werden muß.[241] Dem Steuerpflichtigen fließt nur der

---

[236] BVerfG v. 23.1.1990 - 1 BvL 4, 5, 6, 7/87, BVerfGE 81, 228 (237).

[237] BVerfG v. 23.1.1990 - 1 BvL 4, 5, 6, 7/87, BVerfGE 81, 228 (237) ; BVerfG v. 7.11.1972 - 1 BvR 338/68, BVerfGE 34, 103 (115ff) ; BVerfG v. 2.10.1969 - 1 BvL 12/68, BVerfGE 27, 58 (67f) ; BVerfG v. 7.5.1969 - 2 BvL 15/67, BVerfGE 25, 371 (401f) ; BVerfG 2.10.1968 - 1 BvF 3/65, BVerfGE 24, 174 (181) ; BVerfG v.27.1.1965 - 1 BvR 213, 715/58 und 66/60, BVerfGE 18, 315 (333f) ; BVerfG v. 13.2.1963 - 1 BvL 17/61, 1 BvR 494/60, 128/61, BVerfGE 17, 232 (249f).

[238] *Müller-Franken*, StuW 1997, 3 (16).

[239] Vgl. BVerfG v. 7.11.1972 - 1 BvR 338/68, BVerfGE 34, 103 (115ff) ; BVerfG v. 2.10.1969 - 1 BvL 12/68, BVerfGE 27, 58 (67f) ; BVerfG v. 7.5.1969 - 2 BvL 15/67, BVerfGE 25, 371 (401f) ; BVerfG 2.10.1968 - 1 BvF 3/65, BVerfGE 24, 174 (181) ; BVerfG v. 27.1.1965 - 1 BvR 213, 715/58 und 66/60, BVerfGE 18, 315 (333f) ; BVerfG v. 13.2.1963 - 1 BvL 17/61, 1 BvR 494/60, 128/61, BVerfGE 17, 232 (249f).

[240] BVerfG v. 23.1.1990 - 1 BvL 4, 5, 6, 7/87, BVerfGE 81, 228 (237).

[241] Vgl. Schmidt/*Seeger*, EStG, § 2 Rdnr. 10 ; *Kirchhof*, in: Kirchhof/Söhn, EStG, § 2 Rdnr. A 127ff.

Nettobetrag leistungsfähigkeitserhöhend zu (*objektives Nettoprinzip*).[242] Daher erblickt die Literatur in § 2 Abs. 2 EStG überwiegend die Verankerung des objektiven Nettoprinzips.[243]

Das objektive Nettoprinzip ermittelt die sog. *objektive Leistungsfähigkeit* des Steuerpflichtigen.

2. Subjektives Nettoprinzip

Nachdem die „Summe der Einkünfte" (§ 2 Abs. 3 EStG) die Maßgröße objektiver Leistungsfähigkeit indiziert,[244] bedarf die rechtssystematisch vollständige Bemessungsgrundlage einer zweiten Teilgröße, welche nunmehr die für die steuerliche Leistungsfähigkeit relevanten persönlichen Verhältnisse des Steuerpflichtigen berücksichtigt,[245] denn die Erwerbseinkünfte können auch durch notwendige private Zahlungsverpflichtungen verwendungsgebunden sein und stehen dann im Sinne des allgemeinen Leistungsfähigkeitsprinzips für die Einkommensbesteuerung nicht zur Verfügung.[246]

In diesem Sinne müssen die um die Erwerbsaufwendungen bereinigten „Einkünfte" in einem zweiten Schritt um die durch die persönlichen Verhältnisse des Steuer-

---

242 *Raupach/Schencking*, in: Herrmann/Heuer/Raupach, EStG, § 2 Anm. 11 ; *Meincke*, in: Littmann/Bitz/Hellwig, EStG, § 2 Rdnr. 16 ; *Jakob*, Einkommensteuer, § 1 Rdnr. 9 ; *Stadie*, Die persönliche Zurechnung von Einkünften, S. 20f ; *Lang*, in: Tipke/Lang, Steuerrecht, § 9 C I, 2, S. 197 ; *Lang*, Die Bemessungsgrundlage der Einkommensteuer, S. 28ff., 60, 183ff ; *Kirchhof*, in: Kirchhof/Söhn, EStG, § 2 Rdnr. A 127, C 100.

243 So *Tipke*, StuW 1974, 84 ; *Kirchhof*, in: Kirchhof/Söhn, EStG, § 2 Rdnr. A 127 ; Schmidt/*Seeger*, EStG, § 2 Rdnr. 10 ; *Klein*, DStZ 1995, 630 ; *Lang*, in: Tipke/Lang, Steuerrecht, § 9 Rz. 54.

244 *Lang*, in: Tipke/Lang, Steuerrecht, § 9 Rz. 42.

245 Vgl. *Lang*, in: Tipke/Lang, Steuerrecht, § 9 Rz. 42, 68ff.

246 BVerfG v. 22.2.1984 - 1 BvL 10/60, BVerfGE 66, 214 (222) ; BVerfG v. 3.11.1982 - 1 BvL 620/78 u.a., BVerfGE 61, 319 (344) ; BVerfG v. 4.10.1984 - 1 BvL 789/79, BVerfGE 67, 290. Vgl. auch *Kirchhof*, in: Kirchhof/Söhn, EStG, § 2 Rdnr. A 129.

pflichtigen verursachten „unvermeidbaren Privatausgaben"[247] vermindert werden (sog. *subjektives Nettoprinzip*)[248] und ergeben dann das „zu versteuernde Einkommen" (Einkommensteuerbemessungsgrundlage), in welchem sich die Leistungsfähigkeit als „frei verfügbares Bedürfnisbefriedigungspotential"[249] des Steuerpflichtigen wiederspiegelt.[250]

Das subjektive Nettoprinzip gebietet,[251] private Ausgaben insoweit von der Bemessungsgrundlage der Einkommensteuer abzuziehen, als sie zur Sicherung der Exi-

---

[247] Gem. § 2 Abs. 4 EStG Sonderausgaben und außergewöhnliche Belastungen sowie die gem. § 2 Abs. 5 1. Hs EStG anzusetzenden Freibeträge.

[248] *Jakob*, Einkommensteuer, § 1 Rdnr. 11 ; *Raupach/Schencking*, in: Herrmann/Heuer/Raupach, EStG, § 2 Anm. 11 ; *Lang*, Die Bemessungsgrundlage vom Einkommen, S. 28ff, 67 ; *Christ*, Drittaufwand, Werbungskosten und Einkommensteuersystem, S. 86ff ; *Kaiser*, Die Abzugsfähigkeit des Drittaufwandes, S. 5ff. Anders *Stadie*, Die persönliche Zurechnung von Einkünften, S. 21, der die Annahme eines eigenständigen subjektiven Nettoprinzips ablehnt.

[249] *Christ*, Drittaufwand, Werbungskosten und Einkommensteuersystem, S. 95.

[250] § 12 Nr. 1 EStG bestimmt, daß Aufwendungen für die private Lebensführung, insbesondere auch Aufwendungen für den Unterhalt von Familienangehörigen (§ 12 Nr. 2 EStG) grundsätzlich nicht abziehbar sind. Das in § 12 Abs. 1 EStG verankerte Abzugsverbot bezieht sich jedoch rechtsdogmatisch auf die Maßgröße objektiver Leistungsfähigkeit. Es soll den Privatkonsum aus dem Einkünftetatbestand ausscheiden. Demgegenüber wird die Maßgröße subjektiver Leistungsfähigkeit rechtsdogmatisch sogar von einem Gebot der Abzugsfähigkeit von Privataufwendungen, nämlich der existentiell notwendigen Privataufwendungen, beherrscht, vgl. *Lang*, Die Bemessungsgrundlage der Einkommensteuer, S. 78.

[251] Im deutschen Steuerrecht ist das sog. *subjektive Nettoprinzip* nur sehr bruchstückhaft und unsystematisch verwirklicht. Die Schwierigkeiten einer systematischen Verwirklichung liegen in erster Linie in der grundsätzlichen Entscheidung des Gesetzgebers private Einkünfte wie z.B. Unterhaltseinnahmen nicht in das System der subjektiven Leistungsfähigkeit mit einzuziehen (Ausnahme das Realsplitting nach §§ 10 Abs. 1 Nr. 1, 22 Nr. 1a EStG, welches die Unterhaltseinnahmen systemgerecht berücksichtigt). Wenn man aber einerseits anerkennt, daß Unterhaltslasten die Leistungsfähigkeit des Verpflichteten mindern, so kann man andererseits nicht leugnen, daß Unterhaltszuwendungen die Leistungsfähigkeit des Berechtigten erhöhen. Das System des Abzugs von Unterhaltsleistungen, die der Empfänger als Unterhaltseinnahmen zu versteuern hat, bildet also die richtige Basis für die ehe- und familiengerechte Leistungsfähigkeitsindikation. Demgegenüber bleibt das reine Abzugssystem dem Einwand ausgesetzt, daß das Leistungsfähigkeitsprinzip nur partiell, nur zugunsten des Verpflichteten befolgt wird. Gerade wenn man nach der Grundwertung des Art. 6 Abs. 1 GG für den vollen Abzug der zwangsläufigen Unterhaltslasten eintritt, wird offenbar, daß die gerechte Ehegatten- und Familienbesteuerung nicht nur die verminderte Leistungsfähigkeit des Unterhaltsverpflichteten, sondern vielmehr die zwangsläufige Einkommensverteilung in Ehe und Familie zu berücksichtigen hat, vgl. *Lang*, Die

stenz des Steuerpflichtigen und seiner Familie anfallen (Existenzminimum),[252] denn was der Steuerpflichtige zur Existenzsicherung für sich und seine Familie aufwenden muß, ist für die Steuerzahlung ebensowenig disponibel, wie die Aufwendungen, die der Erhaltung und Sicherung seiner Erwerbsgrundlage dienen.

Der existentiell notwendige, regelmäßige Grundbedarf bildet so von Verfassungs wegen die Untergrenze für den Zugriff durch die Einkommensteuer,[253] er wird für den Steuerpflichtigen durch den Grundfreibetrag in § 32a Abs. 1 Nr. 1 EStG, bei zusammenveranlagten Ehegatten durch die Verdoppelung des Grundfreibetrages (§§ 32a Abs. 5 i.V.m. 32a Abs. 1 Nr. 1 EStG) abgegolten.[254]

Darüber hinaus berücksichtigt das geltende Einkommensteuerrecht auch in typisierender Weise den Regelbedarf einer zu unterhaltenden Person durch den allgemeinen Unterhaltsabzug des § 33a Abs. 1 EStG.[255] Nach § 33a Abs. 1 S. 1 EStG werden Aufwendungen auf Grund einer gesetzlichen Unterhaltspflicht des Steuerpflichtigen oder seines Ehegatten auf Antrag bis zu 14.040 DM (Stand 2002) im Kalenderjahr von Gesamtbetrag der Einkünfte abgezogen. Mit diesem allgemeinen Unterhaltsabzug wird der existenznotwendige Grundbedarf typisierend abgedeckt.[256] Er greift jedoch nur ein, soweit das Einkommensteuergesetz den Grundbedarf der un-

---

Bemessungsgrundlage der Einkommensteuer, S. 72, 78 sowie S. 185 ; *Christ*, Drittaufwand, Werbungskosten und Einkommensteuersystem, S. 95 ; *Tipke*, StuW 1971, 2 (17).

[252] BVerfG v. 25.9.1992 - 2 BvL 5, 8, 14/91, BVerfGE 87, 153 (169).

[253] BVerfG v. 25.9.1992 - 2 BvL 5, 8, 14/91, BVerfGE 87, 153 (169). Art. 1 Abs. 1 GG i.V.m. dem Sozialstaatsprinzip (Art. 20 Abs. 1, 28 Abs. 1 S. 1 GG) gewährt jedem Bürger das Recht auf ein menschenwürdiges Existenzminimum. Beschränkt man die steuerrechtliche Bedeutung des § 1 Abs. 1 GG auf ein reines Abwehrrecht, so schützte Art. 1 Abs. 1 GG nur diejenigen Bürger, die über so wenige Mittel verfügen, daß die Steuerbelastung das materielle Existenzminimum angreift. Es leuchtet jedoch nicht ein, daß gerade der essentielle Wert der grundgesetzlichen Gerechtigkeitsordnung nicht als Meßfaktor der Steuergerechtigkeit gelten soll. Das Steuerrecht hat also nach Art. 1 Abs. 1 GG i.V.m. dem Sozialstaatsprinzip das Existenzminimum eines jeden Bürgers zu berücksichtigen, vgl. *Lang*, Die Bemessungsgrundlage der Einkommensteuer, S. 195f.

[254] Der elementarste Indikator subjektiver Leistungsfähigkeit ist also systemwidrig in einer Tarifvorschrift berücksichtigt.

[255] *Lang*, Die Bemessungsgrundlage der Einkommensteuer, S. 558.

terhaltenen Person nicht an anderer Stelle berücksichtigt. So darf für die unterhaltene Person weder ein Anspruch auf Kindergeld noch auf den Kinderfreibetrag bestehen (§ 33a Abs. 1 S. 3 EStG).[257]

Ferner konsumieren die Regelungen über die Ehegattenbesteuerung (§§ 26 - 26b, 32a Abs. 5 EStG) und Realsplitting für geschiedene und dauernd getrennt lebende Ehegatten (§§ 10 Abs. 1 Nr. 1; 22 Nr. 1a EStG[258]) den allgemeinen Unterhaltsabzug,[259] denn für die Berücksichtigung von Unterhaltsleistungen zwischen Ehegatten hat der Gesetzgeber in der Ehegattenbesteuerung Sonderregelungen aufgestellt, welche die ehelichen Unterhaltsleistungen wegen der zwischen den Ehegatten bestehenden Erwerbs- und Verbrauchsgemeinschaft in besonders weitgehender Weise

---

[256] Schmidt/*Glanegger*, EStG, § 33a Rdnr. 3.

[257] *Lang*, in: Tipke/Lang, Steuerrecht, § 9 Rz. 90 ; *Lang*, Die Bemessungsgrundlage der Einkommensteuer, S. 558.

[258] Für den Unterhalt geschiedener oder dauernd getrennt lebender und unbeschränkt einkommensteuerpflichtiger Ehegatten sehen §§ 10 Abs. 1 Nr. 1; 22 Nr. 1a EStG ein begrenztes Realsplitting vor. Der leistende Ehegatte kann jährlich Unterhaltsleistungen bis zu 27.000 DM (Stand 1999) als Sonderausgaben anziehen, wenn der Empfänger zustimmt. Der Empfänger hat die Unterhaltsleistungen zu versteuern, soweit sie nach § 10 Abs. 1 Nr. 1 EStG vom Geber abgezogen werden können (§ 22 Nr. 1a EStG).
Der Gesetzgeber wollte mit diesem Realsplitting den Wegfall des Ehegattensplittings nach dem Scheitern der Ehe abfedern, vgl. BT-Drucks. 8/2100, 600. Im Prinzip wird durch das Realsplitting der Transfer wirtschaftlicher Leistungsfähigkeit durch zwangsläufige Unterhaltsleistungen sachgerecht berücksichtigt. Die Geschiedenen und Getrenntlebenden werden jedoch insofern privilegiert, als die sachgerechte Regelung des Realsplittings für alle Unterhaltsgemeinschaften geboten ist. Indessen ist gegen § 10 Abs. 1 Nr. 1 EStG einzuwenden, daß eine Begrenzung auf 27.000 DM nicht gerechtfertigt ist, wenn ein Rechtstitel über einen höheren Betrag vorliegt. Umgekehrt fehlt die Tatbestandsvoraussetzung der Zwangsläufigkeit: Ein Realsplitting in Höhe von 27.000 DM ist nicht zu rechtfertigen, wenn die Verpflichtung den Betrag von 27.000 DM unterschreitet. Gänzlich verfehlt ist es, den Abzug als Sonderausgaben von der Zustimmung des Empfängers abhängig zu machen, vgl. *Lang*, in: Tipke/Lang, Steuerrecht, § 9 Rz. 95f.

[259] Ständige Rechtsprechung des BFH: vgl. BFH v. 28.11.1988 - GrS 1/87, BFHE 154, 556 (564), BStBl. II 1989, 164 ; BFH v. 21.9.1993 - III R 15/93, BFHE 172, 516 (519), BStBl. II 1994, 236 ; BFH v. 22.6.1979 - VI R 85/76, BFHE 128, 236 (238f), BStBl. II 1979, 660 ; BFH v. 30.7.1971 - VI R 142/68, BFHE 103, 69 (71), BStBl. II 1971, 764 ; BFH v. 19.8.1966 - VI 268/65, BFHE 87, 70, BStBl. III 1967, 21 ; BFH v. 13.12.1961 - VI 245/60 U, BFHE 74, 273, BStBl. III 1962, 104. Vgl. auch *Lang*, Die Bemessungsgrundlage der Einkommensteuer, S. 564 ; *Schmieszek*, in: Hartmann/Böttcher/Nissen/Bordewin, EStG, § 26 Rdnr. 13

typisierend berücksichtigen.[260] Da auch bei der Wahl der getrennten Veranlagung der Ehegatten (§ 26a EStG) das Prinzip der Verbrauchsgemeinschaft insoweit gewahrt bleibt, als Sonderausgaben nach § 10 Abs. 1 Nr. 8 EStG und außergewöhnliche Belastungen (§§ 33 - 33c EStG) von der Einkommensteuerbemessungsgrundlage der Ehegatten je zur Hälfte abgezogen werden, wenn nicht die Ehegatten gemeinsam eine andere Aufteilung beantragen (§ 26a Abs. 2 S. 1 EStG),[261] wird auch hier der allgemeine Unterhaltsanspruch nach § 33a Abs. 1 EStG von den Sonderregelungen der Ehegattenbesteuerung verdrängt.[262]

Über den Grundbedarf hinausgehende zwangsläufige Belastungen des Steuerpflichtigen, beispielsweise durch außergewöhnlichen Lebensbedarf des Steuerpflichtigen oder einer von ihm zu unterhaltenden Person, werden darüber hinaus in Form von Sonderausgaben (§ 10ff EStG) und außergewöhnlichen Belastungen (§§ 33ff EStG) berücksichtigt.[263]

III. Grundsatz der Individualbesteuerung

1. Konkretisierung des allgemeinen Leistungsfähigkeitsprinzips

In Hinblick auf das Zuordnungssubjekt steuerlicher Leistungsfähigkeit wird das allgemeine Leistungsfähigkeitsprinzip konkretisiert durch den Grundsatz der Individualbesteuerung.[264] Der Grundsatz der Individualbesteuerung verselbständigt einen

---

[260] Vgl. BFH v. 28.11.1988 - GrS 1/87, BFHE 154, 556 (562) ; *Lang*, Die Bemessungsgrundlage der Einkommensteuer, S. 564.
[261] Vgl. unten Teil 2, 2. Kap., B., III., 1. Getrennte Veranlagung nach § 26a EStG.
[262] BFH v. 28.11.1988 - GrS 1/87, BFHE 154, 556 (564), BStBl. II 1989, 164 ; *Lang*, Die Bemessungsgrundlage der Einkommensteuer, S. 565.
[263] *Lang*, Die Bemessungsgrundlage der Einkommensteuer, S. 73.
[264] *Lang*, in: Tipke/Lang, Steuerrecht, § 4 Rdnr. 228 ; *Tipke*, Die Steuerrechtsordnung, Bd I, S. 465, 501.

wesentlichen Aspekt des allgemeinen Leistungsfähigkeitsprinzips, nach dem die Indikatoren steuerlicher Leistungsfähigkeit (Steuerbemessungsgrundlage) und die Steuerlast für die einzelne natürliche Person als Trägerin der steuerlichen Leistungsfähigkeit bestimmt sein müssen.[265] Dies führt dazu, daß jedem Steuerpflichtigen, das von ihm erwirtschaftete Einkommen individuell zuzurechnen ist und von ihm zu versteuern ist.

2. Bedeutung für die Ehegattenbesteuerung

Seit 1957 hat der Grundsatz der Individualbesteuerung auch eine Bedeutung im Rahmen der Ehegattenbesteuerung. So schrieb das Bundesverfassungsgericht in seinem Beschluß zur Haushaltsbesteuerung[268]: „In diesem auf dem Grundsatz der Individualbesteuerung beruhenden System des modernen Einkommensteuerrechts bilden die beiden Fälle der Zusammenveranlagung (§§ 26, 27 EStG) einen Fremdkörper. Eine geschichtliche Betrachtung zeigt, daß es sich um den Rest einer ursprünglichen Haushaltsbesteuerung handelt"[269].

---

[265] *Lang*, Die Bemessungsgrundlage der Einkommensteuer, S. 625 ; *Lang*, in: Tipke/Lang, Steuerrecht, § 9 Rz. 22 ; Becker, Der „Grundsatz der Individualbesteuerung" im deutschen Einkommensteuerrecht, S. 21ff ; *Littmann*, FA, Bd. 27 (1968), S. 174.
[266] *Lang*, Die Bemessungsgrundlage der Einkommensteuer, S. 625.
[267] *Lang*, in: Tipke/Lang, Steuerrecht, § 9 Rz. 22.
[268] BVerfG v. 17.1.1957 - 1 BvL 4/54, BVerfGE 6, 55ff, BStBl. I 1957, 193ff.
[269] BVerfG v. 17.1.1957 - 1 BvL 4 /54, BVerfGE 6, 55 (67). Im Rahmen des Beschlusses wurde mit dem Begriff des „Grundsatzes der Individualbesteuerung" - jedenfalls in seiner Relevanz für die Ehegattenbesteuerung - erstmals gearbeitet, BFHE 66, 276 (280) ; BFHE 66, 497 (499) ; *Klein*, FA, Bd. 18 1957/58, S. 237ff (250, 255ff) ; *Hartz*, DB 1958, 261. Das Bundesverfassungsgericht leitete ihn - soweit er überhaupt abgeleitet wurde - aus der tariflichen Komponente der damaligen Einkommensteuer ab; ebenso *Glögger*, DB 1958, 412 (413), der dem Grundsatz eine tarifbezogene Erklärung gab. *Spitaler*, BB 1957, 268 hingegen bezweifelte die Ausrichtung des Tarifes an der Besteuerung des einzelnen. Er war der Auffassung, das EStG (1951) „wie die übrigen deutschen Einkommensteuergesetze vorher und nachher" beruhten auf der Besteuerung von Wirtschaftseinheiten nicht von Einzelpersonen.

Bis dahin waren im Rahmen der Haushaltsbesteuerung zusammenveranlagte Ehegatten überwiegend steuerlich als Personeneinheit zum Teil auch als ein Steuersubjekt angesehen worden.[270] Da das Bundesverfassungsgericht in dieser Praxis der Zusammenveranlagung einen Fremdkörper im System der Individualbesteuerung sah, stand fest, daß die Bemessungsgrundlage auch bei Ehegatten nach dem Grundsatz der Individualbesteuerung eine auf den einzelnen Ehegatten bezogene steuerliche Leistungsfähigkeit ausweisen muß.[271]

Damit hatte das Bundesverfassungsgericht eine Feststellung getätigt, welche weitgehend Einfluß auf die dogmatische Neuordnung der Ehegattenbesteuerung haben sollte, von der aber die Entscheidung der Verfassungswidrigkeit des § 26 EStG (1951) selbst nicht getragen wurde.

---

[270] Vgl. hierzu Teil 3, 1. Kap., A., I. Zusammenveranlagung im Rahmen der Haushaltsbesteuerung.

[271] Vgl. *Felix*, FR 1958, 134. Als Leitlinie gerechter Besteuerung orientiert sich das deutsche Steuerrecht seit Ende des 19. Jahrhunderts an dem Leistungsfähigkeitsprinzip, (vgl. hierzu Teil 2, 1. Kap. A. III. Anfänge der Besteuerung nach der Leistungsfähigkeit). Insofern richtig, stellt das Bundesverfassungsgericht den sich daraus ergebenden Grundsatz der Individualbesteuerung als ein Produkt des „modernen" Steuerrechts dar. Vgl. zu den Folgen dieser Feststellung unten Teil 2, 2. Kap., B. III. Die unterschiedlichen Rechtsfolgen der Ehegattenbesteuerung.

B. Aufbau und Systematik der heutigen Ehegattenbesteuerung

I. Überblick

Die „endgültige" Neuregelung der Ehegattenbesteuerung wurde in den §§ 26, 26 a-c und 32a Abs. 5 EStG normiert.

§ 26 Abs. 1 EStG enthält die Tatbestandsvoraussetzungen für die Anwendung der Ehegattenbesteuerung. Danach sind – wie auch schon vor 1957 – Voraussetzung für die Veranlagung als Ehegatten:

- eine gültige Ehe
- kein dauerndes Getrenntleben und
- die unbeschränkte Steuerpflicht der Ehegatten.[272]

Fehlt eines dieser Tatbestandsmerkmale des § 26 Abs. 1 EStG, so liegt schon tatbestandlich keine Ehegattenbesteuerung vor und die Partner werden wie unverheiratete natürliche Personen einzeln nach § 25 EStG veranlagt.[273]

Sind alle Tatbestandsvoraussetzungen der Ehegattenbesteuerung erfüllt, so gewährt § 26 Abs. 1 und 2 EStG den Ehegatten als Rechtsfolge ein Veranlagungswahl-

---

[272] Diese Voraussetzungen mußten anfangs während vier Monaten im Veranlagungszeitraum bestanden haben, um die Zusammenveranlagung wählen zu können. Durch das StÄndG 1968 v. 20.2.1969, BGBl. I 1969, 141, BStBl. I 1969, 116, wurde die Viermonatsfrist später abgeschafft. Ab VZ 1970 genügte es, wenn die Voraussetzungen zu Beginn des Veranlagungszeitraumes vorgelegen haben oder im Laufe des VZ eingetreten sind (Stichtagsprinzip). Der Gesetzgeber entsprach mit dieser Änderung einer in anderem Zusammenhang erhobenen Forderung des BVerfG, BVerfG v. 13.12.1967 - 1 BvR 679/64, BVerfGE 23, 1ff, BStBl. II 1968, 70. In dieser Entscheidung hatte das BVerfG die unterschiedlichen Regelungen des Abzugs von Kinderfreibeträgen für Kinder, die während des VZ das 18. Lebensjahr vollendeten, bei der ESt-Veranlagung einerseits (Viermonatsprinzip) und beim LSt-Verfahren andererseits (Stichtagsprinzip) für verfassungswidrig erklärt.

[273] *Schmieszek*, in: Hartmann/Böttcher/Nissen/Bordewin, EStG, § 26 Rdnr. 16.

recht.[274] Die Ehegatten dürfen zwischen den verschiedenen Veranlagungsarten der Ehegattenbesteuerung

- der getrennten Veranlagung (§ 26a EStG)[275]
- der Zusammenveranlagung (§ 26b, 32a Abs. 5 EStG) und
- der besonderen Veranlagung für das Jahr der Eheschließung (§ 26c EStG)[276]

wählen. Ein Zurückgreifen auf die Einzelveranlagung des § 25 EStG ist bei Verwirklichung der Tatbestandsmerkmale des § 26 EStG für Ehegatten nicht mehr möglich. Sie unterliegen dann den Sondervorschriften der Ehegattenbesteuerung.

In den §§ 26a-c EStG werden die jeweiligen Rechtsfolgen der Ehegattenbesteuerung, d.h. die Auswirkungen, welche die jeweils gewählte Veranlagungsart auf die Ermittlung der steuerlichen Bemessungsgrundlage hat, beschrieben. Die §§ 26a-c EStG regeln somit die materiellrechtlichen Folgen dieser Veranlagungsarten.[277]

II. Der Tatbestand der Ehegattenbesteuerung

1. Das „nicht dauernde Getrenntleben"

Mit dem Tatbestandsmerkmal des „nicht dauernden Getrenntlebens" macht der Gesetzgeber das Bestehen einer Lebens- und Wirtschaftsgemeinschaft zwischen den Ehegatten zu einer Voraussetzung der Ehegattenbesteuerung. Im Sinne des § 26

---

[274] Diese Wahlrecht wurde aus der Übergangslösung übernommen, *Lang*, Die Bemessungsgrundlage im Einkommensteuerrecht, S. 635.

[275] Für die getrennte Veranlagung wurde die durch das Steueränderungsgesetz v. 26.7.1957 (BGBl. I 1957, 848) eingeführte Übergangsvorschrift des § 26a EStG in der endgültigen Neuregelung der Ehegattenbesteuerung durch das Gesetz zur Änderung steuerlicher Vorschriften auf dem Gebiet der Steuern vom Einkommen und Ertrag und des Verfahrensrechts v. 18.7.1958 (BGBl. I 1958, 473) übernommen.

[276] Die Möglichkeit der eingeschränkten Zusammenveranlagung (§ 26d der Übergangsregelung) wurde in der Neuregelung nicht beibehalten.

[277] *Lang*, Die Bemessungsgrundlage der Einkommensteuer, S. 640.

EStG leben Ehegatten „nicht dauernd getrennt", wenn wenigstens eine Wirtschaftsgemeinschaft in dem Sinne zwischen ihnen besteht, daß sie die sie berührenden wirtschaftlichen Fragen ihres Zusammenlebens gemeinsam erledigen und gemeinsam über die Verwendung des Familieneinkommens entscheiden.[278] Aus dieser Wirtschaftsgemeinschaft heraus bestehen zwischen Ehegatten, rechtliche, tatsächliche oder sittliche Beziehungen, die den Ehegatten zwangsläufig dazu veranlassen, dem anderen Ehegatten erzielte Einkünfte oder anderes Vermögen zuzuwenden.[279] Diese Zahlungsströme zwischen den Ehegatten, der sog. Transfer steuerlicher Leistungsfähigkeit,[280] beruhen rechtlich hauptsächlich auf der gemeinsamen Haushaltsführung und dem Familienunterhalt (§§ 1356ff. BGB), sowie dem ehelichen Güterrecht (§§ 1363ff. BGB). Darüber hinaus können zwischen „nicht dauernd getrennt lebenden" Ehegatten über die gesetzliche Rechtslage hinausgehende tatsächliche Beziehungen einer intakten Lebens- und Wirtschaftsgemeinschaft bestehen, die eine Verteilung und gemeinsame Verwendung der von jedem Ehegatten erzielten Einkünfte bewirken.[281]

Anders ist es bei geschiedenen oder dauernd getrennt lebenden Ehegatten. Zwischen ihnen bestehen in der Regel nur noch die rechtlichen Beziehungen des Unterhalts und des Versorgungsausgleichs (§§ 1587ff. BGB).[282] Diese Zahlungen sind i.d.R. gesetzlich oder richterlich angeordnet und daher in der Weise zwangsläufig, daß sie bereits nach den allgemeinen Regeln des subjektiven Nettoprinzips i.R.d. subjektiven Leistungsfähigkeit berücksichtigt werden müssen.

---

[278] BFHE 104, 51, BStBl. II 1972, 173 ; BFHE 109, 44, BStBl. II 1973, 487 ; BFH v. 15.6.1973, BFHE 109, 363, BStBl. II 1973, 640 ; *Giloy*, in: Dankmeyer/Giloy, EStG, § 26 Rdnr. 24 ; Schmidt/*Seeger*, EStG, § 26 Rdnr. 10.

[279] *Lang*, Die Bemessungsgrundlage der Einkommensteuer, S. 546.

[280] Ein von *Tipke* so formulierter und verwandter Begriff, vgl. Steuerrecht, 8. Aufl. 1981, S. 248.

[281] *Lang*, Die Bemessungsgrundlage der Einkommensteuer, S. 546.

Die zwischen den Ehegatten bestehenden Zahlungsströme mußten erstmals 1958 im Rahmen der Neuordnung der Ehegattenbesteuerung berücksichtigt werden, da der Steuergesetzgeber der Forderung des Bundesverfassungsgerichtes aus dem Haushaltsbesteuerungs-Beschluß[283] nach einer individuellen Besteuerung des einzelnen Steuerpflichtigen im Rahmen des progressiven Tarifes auch im Rahmen der Ehegattenbesteuerung gerecht werden mußte.

So war es nicht mehr möglich, die Leistungsfähigkeit der *Ehegattengemeinschaft* in der Bemessungsgrundlage auszuweisen und auf sie den Einkommensteuertarif anzuwenden, wie es zu Zeiten der Haushaltsbesteuerung im Einkommensteuergesetz 1951 der Fall war; sondern es mußte jetzt erstmals, im Sinne des Grundsatzes der Individualbesteuerung, die Leistungsfähigkeit des einzelnen Ehegatten ausgewiesen und auf sie der Tarif angewandt werden.[284]

Um die Leistungsfähigkeit des einzelnen Ehegatten richtig auszuweisen, mußten seine entsprechend dem subjektiven Nettoprinzip für die Leistungsfähigkeit relevanten privaten Zahlungsverpflichtungen, somit auch seine Zahlungsverpflichtungen gegenüber dem anderen Ehegatten, auf ihre steuerliche Relevanz hin bewertet und entsprechend in der individuellen Bemessungsgrundlage berücksichtigt werden. Dies war Aufgabe der Ehegattenbesteuerung.

a.) Der Transfer steuerlicher Leistungsfähigkeit zwischen Ehegatten

Nach dem Maßstab des subjektiven Nettoprinzips sind private Zahlungsverpflichtungen immer dann in der Bemessungsgrundlage der Einkommensteuer zu berücksichtigen, wenn sie dem Steuerpflichtigen zwangsläufig entstehen. So müssen Auf-

---

282 *Lang*, Die Bemessungsgrundlage der Einkommensteuer, S. 546.
283 BVerfG v. 17.1.1957 - 1 BvL 4/54, BVerfGE 6, 55ff, BStBl. I 1957, 193ff.
284 Schmidt/*Seeger*, EStG, § 26b Rdnr. 2.

wendungen für den existentiell notwendigen Lebensbedarf und indisponible Unterhaltsleistungen die Bemessungsgrundlage des Steuerpflichtigen mindern.[285]

Die steuerliche Abzugsfähigkeit bestimmt sich also danach, inwieweit der Einkünftetransfer zwischen den Ehegatten für den einzelnen Steuerpflichtigen indisponibel ist und damit Einfluß auf die Einkommensteuerbemessungsgrundlage der einzelnen Ehegatten haben muß. Ausgangspunkt ist dabei das eheliche Unterhaltsrecht (§§ 1360ff. BGB) und das eheliche Güterrecht (§§ 1363ff.; 1414; 1415ff. BGB), das unterschiedliche Regelungen für den Leistungsaustausch zwischen den Ehegatten vorsieht.

Nach § 1360 BGB hat jeder Ehegatten für den angemessenen Unterhalt der Familie seine Arbeitskraft und sein Einkommen einzusetzen.[286] Dabei hat der zivilrechtliche Gesetzgeber darauf verzichtet, ein „Leitbild" für die Unterhaltszahlungen zu normieren, sondern überläßt es den Ehegatten, „eine angemessene Regelung zu finden".[287] Das Maß des zu gewährenden Unterhalts eines jeden Ehegatten wird daher nach seinen Möglichkeiten und den individuellen Bedürfnissen der Ehe bestimmt.

Für die Ermittlung des Leistungsfähigkeitstransfers stellt sich dabei das generelle Problem, die im Sinne des subjektiven Nettoprinzips relevanten, weil zwangsläufigen Unterhaltsleistungen zwischen den Ehegatten zu bestimmen. Hinzu kommt die Schwierigkeit, daß der Transfer steuerlicher Leistungsfähigkeit zwischen den Ehegatten in jeder Ehe eine andere Ge-stalt hat, die im Rahmen der Ermittlung der Be-

---

[285] Zwar verwirklicht das deutsche Einkommensteuerrecht diesen Anspruch, den das Leistungsfähigkeitsprinzip, konkretisiert durch das subjektive Nettoprinzip, an die Ermittlung der Bemessungsgrundlage stellt, in vielen Fällen zwingend privater Aufwendungen nicht. So leugnet der Steuergesetzgeber beispielsweise rechtliche Zwangsläufigkeiten, indem er bei der einkommensteuerlichen Berücksichtigung von Unterhaltslasten außerhalb des Ehegattenverbandes nicht einmal dem Familienrecht genügt. Doch ändert dies nichts daran, daß die Grundsätze und das Ziel klar definiert sind und es Aufgabe des Gesetzgebers ist, ihnen in der Ehegattenbesteuerung so weit wie möglich Geltung zu verschaffen.

[286] Palandt/*Diederichsen*, BGB, § 1360 Rdnr. 7.

[287] BT-Drucks. 7/650, S. 100 ; Palandt/*Diederichsen*, BGB, § 1360 Rdnr. 7.

messungsgrundlage nicht für jeden Einzelfall ermittelt und berücksichtigt werden kann.

Daher hat sich der Gesetzgeber entschieden, die Frage nach dem Maß des Transfers steuerlicher Leistungsfähigkeit zwischen den Ehegatten, unabhängig von der an sich gebotenen Berücksichtigung sämtlicher Umstände des Einzelfalles jeder Ehe, zu typisieren.[288] Er hat dabei zwei „Grundmodelle"[289] der ehelichen Wirtschaftsgemeinschaft typisiert, zwischen denen die Ehegatten wählen können.

aa.) Erwerbs- und Verbrauchsgemeinschaft (§ 26b EStG)

Aus dem Prinzip der Haushaltsbesteuerung kommend, war es fest verankerte Vorstellung des Steuergesetzgebers, daß zusammenlebende Ehegatten eine *Erwerbs- und Verbrauchsgemeinschaft* bilden.[290] Diese Vorstellung verwirklichte er in dem Typisierungsmodell der Zusammenveranlagung in § 26b EStG, das er zur Regelbesteuerung für Ehegatten machte.[291] Dabei typisierte der Gesetzgeber die *Erwerbs- und Verbrauchsgemeinschaft* als sog. intakte Ehe, in der die „nicht dauernd getrenntlebenden" Eheleute an den Einkünften und Lasten des jeweils anderen Ehegatten wirtschaftlich zur Hälfte teilhaben.[292] Als Folge kann der verdienende

---

288 Vgl. zu dem Begriff Typisierung *Osterloh*, Gesetzesbindung und Typisierungsspielräume bei der Anwendung der Steuergesetze, S. 26f.

289 Das dritte Typisierungsmodell der Ehegattenbesteuerung, die besondere Veranlagung für den Veranlagungszeitraum der Eheschließung (§ 26c EStG), soll in dieser Arbeit vernachlässigt werden, da sie nur für das Jahr der Eheschließung zur Wahl steht. In § 26c EStG werden die Ehegatten wie Unverheiratete veranlagt, obwohl die Voraussetzungen der Ehegattenbesteuerung vorliegen. Auf diese Weise verlieren Alleinerziehende im Jahr der Eheschließung den Abzug des Haushaltsfreibetrages nicht (ohne § 26c EStG entfiele der Haushaltsfreibetrag nach § 32 Abs. 7 EStG) und Verwitwete können trotz erneuter Eheschließung den Splittingtarif im auf den Tod ihres früheren Ehegatten folgenden Veranlagungszeitraum für sich beanspruchen (§ 26c Abs. 2 EStG). Der Wegfall dieser Vergünstigungen wird durch die Zusammenveranlagung nicht immer ausgeglichen.

290 *Lang*, Die Bemessungsgrundlage der Einkommensteuer, S. 623.

291 Vgl. hierzu im folgenden unter II. 2. Das Wahlrecht des § 26 EStG.

gatten wirtschaftlich zur Hälfte teilhaben.[292] Als Folge kann der verdienende oder mehr verdienende Ehegatte über den Teil seiner Einkünfte, den er im Rahmen der Erwerbs- und Verbrauchsgemeinschaft seinem nicht oder weniger verdienenden Ehegatten bzw. der Ehegattengemeinschaft zur Verfügung stellt, nicht frei verfügen.[293] Es liegen nach den insoweit großzügig typisierten Vorstellungen des Gesetzgebers zwangsläufige private Aufwendungen des einen Ehegatten an den anderen vor, die nach dem allgemeinen Leistungsfähigkeitsprinzips im Rahmen des subjektiven Nettoprinzips berücksichtigt werden müssen. Werden die Einkünfte in der ehelichen Erwerbsgemeinschaft zwangsläufig verteilt, so ist der Einkünftetransfer für die Indikation steuerlicher Leistungsfähigkeit relevant. Die individuelle Leistungsfähigkeit des zuwendenden Ehegatten ist gemindert, die des empfangenden Ehegatten hat sich erhöht.[294]

bb.) eingeschränkte Verbrauchsgemeinschaft (§ 26a EStG)

In dem zweiten Typisierungsmodell der getrennten Veranlagung nach § 26a EStG geht der Gesetzgeber davon aus, daß die Ehegatten grundsätzlich unabhängig voneinander wirtschaften. Daher werden die Ehegatten hier nicht als Erwerbsgemeinschaft veranlagt, sondern die Einkünfte vielmehr jedem Ehegatten einzeln zugerechnet (§ 26a Abs. 1 S. 1 EStG). Damit geht der Gesetzgeber davon aus, daß jeder

---

[292] Begründung des Regierungsentwurfs zum Steueränderungsgesetz 1958, BT-Drucks. III/260, S. 34 ; Gutachten der Steuerreformkommission, Bonn 1971, Abschnitt II, Tz. 554 ; BVerfG v. 3.11.1982 - 1 BvR 620/78, 1335/78, 1104/79, 363/80, BVerfGE 61, 319 (345f), BStBl. II 1982, 717 (726).

[293] Genau hier setzt die Kritik am Splitting an. Trifft es in der Regel tatsächlich zu, daß der verdienende Ehegatte abweichend vom gesetzlichen Güterstand der Zugewinngemeinschaft (§§ 1363ff) über seine Einkünfte nicht frei verfügen kann, daß der nicht verdienende Ehegatte, nicht nur an den konsumierten, sondern auch an den investierten Einkünften partizipiert, daß in der zu typisierenden Durchschnittsehe eben alles gemeinsam angeschafft wird?

[294] *Lang*, Die Bemessungsgrundlage der Einkommensteuer, S. 626.

Ehegatte grundsätzlich über seine Einkünfte frei verfügen kann und es zu keiner gleichmäßigen Einnahmenverteilung zwischen den Eheleuten kommt.
Das Prinzip der Verbrauchsgemeinschaft wird vom Gesetzgeber jedoch mit Einschränkungen auch in der zweiten Typisierungsvariante aufrechterhalten. Es wird hauptsächlich durch die Verpflichtung zum Familienunterhalt (§§ 1360ff. BGB) geprägt, der die Ehegatten in Anlehnung an das Zivilrecht je zur Hälfte wirtschaftlich belasten soll. Die Ehegatten können jedoch gemeinsam eine andere Aufteilung beantragen.[295]
Durch das Typisierungsmodell „Verbrauchsgemeinschaft" wird eine Ehegattengemeinschaft typisiert, in der nur ein zwangsläufiges Minimum an Transferleistungen zwischen den Ehegatten vorhanden ist und steuerlich berücksichtigt wird.

b.) Der Typisierungsspielraum des Gesetzgebers

Der Gesetzgeber gibt allen „nicht dauernd getrenntlebenden" Ehegatten durch das Wahlrecht die Möglichkeit, in den Genuß der Typisierung als Erwerbs- und Verbrauchsgemeinschaft zu kommen, bei der nicht nur die rechtlichen Anspruchsverhältnisse, sondern auch die tatsächlichen und sittlichen Gegebenheiten der Idealehe anerkannt werden.[296] Es handelt sich insoweit um eine großzügig typisierende Anerkennung des Einkünftetransfers zwischen zusammenlebenden Ehegatten,[297] denn unter das Tatbestandsmerkmal des „nicht dauernden Getrenntlebens" fallen auch Ehegatten, die keine oder nur eine eingeschränkte Erwerbs- und Verbrauchsgemeinschaft praktizieren, da nur die Lebens- und Wirtschaftsgemeinschaft im Sinne

---

[295] *Lang*, Die Bemessungsgrundlage der Einkommensteuer, S. 637.
[296] BVerfG v. 3.11.1982 - 1 BvR 620/78, 1335/78, 1104/79, 363/80, BVerfGE 61, 319 (345f) ; *Lang*, in: Tipke/Lang, Steuerrecht, § 9 Rz. 95 ; *Esser*, in: Hartmann/Böttcher/Nissen/Bordewin, EStG, § 32a Rdnr. 130f.
[297] *Lang*, Die Bemessungsgrundlage der Einkommensteuer, S. 546.

der gemeinsamen Erledigung der, die Ehegatten gemeinsam berührenden, wirtschaftlichen Fragen ihres Zusammenlebens voraussetzt wird.[298]
Darüber hinaus liegt insofern eine großzügige Typisierung vor, als die tatsächlich zwischen den Ehegatten bestehenden rechtlichen Beziehungen, welche systematische Grundlage für die Berücksichtigung der Zahlungsströme im Rahmen der steuerlicher Leistungsfähigkeit sind, wie beispielsweise der eheliche Güterstand, im Rahmen der Tatbestandsmerkmale der Ehegattenbesteuerung unberücksichtigt bleiben, obwohl sie Einfluß auf den Leistungsfähigkeitstransfer haben.

aa.) Gütergemeinschaft

Haben die Ehegatten beispielsweise Gütergemeinschaft (§§ 1415ff. BGB) vereinbart, so besteht in Verbindung mit dem ehelichen Unterhaltsrecht (§§ 1360ff. BGB) eine Rechtslage, welche die Annahme einer Erwerbs- und Verbrauchsgemeinschaft uneingeschränkt rechtfertigt.[299]

bb.) Zugewinngemeinschaft

Auch der Regelfall, in dem die Ehegatten mangels Abschluß eines Ehevertrages im gesetzlichen Güterstand der Zugewinngemeinschaft (§ 1363 Abs. 1 BGB) leben, verwirklicht eine Erwerbs- und Verbrauchsgemeinschaft.[300] Nach dem wirtschaftli-

---

[298] Vgl. BFH v. 15.6.1973, BStBl. II 1973, 640.
[299] *Lang*, in: Tipke/Lang, Steuerrecht, § 9 Rz. 760 ; *ders.*, Die Bemessungsgrundlage der Einkommensteuer, S. 628. Ebenso *Vogel*, Diskussionsbeitrag auf dem 50. Deutschen Juristentag, 1974, L 181, der für ein Splitting auf der Basis des ehelichen Güterrechts eintritt.
[300] Insbes. *Vogel*, DStR 1977, 31 (37 FN53): Im Güterstand der Zugewinngemeinschaft sei der „nicht mitarbeitende Ehegatte am Einkommen des anderen zwar nicht dinglich beteiligt, immerhin aber obligatorisch durch einen Anspruch auf Unterhalt und auf Zugewinnausgleich (§§ 1360ff., 1363, 1371ff.)" (...). Der nicht mitarbeitende Ehegatte sei „nicht nur am konsumierten, sondern auch am investierten Einkommen beteiligt." ; *ders.*, Steuerreformkommission 1971, Tz. II 555: Die „Erwerbs- und Wirtschaftsgemeinschaft des Splittings" entspreche „im Ergebnis nicht nur dem Güterstand der Gütergemeinschaft, sondern auch der Grundvorstellung des Regelgüterstan-

chen Grundgedanken der Zugewinngemeinschaft hat der mehr verdienende Ehegatte laufend Unterhaltsabzüge, der andere Ehegatte entsprechende Unterhaltseinnahmen.[301] Eine steuerliche Berücksichtigung dieses Zugewinnausgleichs am Ende der Ehe hätte den für außerordentliche Einkünfte typischen Progressionseffekt. Durch die Verwendungszurechnung der §§ 26b, 32a Abs. 5 EStG wird die Zugewinnausgleichsforderung bereits im Zeitpunkt ihrer wirtschaftlichen Entstehung berücksichtigt und damit sozusagen periodisiert. Dies entspricht nicht nur dem wirtschaftlichen Grundgedanken der Zugewinngemeinschaft, sondern auch dem der Erwerbs- und Verbrauchsgemeinschaft.[302]

---

des der Zugewinngemeinschaft, wie sie im Vermögensbereich bei Ende der Zugewinngemeinschaft ihren Niederschlag findet". Ebenso *Pflüger*, in: Herrmann/Heuer/Raupach, EStG, § 26b Rdnr. 4 ; *Schöberle*, in: Kirchhof/Söhn, EStG, § 32a Rdnr. C 3 ; *Lang*, in: Tipke/Lang, Steuerrecht, § 9 Rz. 759.

[301] Anders die zivilrechtliche Rechtslage. Dort wird der Zugewinn, den die Ehegatten in der Ehe erzielen, erst im Zeitpunkt der Beendigung der Zugewinngemeinschaft ausgeglichen (vgl. § 1363 BGB).

[302] Vgl. *Lang*, Die Bemessungsgrundlage der Einkommensteuer, S. 628f ; *ders.*, in: Tipke/Lang, Steuerrecht, § 9 Rz. 759. Anders die Gegner des Splittings, die den Status der Gütertrennung während der Zugewinngemeinschaft und die aus ihm folgende freie Verfügbarkeit über die Einkünfte betonen, insbesondere *K. Tipke*, Steuerrecht, bis zur 6. Aufl., S. 254/255 ; *Haarmann*, Diskussionsbeitrag auf dem 50. Deutschen Juristentag, 1974, L 186f. meint, die Erwerbs- und Verbrauchsgemeinschaft sei eine Realität für den Durchschnittsbürger. Nach seiner Sicht geht es bei einer Typisierung der Durchschnittsehe auch um Vorgänge, die die Erwerbs- und Verbrauchsgemeinschaft neben dem gesetzlichen Güterrecht fundieren. Die Typisierungswertung des Gesetzgebers erblickt die Realität der Durchschnittsehe nicht darin, daß der verdienende Ehegatte sich ständig auf den Status der Gütertrennung während der Zugewinngemeinschaft beruft. Die Erwerbs- und Verbrauchsgemeinschaft der Durchschnittsehe wird also nicht auf der Grundlage des ehelichen Güterrechts, sondern durch einzelne Rechtsakte und Übereinkünfte vollzogen, die für die Realität einer Durchschnittsehe mindestens ebenso relevant sind wie das gesetzliche Güterrecht.

cc.) Gütertrennung

Anders verhält es sich bei der Gütertrennung (§ 1414 BGB). Hier läßt sich ein zwangsläufiger Einkünftetransfer im Sinne einer Erwerbs- und Verbrauchsgemeinschaft gerade nicht nachweisen. Zwar müßten im System der Individualbesteuerung die Unterhaltsabzüge und Unterhaltseinnahmen des Ehegatten- und Familienunterhaltes im Sinne des subjektiven Nettoprinzips steuerlich berücksichtigte werden. Ein darüber hinausgehender Transfer steuerlicher Leistungsfähigkeit im Sinne einer hälftigen Teilhabe am Erwerb wie ihn die Erwerbs- und Verbrauchsgemeinschaft typisiert findet hier gerade nicht statt.[303] Dennoch gewährt der Gesetzgeber Ehegatten, welche Gütertrennung vereinbart haben, das Recht, sich als Erwerbs- und Verbrauchsgemeinschaft behandeln zu lassen. Inwieweit diese großzügige Handhabung des Gesetzgebers durch seinen Typisierungsspielraum gerechtfertigt ist, ist äußerst umstritten.

K. Vogel [304] und *K. Tipke*[305] treten für eine stärkere Angebundenheit der Ehegattenbesteuerung an das eheliche Güterrecht ein und wollen Ehe mit Gütertrennung von der Zusammenveranlagung ausschließen. Dies ist jedoch insoweit problematisch, als Ehegatten Gütertrennung meist nicht nach den klaren und schlichten Auslegungsregeln des § 1414 BGB, sondern mit Einschränkungen und Modifikationen vereinbaren, die einen angemessenen Teil des nicht verdienenden Ehegatten an den Einkünften des anderen Ehegatten sichern.[306] Es gibt also einen praktischen Grund für den generellen Verzicht auf eine Tatbestandsvoraussetzung, welche die Vorlage

---

[303] *Lang*, in: Tipke/Lang, Steuerrecht, § 9 Rz. 760 ; *Tipke*, Die Steuerrechtsordnung, Bd. I, S. 395.

[304] *Vogel*, Berücksichtigung von Unterhaltspflichten im Einkommensteuerrecht, DStR 1977, 31 (38) ; *ders.*, Diskussionsbeitrag auf dem 50. Deutschen Juristentag, 1974, L 179ff.

[305] *Tipke*, Die Steuerrechtsordnung, Bd. I, S. 394 ; *ders.*, Diskussionsbeitrag auf dem 50. Deutschen Juristentag, 1974, L 189ff.

[306] *Lang*, Die Bemessungsgrundlage der Einkommensteuer, S. 630 ; *Esser*, in: Hartmann/Böttcher/Nissen/Bordewin, EStG, § 32a Rdnr. 135.

und Prüfung von Ehegattenverträgen erfordert. Dementsprechend hält die wohl herrschende Meinung[307] das Einbeziehen der Ehegatten mit Gütertrennung in die weite und großzügige Typisierung der Erwerbs- und Verbrauchsgemeinschaft für unproblematisch, da den Ehegatten ein Wahlrecht auf getrennte Veranlagung (§ 26 EStG) zusteht. Darüber hinaus wird durch diese weite und großzügige Typisierung des Steuergesetzgebers, alle Ehen „nicht dauernd getrenntlebender" Ehegatten als Erwerbs- und Verbrauchsgemeinschaften anzuerkennen, den Ehegatten ein weiter Schutzraum der ehelichen Privatsphäre eingeräumt, der auch unter dem Aspekt des Beeinträchtigungsverbots in Art. 6 Abs. 1 GG zu sehen ist. Der Gesetzgeber vermeidet auf diese Weise einen Konflikt mit Art. 6 Abs. 1 GG.[308] Diese Vorsichtsentscheidung des Gesetzgebers wird ergänzt durch das Selbstbestimmungsrecht in § 26 Abs. 2 EStG.

Es kann also festgehalten werden, daß das System der Ehegattenbesteuerung noch nicht gestört ist, wenn der Gesetzgeber allen Ehegatten, die „nicht dauernd getrennt leben", ungeachtet ihres Güterstandes die Möglichkeit zur Veranlagung als Erwerbs- und Verbrauchsgemeinschaft zubilligt. Es liegt im Rahmen seines rechtssystematisch zu rechtfertigenden Typisierungsspielraums, wenn er davon absieht, die in der Praxis schwer abzugrenzenden Gütertrennungsvereinbarungen als negative Tatbestandsvoraussetzungen der Zusammenveranlagung nach § 26b EStG zu postulieren.[309]

---

[307] *Pflüger*, in: Herrmann/Heuer/Raupach, EStG, § 26b Anm. 4 ; *Esser*, in: Hartmann/Böttcher/ Nissen/Bordewin, EStG, § 32a Rdnr. 135 ; *Schöberle*, in: Kirchhof/Söhn, EStG, § 32a Rdnr. A 49 ; *Meincke*, StbKongrRep. 1980, S. (331) 334ff.
[308] Vgl. *Lang*, Die Bemessungsgrundlage der Einkommensteuer, S. 630f.
[309] Ebenso *Stephan*, in Littmann/Bitz/Pust, EStG, § 26 Rdnr. 18 ; *Pflüger*, in: Herrmann/Heuer/ Raupach, EStG, § 26b Anm. 4 ; *Lang*, Die Bemessungsgrundlage der Einkommensteuer, S. 630f; *Meincke*, StKongrRep. 1980, S. 331 (333f).

2. Das Wahlrecht nach § 26 EStG

Ehegatten, die nicht dauernd getrennt leben, können nach § 26 Abs. 1 S.1 EStG zwischen getrennter Veranlagung (§ 26a EStG) und Zusammenveranlagung (§ 26b EStG) wählen.[310] Der Steuergesetzgeber hat die Zusammenveranlagung nach §§ 26b, 32a Abs. 5 EStG im Rahmen dieses Veranlagungswahlrechtes jedoch praktisch zur Regelveranlagung gemacht, indem er in § 26 Abs. 3 EStG bei Nichtabgabe der erforderlichen Erklärung die Wahl der Zusammenveranlagung unterstellt[311] und die Ehegatten durch die Einführung des Splittings (§ 32a Abs. 5 EStG) bei der Zusammenveranlagung regelmäßig günstiger stellt als bei getrennter Veranlagung (sog. Vereinfachungsregelung nach dem Günstigkeitsprinzip).[312]

Durch diese Festschreibung der Regelveranlagung in § 26 Abs. 3 EStG zeigt der Gesetzgeber, daß er grundsätzlich von dem Leistungsfähigkeitstransfer im Sinne einer Erwerbs- und Verbrauchsgemeinschaft ausgeht, es sei denn, die Ehegatten machten in anderer Weise von ihrem Wahlrecht Gebrauch. So werden die Ehegat-

---

[310] Das Wahlrecht hatte der Gesetzgeber als Übergangsregelung nach dem Beschluß des Bundesverfassungsgerichtes vom 17.1.1957 zur Verfassungswidrigkeit des § 26 EStG (1951) (Haushaltsbesteuerung der Ehegatten) eingeführt. Nach dem Steueränderungsgesetz vom 26.7.1957, BGBl. I 1957, 848, wurden Ehegatten grundsätzlich getrennt veranlagt. Sie hatten aber die Wahlmöglichkeit der für sie günstigen uneingeschränkten oder eingeschränkten Zusammenveranlagung. Vgl. hierzu insbes. *Klein*, StuW 1957, 719ff.
Verfassungsrechtliche Bedenken unter dem Blickwinkel des Grundsatzes der Gleichmäßigkeit der Besteuerung (Rechtsstaatsprinzip), weil die gewählten Rechtsfolgen, wegen der Kompliziertheit der Regelung, für den einzelnen Steuerpflichtigen schwer vorhersehbar oder nur mit Hilfe aufwendiger Steuerberatung berechenbar sind, vgl. *Birk*, NJW 1984, 1325ff, bestehen gegen das Wahlrecht nach § 26 EStG nicht. Die Wahl der getrennten Veranlagung hat allenfalls in besonders gelagerten Fällen eine geringfügige Steuerersparnis zur Folge. Die durch eine „falsche" Wahl bedingte steuerliche Mehrbelastung der Ehegatten wäre wegen ihrer geringen Auswirkung verfassungsrechtlich wohl nicht zu beanstanden, *Pflüger*, in: Herrmann/Heuer/Raupach, EStG, § 26 Anm. 9. Eine Verfassungsbeschwerde gegen das Wahlrecht des § 26 Abs. 3 EStG wurde nicht angenommen durch Beschluß vom 12.9.1971 - 1 BvR 703/70, zitiert bei BFH v. 9.3.1973 - VI R 217/71, BStBl. II 1973, 557.

[311] BFH v. 9.3.1973 - VI R 217, 71, BStBl. II 1973, 557 ; BFH v. 27.9.1990 - I R 181/87, BFHE 162, 284, BStBl. II 1991, 84 ; *Rößler*, FR 1985, 393 (397).

[312] *Pflüger*, in: Herrmann/Heuer/Raupach, EStG, § 26 Anm. 88, 94.

ten getrennt veranlagt, wenn einer der Ehegatten getrennte Veranlagung beantragt (§ 26 Abs. 2 S. 1 EStG).[313] Auf diese Weise gibt der Steuergesetzgeber jedem einzelnen Ehegatten die Möglichkeit, sich durch Wahl der getrennten Veranlagung von der Typisierung einer Erwerbs- und Verbrauchsgemeinschaft zu lösen und damit zu verstehen zu geben, daß auf ihn die Typisierung als wirtschaftliche „Idealehe" nicht zutrifft.[314] Ohne das Wahlrecht auf getrennte Veranlagung würden auf Grund der weiten Typisierung auch Ehegatten, die dieses Privileg der weiten Typisierung nicht beanspruchen möchten, weil sie tatsächlich in keiner Erwerbsgemeinschaft leben (z.B. Ehegatten, die Gütertrennung vereinbart haben), gezwungen, sich nach den gesetzgeberischen Vorstellungen einer „Idealehe" besteuern zulassen.

Damit ist das Wahlrecht zwischen getrennter Veranlagung (§ 26a EStG) und Zusammenveranlagung (§ 26b EStG) im Wesenskern kein Wahlrecht zwischen zwei Verfahrensarten, sondern ein materiellrechtliches Wahlrecht zwischen einer vollen Berücksichtigung des Transfers steuerlicher Leistungsfähigkeit in der Erwerbs- und Verbrauchsgemeinschaft der Ehegatten und einer Teilberücksichtigung dieses Transfers bei der getrennten Veranlagung.[315] Es ist somit eine zusätzliche Tatbestandsvoraussetzung der Ehegattenbesteuerung.[316]

---

[313] Die getrennte Veranlagung führt gegenüber der Zusammenveranlagung in den Fällen zu einer niedrigeren Steuerbelastung, in denen ein den Ehegatten eingeräumter Steuervorteil (durch Verringerung des Einkommens oder durch Tarifermäßigung) oder eine Steuerverschärfung (Progressionsvorbehalt) höher ist, als der durch die Zusammenrechnung der Einkünfte und Besteuerung nach dem Splittingtarif mögliche Progressionsvorteil. Vgl. hierzu *Ross*, DStZ 1992, 239 ; *Handzik*, FR 1990, 484 ; *Paus*, FR 1986, 509 (beim Verlustrücktrag) ; *Falkenhagen*, DB 1987, 2217 ; *Lüdicke*, DStR 1984, 510 (beim Progressionsvorbehalt). Zum Ganzen *Pflüger*, in: Herrmann/Heuer/Raupach, EStG, § 26 Anm. 7.

[314] *Lang*, Die Bemessungsgrundlage der Einkommensteuer, S. 636.

[315] *Lang*, Die Bemessungsgrundlage der Einkommensteuer, S. 635.

[316] *Lang*, Die Bemessungsgrundlage der Einkommensteuer, S. 636.

III. Die unterschiedlichen Rechtsfolgen der Ehegattenbesteuerung

Die Grundvorschrift der Ehegattenveranlagung, § 26 EStG, regelt die Voraussetzungen der Ehegattenbesteuerung und damit auch die Voraussetzungen für die Ausübung des Veranlagungswahlrechtes.[317]
Die Durchführung der gewählten Veranlagungsart und die materiellrechtlichen Rechtsfolgen, welche die verschiedenen Veranlagungsarten bei der Ermittlung der Einkommensteuerbemessungsgrundlage hervorrufen, richten sich nach den §§ 26a, 26b i.V.m. 32a Abs. 5 und 26c EStG.[318]

1. Getrennte Veranlagung nach § 26a EStG

Die getrennte Veranlagung stellt die steuerliche Individualität der Ehegatten als zwei voneinander unabhängige Einkommensteuersubjekte in den Vordergrund. Sie geht – im Gegensatz zur Zusammenveranlagung – von keiner umfassenden Wirtschaftsgemeinschaft der Ehegatten aus, sondern berücksichtigt einen Transfer steuerlicher Leistungsfähigkeit zwischen den Ehegatten (in typisierender Weise) nur dort, wo er auf Grund des Wesens der Ehe zwangsläufig erfolgen muß. Darüber hinaus wird die Ehe im Rahmen der getrennten Veranlagung als ein „nicht dauerndes Getrenntleben" von Ehegatten typisiert, zwischen denen kein finanzieller Austausch steuerlich relevanter Art stattfindet.[319] Lediglich hinsichtlich bestimmter Aufwendungen – wie z.B. außergewöhnlicher Belastungen – sind die Ehegatten

---

[317] *Schmieszek*, in: Hartmann/Böttcher/Nissen/Bordewin, EStG, § 26 Rdnr. 19 ; *Pflüger*, in: Herrmann/Heuer/Raupach, EStG, § 26 Anm. 5.
[318] *Pflüger*, in: Herrmann/Heuer/Raupach, EStG, § 26 Anm. 5 und 35 ; *Schmieszek*, in: Hartmann/Böttcher/Nissen/Bordewin, EStG, § 26 Rdnr. 16.
[319] BFH v. 21.7.1993 - X R 24/91, BFH/NV 1994, 229 ; *Kirchhof*, in: Kirchhof/Söhn, EStG, § 2 Rdnr. B 205ff ; *Heuermann*, in: Blümich, EStG, § 26a Rdnr. 4.

gemäß § 26a Abs. 2 EStG als Einheit zu behandeln. Dadurch berücksichtigt der Gesetzgeber die zwischen den Ehegatten bestehende Verbrauchsgemeinschaft.[320]

a.) Einkünfteermittlung nach § 26a Abs. 1 EStG

Gemäß § 26a Abs. 1 S. 1 EStG sind jedem Ehegatten die von ihm bezogenen Einkünfte zuzurechnen. Das Gesetz wiederholt damit lediglich den allgemeinen, aus § 2 Abs. 1 EStG abgeleiteten Grundsatz, wonach Einkünfte der Person zuzurechnen sind, die den Tatbestand der Einkünfteerzielung erfüllt.[321] Der Regelungsgehalt des § 26a EStG geht jedoch darüber hinaus. Er regelt nicht nur die Zuordnung der Einkünfte, sondern die gesamte Ermittlung des zu versteuernden Einkommens der getrennt veranlagten Ehegatten.[322] Das ergibt sich durch systematische Auslegung des § 26a Abs. 1 S. 1 EStG im Zusammenhang mit den in § 26a Abs. 2 EStG getroffenen Regelungen. Wenn in § 26a Abs. 2 EStG die Ehegatten in bezug auf einzelne Elemente der Bemessungsgrundlage als Einheit behandelt werden, so folgt daraus im Umkehrschluß, daß sie im übrigen getrennt zu behandeln sind.[323] Dementsprechend sind auch der Gesamtbetrag der Einkünfte (§ 2 Abs. 3 EStG), das Einkommen (§ 2 Abs. 4 EStG), das zu versteuernde Einkommen (§ 2 Abs. 5 EStG) und der Einkommensteuertarif für jeden Ehegatten getrennt zu ermitteln, es sei denn, das

---

[320] *Heuermann*, in: Blümich, EStG, § 26a Rdnr. 4 ; *Schmieszek*, in: Hartmann/Böttcher/Nissen/Bordewin, EStG, § 26a Rdnr. 10

[321] Schmidt/*Seeger*, EStG, § 26a Rdnr. 4 ; *Kirchhof*, in: Kirchhof/Söhn, EStG, § 2 Rdnr. B 205ff; *Pflüger*, in: Herrmann/Heuer/Raupach, EStG, § 26a Anm. 6 u. 28 ; *Heuermann*, in: Blümich, EStG, § 26a Rdnr. 12.

[322] BFH v. 17.7.1970 - VI R 337/64, BFHE 99, 537, BStBl. II 1970, 739 ; BFH v. 23.1.1981 - VI R 214/77, BStBl. II 1981, 31 ; BVerfG v. 14.4.1959 - 1 BvL 23/57, BStBl. II 1959, 204 ; *Pflüger*, in: Herrmann/Heuer/Raupach, § 26a EStG Anm. 6. Früher wurde die Vorschrift weitgehend auch ganz allgemein als Rechtsgrundlage für die persönliche Zurechnung der Einkünfte von Ehegatten verstanden.

[323] BFH v. 21.7.1993 - X R 24/91, BFH/NV 1994, 229 ; *Heuermann*, in: Blümich, EStG, § 26a Rdnr. 12.

Gesetz selbst sieht in § 26a Abs. 2 EStG für bestimmte Abzugsbeträge Ausnahmen von diesem Grundsatz vor.[324]

b.) Verbrauchsgemeinschaft im Sinne des § 26a Abs. 2 EStG

Während § 26a Abs. 1 EStG die allgemeine Regel der getrennten Veranlagung enthält, wird in § 26a Abs. 2 EStG trotz der grundsätzlich getrennten Veranlagung teilweise der Transfer steuerlicher Leistungsfähigkeit zwischen den Ehegatten berücksichtigt.[325]

Wählen Ehegatten, die nicht dauernd getrennt leben, die getrennte Versteuerung der Einkünfte (§§ 26 Abs. 1 S. 1 EStG), weil zwischen ihnen eine Erwerbsgemeinschaft nicht besteht, so erscheint es dem Gesetzgeber dennoch als sachgerecht, wenn in Hinblick auf den Familienunterhalt (§§ 1360ff. BGB) auf der Stufe subjektiver Leistungsfähigkeit die Typisierung einer Verbrauchsgemeinschaft jedenfalls teilweise aufrechterhalten wird.

Diese bis zum Veranlagungszeitraum 1989 noch stärker betonte Vorstellung wird in § 26a Abs. 2 EStG normiert. Die Regelung des § 26a Abs. 2 EStG geht vom Grundgedanken her davon aus, daß der Lebensbedarf der Familie die Ehegatten je zur Hälfte wirtschaftlich belastet. Dementsprechend wurden bis 1989 bei der Ermittlung der Sonderausgaben i.S.d. §§ 10 und 10b EStG sowie der außergewöhnlichen Belastungen nach §§ 33 bis 33c EStG die Ehegatten auch bei der getrennten

---

[324] *Heuermann*, in: Blümich, EStG, § 26a Rdnr. 12 ; *Pflüger*, in: Herrmann/Heuer/Raupach, EStG, § 26a Anm. 30ff.

[325] In § 26a Abs.2 EStG sind die gegenüber der Einzelveranlagung bei der Ermittlung des zu versteuernden Einkommens der Ehegatten zu beachtenden Besonderheiten in Hinblick auf die Verbrauchsgemeinschaft niedergelegt. Daran zeigt sich, daß die getrennte Veranlagung nicht aus zwei Einzelveranlagungen gem. § 25 EStG besteht. Vgl. hierzu *Schmieszek*, in: Hartmann/Böttcher/Nissen/Bordewin, EStG, § 26a Rdnr. 10.

Veranlagung zunächst wie bei der Zusammenveranlagung als Einheit behandelt.[326] Die Ehegatten konnten jedoch abweichend vom Halbteilungsgrundsatz gemeinsam eine andere Aufteilung beantragen (§ 26a Abs. 2 S. 1 2. Hs EStG i.V.m. § 61 EStDV). Damit knüpft der Steuergesetzgeber an das Selbstbestimmungsrecht der Ehegatten an, ihre eheliche Privatsphäre nach eigenen Vorstellungen zu organisieren, das auch § 1360 BGB entnommen werden kann.[327]

Durch das Steuerreformgesetz 1990[328] wurde § 26a Abs. 2 EStG novelliert und der hälftige Abzug der Sonderausgaben mit Ausnahme der Aufwendungen für hauswirtschaftliche Beschäftigungsverhältnisse (§ 10 Abs. 1 Nr. 8 EStG) beseitigt. Sonderausgaben können jetzt nur bei demjenigen Ehegatten abgezogen werden, der sie geleistet hat.[329] In der Gesetzesbegründung heißt es dazu, daß die einheitliche Ermittlung dieser Abzugsbeträge zu Schwierigkeiten geführt habe.[330] In Hinblick auf die Typisierung als Verbrauchsgemeinschaft hat § 26a Abs. 2 EStG durch die Novellierung erheblich an Bedeutung verloren.[331]

2. Zusammenveranlagung nach §§ 26b, 32a Abs. 5 EStG

Bei der Zusammenveranlagung knüpft der Gesetzgeber an die in § 26 Abs. 1 EStG typisierte Erwerbs- und Verbrauchsgemeinschaft an und geht davon aus, daß die

---

[326] *Heuermann*, in: Blümich, EStG, § 26a Rdnr. 23. Verfassungsrechtlich nicht zu beanstanden, da der Gesetzgeber nicht verpflichtet ist, Ehegatten so zu behandeln, als ob die eheliche Gemeinschaft zwischen ihnen nicht bestünde, BVerfG v. 25.1.1972 - 1 BvL 30/69, BStBl. II 1972, 325 ; *Heuermann*, in: Blümich, EStG, § 26 Rdnr. 17.

[327] *Pflüger*, in: Herrmann/Heuer/Raupach, EStG, § 26a Anm. 52 ; *Giloy*, in: Dankmeyer/Giloy, EStG, § 26a Rdnr. 52b, 53b.

[328] SteuerreformG 1990 v. 25. 7.1988, BGBl. I 1988, 1093 ; BStBl. I 1988, 278.

[329] Vgl. Schmidt/*Seeger*, EStG, § 26a Rdnr. 9 ; *Stephan*, in: Littmann/Bitz/Pust, EStG, § 26a Rdnr. 16 ; *Schmieszeck*, in: Hartmann/Böttcher/Nissen/Bordewin, EStG, § 26a Rdnr. 83 ; R 174a Abs. 1 EStR.

[330] BR-Drucks 100/88, S. 272 ; BT-Drucks. 11/2157, S. 147.

[331] *Pflüger*, in: Herrmann/Heuer/Raupach, EStG, § 26a Anm. 52.

zusammenlebenden Eheleute eine Gemeinschaft des Erwerbs und Verbrauchs bilden, in der jeder Ehegatten an den Einkünften und Lasten des anderen wirtschaftlich jeweils zu Hälfte teilhat.[332] Die steuerliche Umsetzung dieser „typisierten Rechtstatsache"[333] im Rahmen der Ermittlung der Einkommensteuerbemessungsgrundlage erfolgt durch die Zusammenveranlagung nach § 26b EStG, als Rechtsfolge der Ehegattenbesteuerung.[334]

Der Gesetzgeber geht davon aus, daß sämtliche Zahlungen der Ehegatten untereinander für die steuerliche Leistungsfähigkeit des einzelnen Ehegatten relevant sind. Damit ist es Aufgabe der Vorschriften über die Zusammenveranlagung (§ 26b EStG), den durch die Erwerbs- und Verbrauchsgemeinschaft bedingten Transfer steuerlicher Leistungsfähigkeit zwischen den Ehegatten in der Einkommensteuerbemessungsgrundlage entsprechend zu berücksichtigen.[335]

a.) Einkünfteermittlung nach § 26b EStG

§ 26b EStG beginnt mit den Worten: „Bei der Zusammenveranlagung von Ehegatten werden die *Einkünfte*, die die Ehegatten erzielt haben, zusammengerechnet, (...)". Einkünfte sind in § 2 Abs. 2 EStG definiert als Ergebnis des Gewinnermittlungsvorganges (§ 2 Abs. 2 Nr. 1 EStG) bzw. der Ermittlung des Einnahmenüberschusses bei den Überschußeinkunftsarten (§ 2 Abs. 2 Nr. 2 EStG).

Werden in § 26b EStG also die *Einkünfte* zusammengerechnet, so knüpft das Gesetz damit an das Ergebnis des Einkünfteermittlungsvorganges an. Für den Vorgang der Einkünfteermittlung selbst trifft § 26b EStG keine Regelung. Es gelten also die allgemeinen Regeln. Danach sind auch Ehegatten einzeln und unabhängig vonein-

[332] Vgl. oben unter Teil 2, 2. Kap. B. II. 1.a.) aa.) Erwerbs- und Verbrauchsgemeinschaft (§ 26b EStG).

[333] Vgl. *Lang*, Die Bemessungsgrundlage der Einkommensteuer, S. 627.

[334] *Pflüger*, in: Herrmann/Heuer/Raupach, EStG, § 26b Anm. 4.

ander steuerpflichtig und dementsprechend ihre Einkünfte getrennt voneinander zu ermitteln,[336] so daß die zwischen zusammenveranlagten Ehegatten normierte Erwerbs- und Verbrauchsgemeinschaft bei der Einkünfteermittlung (§ 2 Abs. 2 EStG) unberücksichtigt bleibt und die Ehegatten sich dort wie fremde Dritte gegenüberstehen.[337]

aa.) Mindermeinung für gemeinsame Einkünfteermittlung

Vereinzelt wird vertreten, es könne nicht im Sinne des Gesetzes sein, daß Ehegatten sich einkommensteuerrechtlich wie fremde Dritte gegenüberstehen[338] und die Ermittlung der Einkünfte auch in Anbetracht der ehelichen Lebens- und Wirtschaftsgemeinschaft für jeden Ehegatten getrennt vorzunehmen sei.[339] § 26b EStG enthalte kein geschriebenes Tatbestandsmerkmal, daß eine solche getrennte Einkünfteermittlung anordne, vielmehr stehe die Zusammenrechnung der Einkünfte im Mittelpunkt des Tatbestandes des § 26b EStG.[340] Auch die Aufgabe der Haushaltsbesteuerung habe zu keinem Grundsatz der einkommensteuerrechtlichen Behandlung von Ehegatten wie fremde Dritte geführt. Vielmehr sei das bis dahin geltende „Gewohn-

---

335 *Pflüger*, in: Herrmann/Heuer/Raupach, EStG, § 26b Anm. 4.

336 BFH v. 26.7.1983 - VIII R 160/80, BFHE 139, 69 (71), BStBl. II 1983, 674 ; BFH v. 6.7.1989 - IV R 116/87, BFHE 157, 202 (204), BStBl. II 1989, 787 ; BFH v. 25.2.1988 - IV R 32/86, BFHE 153, 397 (398) , BStBl. II 1988, 827 ; BFH v. 18.3.1986 - VIII R 316/84, BFHE 146, 546 (548), BStBl. II 1986, 713 ; BFH v. 26.2.1985 - VIII R 125/83, BFHE 143, 269 (271), BStBl. II 1985, 547 ; Schmidt/*Seeger*, EStG, § 26b Rdnr. 2 ; *Schmieszek*, in: Hartmann/Böttcher/ Nissen/Bordewin, EStG, § 26b Rdnr. 11 ; *Pflüger*, in: Herrmann/Heuer/Raupach, EStG, § 26b Anm. 27.

337 BFH v. 26.7.1983 - VIII R 160/80, BFHE 139, 69 (71), BStBl. II 1983, 674.

338 *Beker*, DStR 1995, 1010 (1012) ; ebenso schon *Beker*, DStR 1975, 355 (359).

339 *Beker*, DStR 1995, 1010 (1011) ; *Beker*, DStR 1975, 355 (359) ; ebenso im Ergebnis *Büchele*, DStR 1997, 952.

340 *Büchele*, DStR 1997, 953, der aber eingesteht, daß das Gesetz die getrennte Einkünfteermittlung auch für Ehegatten möglicherweise voraussetzt.

heitsrecht" hinsichtlich der steuerlichen Behandlung der laufenden Kosten und Abschreibungen von Ehegattengrundstücken nicht berührt worden.[341]

bb.) h.M. für getrennte Einkünfteermittlung

Es ist richtig, daß § 26b EStG kein geschriebenes Tatbestandsmerkmal enthält, welches die getrennte Einkünfteermittlung zusammenveranlagter Ehegatten anordnet. Der Regelungsgehalt der Vorschrift setzt jedoch erst an die „Einkünfte, die die Ehegatten erzielt haben" und damit an das Ergebnis des Einkünfteermittlungvorganges an.[342] Den Vorgang der Einkünfteermittlung selbst läßt die Vorschrift unberührt, so daß die Einkünfte der Ehegatten hier nach den allgemeinen Regeln des Einkommensteuergesetzes ermittelt werden.[343] Diese schreiben in § 2 Abs. 1 EStG zwingend eine individuelle Ermittlung der Einkünfte für jeden Steuerpflichtigen vor. Da die persönliche Steuerpflicht (§ 1 Abs. 1 EStG) durch die Regeln der Zusammenveranlagung nicht aufgehoben wird, sondern jeder Ehegatte Steuerpflichtiger i.S.d. § 1 Abs. 1 EStG bleibt, gilt dies auch für zusammenveranlagte Ehegatten.[344] Darüber hinaus ist ein „Zusammenrechnen", wie es § 26b EStG anordnet, nur möglich, wenn getrennte Einkünfte einmal vorgelegen haben.

b.) Regelungsgehalt des § 26b EStG

aa.) Zusammenrechnung der Einkünfte

Die Einkünfteermittlung (§ 2 Abs. 2 EStG) stellt die erste Stufe auf dem Weg zur Ermittlung der Einkommensteuerbemessungsgrundlage dar. Der durch das EStRG

---

[341] *Beker*, DStR 1975, 355 (359). Vgl. hierzu ablehnend auch BFH v. 22.1.1980 - VIII R 74/77, BFHE 129, 485 (487) m.w.N., BStBl. II 1980, 244.

[342] BFH v. 26.2.1985 - VIII R 125/83, BFHE 143, 269 (271), BStBl. II 1985, 547 (548).

[343] Vgl. *Schmieszek*, in: Hartmann/Böttcher/Nissen/Bordewin, EStG, § 26b Rdnr. 11 ; BFH v. 25.2.1988 - IV R 32/86, BFHE 153, 397 (398), BStBl. II 1988, 827.

1974 neu gestaltete und systematisierte § 2 EStG gibt den weiteren Weg und die Reihenfolge für die Ermittlung der Jahreseinkommensteuerschuld in seinen weiteren Absätzen vor,[345] die durch die Vorschriften der Ehegattenbesteuerung um Besonderheiten, die die Ehe für die Ermittlung der Einkommensteuerbemessungsgrundlage mit sich bringt, ergänzt werden.

So setzt der Regelungsgehalt des § 26b EStG im Anschluß an die getrennte Einkünfteermittlung an. Die Einkünfte der Ehegatten werden zusammengerechnet, i.S. eines rechnerischen Zusammenfassens der für den einzelnen Ehegatten getrennt ermittelten „Einkünfte".[346] Bezogen auf die Reihenfolge der Ermittlung der Einkommensteuerbemessungsgrundlage nach § 2 EStG heißt das, das Zusammenrechnen der Einkünfte findet auf der Ermittlungsstufe zwischen § 2 Abs. 2 EStG „Einkünfte sind ... " und § 2 Abs. 3 EStG „Die Summe der Einkünfte, ... " statt.[347] Nach dem Wortlaut des Gesetzes ist die Bildung einer „Summe der Einkünfte" für jeden Ehe-

---

[344] Schmidt/*Seeger*, EStG, § 26b Rdnr. 2.

[345] § 2 EStG wurde durch das EStRG v. 8.9.1974, BGBl. I 1974, 1769, als Zentralvorschrift, welche die „Elemente der Steuerbemessungsgrundlage, ihr Verhältnis zueinander und den Weg für die Ermittlung der Jahreseinkommensteuerschuld normiert", amtl. Begründung, BT-Drucks. 7/1470, S. 238, neu gestaltete und systematisert. Vgl. hierzu auch *Lang*, Die Bemessungsgrundlage der Einkommen-steuer, S. 33.

[346] *Pflüger*, in: Herrmann/Heuer/Raupach, EStG, § 26b Anm. 4 ; *Giloy*, in: Dankmeyer/Giloy, EStG, § 26b Rdnr. 8.

[347] So BFH v. 6.7.1989 - IV R 116/87, BFHE 157, 202 (204f), BStBl. II 1989, 787, der hinsichtlich des Verlustausgleiches zwischen zusammenveranlagten Ehegatten jede beliebige Reihenfolge der Zusammenrechnung der Einkünfte zulassen will, so explizit den Ausgleich von Verlusten des einen Ehegatten aus gewerblicher Tierzucht mit Gewinnen des anderen Ehegatten aus gewerblichen Tierzucht. Der BFH rechnet hier also erst die Einkünfte der Ehegatten nach Einkunftsarten zusammen und addiert diese anschließend zu *einer* „Summe der Einkünfte".
Bezogen auf die Gesetzesänderung des § 2 EStG durch das EStRG 1974, BGBl. I 1974, 1769, stellt der BFH ausdrücklich fest, daß der frühere „Gesamtbetrag der Einkünfte „jetzt" die ggf. um bestimmte weitere Abzugsbeträge geminderte „Summe der Einkünfte" ist".
Anders noch ältere Entscheidungen des BFH, die noch auf einem „nichtsystematisierten" § 2 EStG a.F. basieren, welcher keine Ermittlungsstufe „Summe der Einkünfte" enthielt, und dementsprechend konsequent von einem Zusammenrechnen der Einkünfte erst auf der Ermittlungsstufe „Gesamtbetrag der Einkünfte" ausgeht, vgl. BFH v. 23.8.1977 - VIII R 120/74, BFHE 123, 333

gatten vor der Zusammenrechnung nicht erforderlich.[348] Aus der Zusammenrechnung ergibt sich vielmehr eine gemeinsame „Summe der Einkünfte" i.S.d. § 2 Abs. 3 EStG für zusammenveranlagte Ehegatten.[349]

bb.) gemeinsame Zurechnung und Behandlung als ein Steuerpflichtiger

Die so zusammengerechneten Einkünfte, werden den Ehegatten dann als „Summe der Einkünfte" *gemeinsam zugerechnet.*[350] Sie ist die Grundlage für die weiteren Stufen der Ermittlung. Von jetzt an werden die zusammenveranlagten Ehegatten nach § 26b EStG als *ein Steuerpflichtiger* behandelt.[351]

Die Vorschrift des § 26b EStG führt damit, ohne die Grundsätze der persönlichen Zurechnung und Ermittlung der Einkünfte zu ändern, im Bereich der Einkommensverwendung zu einer von der getrennten Einkommensermittlung abweichenden Zurechnung der Einkommensbeträge der Ehegatten.[352] Diese Zurechnung der zusammengerechneten Einkünfte bei der „Ehegattengemeinschaft" verwirklicht die der Regelung des § 26b EStG zugrunde liegende Vorstellung des Gesetzgebers von der Erwerbs- und Verbrauchsgemeinschaft zusammenveranlagter Ehegatten. Der Gesetzgeber geht in § 26b EStG davon aus, daß private Aufwendungen von der Ehegattengemeinschaft verausgabt werden und daher nicht oder nur unter erheblichen

---

(334), BStBl. II 1978, 8 ; BFH v. 13.11.1979 - VIII R 193/77, BFHE 129, 262 (265), BStBl. II 1980, 188 (189).

[348] Anderer Ansicht *Lang*, Die Bemessungsgrundlage der Einkommensteuer, S. 624, der sich zum Teil auf BFH-Urteile von vor 1975, also mit der alten Regelung des § 2 EStG beruft.

[349] *Heuermann*, in: Blümich, EStG, § 26b Rdnr. 13 ; *Pflüger*, in: Herrmann/Heuer/Raupach, EStG, § 26b Anm. 30 ; *Raupach/Schenking*, in: Herrmann/Heuer/Raupach, EStG, § 2 Anm. 545 ; Schmidt/*Seeger*, EStG, § 26b Rdnr. 3.

[350] *Pflüger*, in: Herrmann/Heuer/Raupach, EStG, § 26b Anm. 32.

[351] *Pflüger*, in: Herrmann/Heuer/Raupach, EStG, § 26b Anm. 32.

[352] *Pflüger*, in: Herrmann/Heuer/Raupach, EStG, § 26b Anm. 4.

Schwierigkeiten dem einzelnen Ehegatten zuzuordnen sind.[353] Entsprechend wird der Abzug privater Aufwendungen im Bereich der Einkommensverwendung durch den Gedanken der Einheit der Ehegatten beherrscht.[354] Die Eheleute bilden hinsichtlich der Sonderausgaben und außergewöhnlichen Belastungen eine Veranlagungsgemeinschaft, in der es unerheblich ist, welcher der Ehegatten die Aufwendungen getragen hat[355] und wer die Tatbestandsvoraussetzungen für den Abzug erfüllt hat.[356] Die Sonderausgaben und außergewöhnlichen Belastungen jedes Ehegatten sind daher vom gemeinsamen „Gesamtbetrag der Einkünfte" abzuziehen.[357]

Mit der etwas unglücklichen Formulierung „als ein Steuerpflichtiger behandelt" ist ausschließlich die Technik der weiteren Ermittlung der Einkommensteuerbemessungsgrundlage gemeint.[358] Sie betrifft nicht die persönliche Steuerpflicht, so daß trotz der Behandlung als ein Steuerpflichtiger jeder einzelne Ehegatten Steuersubjekt und Einkommensteuerschuldner nach § 1 EStG bleibt.[359] Im Falle der Zusammenveranlagung ist jeder Ehegatte Gesamtschuldner (§ 44 Abs. 1 AO). Auch das Rechtsinstitut der Gesamtschuldnerschaft setzt mehrere Schuldner voraus.[360]

Die Ehegatten werden jedoch nur gemeinsam als ein Steuerpflichtiger behandelt, *„soweit nichts anderes vorgeschrieben ist"*. Diese Einschränkung hat Bedeutung

---

[353] BVerfG v. 17.1.1957 - 1 BvL 4/54, BVerfGE 6, 55 (80), BStBl. I 1957, 193 (199); BVerfG v. 25.1.1972 - 1 BvL 30/69, BStBl. II 1972, 325.
[354] *Nolde*, in: Herrmann/Heuer/Raupach, EStG § 10 Anm. 9 ; *Kanzler*, in: Herrmann/Heuer/Raupach, EStG, § 33 Anm. 21 ; *Pflüger*, in: Herrmann/Heuer/Raupach, EStG, § 26b Anm. 4, 38.
[355] *Schmieszek*, in: Hartmann/Böttcher/Nissen/Bordewin, EStG, § 26b Rdnr. 15 ; BFH v. 20.2.1991 - X R 191/87, BFHE 164, 235 (237f), BStBl. II 1991, 690 ; BFH v. 12.10.1994 - X R 260/93, BFHE 175, 563 (565f), BStBl. II 1995, 119 (120).
[356] *Pflüger*, in: Herrmann/Heuer/Raupach, EStG, § 26b Anm. 39.
[357] BFH v. 22.3.1967 - VI R 300/66, BStBl. II 1967, 596. Verfassungsgemäß nach BVerfG v. 25.1.1972 - 1 BvL 30/69, BStBl. II 1972, 325.
[358] *Pflüger*, in: Herrmann/Heuer/Raupach, EStG, § 26b Anm. 35.
[359] Schmidt/*Seeger*, EStG, § 26b Rdnr. 2 ; *Pflüger*, in: Herrmann/Heuer/Raupach, EStG, § 26b Anm. 35 ; *Giloy*, in: Dankmeyer/Giloy, EStG, § 26b Rdnr. 8 ; *Lang*, Die Bemessungsgrundlage der Einkommensteuer, S. 624.
[360] Palandt/*Heinrichs*, BGB, § 421 Rdnr. 3.

für die Regelungen, nach denen zusammenveranlagte Ehegatten gerade nicht wie ein Steuerpflichtiger, sondern z.B. durch Verdoppelung von Pausch- oder Höchstbeträgen wie zwei Einzelpersonen behandelt werden.[361] So wäre beispielsweise, wegen der jetzt maßgeblichen Behandlung der Ehegatten als ein Steuerpflichtiger, der Altersentlastungsbetrag nach § 24a EStG gemeinsam für die Ehegatten zu ermitteln und zu gewähren. § 24 S. 4 EStG ordnet aber eine gesonderte Anwendung der Regelungen des § 24a EStG für jeden Ehegatten an. Damit ist durch § 24 S. 4 EStG etwas anderes vorgeschrieben und es kommt trotz § 26b EStG hinsichtlich des Altersentlastungsbetrages zu keiner Behandlung als ein Steuerpflichtiger.[362] Ebenso ordnet § 13 Abs. 3 S. 3 EStG für zusammenveranlagte Ehegatten eine Verdoppelung des Freibetrages für Land- und Forstwirte an.[363]
Ganz allgemein heißt „Behandlung als ein Steuerpflichtiger" für die Pausch-, Frei- und Höchstbeträge, die erst nach der Ermittlung der Einkünfte zur Anwendung kommen, daß sie wegen des diese Einkommensermittlungsstufe beherrschenden Einheitsgedankens von den Ehegatten auch in Anspruch genommen werden können, wenn die Voraussetzungen zum Teil in dem einen zum Teil in dem anderen Ehegatten erfüllt sind.[364] Auf der anderen Seite heißt es aber auch, daß die Ehegatten sol-

---

[361] *Pflüger*, in: Herrmann/Heuer/Raupach, EStG, § 26b Anm. 35.

[362] Schmidt/*Drenseck*, EStG, § 24a Rdnr. 2 ; Schmidt/*Seeger*, EStG, § 26b Rdnr. 5. Anders: *Pflüger*, in: Herrmann/Heuer/Raupach, EStG, § 26b Anm. 36, die § 24 S. 4 EStG nur deklaratorische Bedeutung zukommen lassen, da sie in § 24 S. 4 EStG eine Verwirklichung des Grundsatzes sehen, daß Besteuerungsmerkmale, die unmittelbar an die für die Ehegatten getrennt ermittelten Einkünfte anknüpfen, von der Zusammenveranlagung nicht berührt werden.

[363] *Pflüger*, in: Herrmann/Heuer/Raupach, EStG, § 26b Rdnr. 36.

[364] BFH v. 24.1.1963 - IV 189/58 U, BFHE 76, 811 (814), BStBl. III 1963, 296 ; BFH v. 22. 3.1967 - VI R 300/66, BFHE 89, 69 (70), BStBl. II 1967, 596 ; Schmidt/*Seeger*, EStG, § 26b Rdnr. 9. Anders *Pflüger*, in: Herrmann/Heuer/Raupach, EStG, § 26b Anm. 29, die für einen personenbezogenen Abzug von Pausch- und Freibeträgen durch die gesamte Ermittlung der Einkommensteuerbemessungsgrundlage hindurch sind. Die Erfüllung sämtlicher Tatbestandsvoraussetzungen in der Person eines Ehegatten, sei ungeachtet der Behandlung der Ehegatten als ein Steuerpflichtiger, auch nach der Zusammenrechnung der Einkünfte geboten. Ebenso *Stephan*, in: Littmann/Bitz/Pust, EStG § 26b Rdnr. 9.

che Vergünstigung zusammen nur einmal in Anspruch nehmen können, sofern das Gesetz nicht ausdrücklich eine abweichende Regelung trifft.[365]

Für die weitere Ermittlung der Einkommensteuerbemessungsgrundlage hat die gemeinsame Behandlung als ein Steuerpflichtiger zur Folge, daß nur ein Gesamtbetrag der Einkünfte (§ 2 Abs. 3 EStG), ein Einkommen (§ 2 Abs. 4 EStG) und nur ein zu versteuerndes Einkommen (§ 2 Abs. 5 EStG) für die Ehegatten gebildet wird.[366]

c.) Rechtsfolge des § 32a Abs. 5 EStG

Das zu versteuernde Einkommen nach § 2 Abs. 5 EStG bildet die Bemessungsgrundlage für die Einkommensteuer. In dem die Einkommensteuer beherrschenden System der Individualbesteuerung muß die Einkommensteuerbemessungsgrundlage die steuerliche Leistungsfähigkeit des einzelnen Steuerpflichtigen ausweisen, also auch die jedes einzelnen Ehegatten. Das Ergebnis der Zusammenveranlagung nach § 26b EStG ist jedoch ein gemeinsames zu versteuerndes Einkommen der Ehegatten.

Bis zum Haushaltsbesteuerungsbeschluß des Bundesverfassungsgerichtes von 1957[367] wurde auf diese gemeinsame Einkommensteuerbemessungsgrundlage zusammenveranlagter Ehegatten der progressiv ansteigende Grundtarif angewandt, so daß die Ehegatten durch die Zusammenveranlagung zwingend höher besteuert wurden als bei zwei Einzelveranlagungen.[368] Nachdem das Bundesverfassungsgericht hierin einen Verstoß gegen Art. 6 Abs. 1 GG festgestellt hatte, führte der Steuerge-

---

[365] Schmidt/*Seeger*, EStG, § 26b Rdnr. 9.
[366] BFH v.12.6.1980 - IV R 124/77, BFHE 131, 46 (48), BStBl. II 1980, 645 ; BFH v. 6.10.1982 - I R 121/79, BFHE 136, 533 (535), BStBl. II 1983, 34.
[367] BVerfG v. 17.1.1957 - 1 BvL 4/54, BVerfGE 6, 55ff, BStBl. I 1957, 193.
[368] *Esser*, in: Hartmann/Böttcher/Nissen/Bordewin, EStG, § 32a Rdnr. 40. Vgl. hierzu Teil 2, 1. Kap., A., VI., 2. Die Ehegattenbesteuerung und der progressive Tarif.

setzgeber als Korrektur das Splitting-Verfahren ein.[369] Hiermit wurde in erster Linie dem Verlangen des Bundesverfassungsgerichtes, Ehegatten nicht allein auf Grund der bestehenden Ehe höher zu besteuernd als Ledige, Rechnung getragen.[370] Darüber hinaus wird das Splitting heute als sachgerechtes Verfahren zur Besteuerung der Ehegattengemeinschaft angesehen, da es die traditionelle Vorstellung des Steuergesetzgebers von der Erwerbs- und Verbrauchsgemeinschaft zusammenlebender Ehegatten mit dem vom Bundesverfassungsgericht herausgestellten „Grundsatz der Individualbesteuerung" des modernen Einkommensteuerrechtes in Einklang bringt.[371]

Nach dem in § 32a Abs. 5 S. 1 EStG geregelten Splitting-Verfahren wird zunächst die Hälfte des insgesamt von beiden Ehegatten zu versteuernden Einkommens ermittelt und darauf der Einkommensteuergrundtarif angewandt. Das Zweifache des so errechneten Steuerbetrages stellt die tarifliche Einkommensteuer der Ehegatten

---

[369] Vgl. hierzu Teil 2, 1. Kap., C., II. Neuregelung von 1958.

[370] *Esser*, in: Hartmann/Böttcher/Nissen/Bordewin, EStG, § 32a Rdnr. 110 ; BVerfG v. 17.1.1957 - 1 BvL 4/54, BVerGE 6, 55 (76ff) ; BVerfG v. 12.3.1985 - 1 BvR 571/81, 494/82, 47/83, BVerfGE 69, 188.

[371] Für die Entscheidung, das Splitting-Verfahren zur Behebung der Benachteilung zusammenveranlagter Ehegatten einzuführen, sprach, daß das gesamte deutsche Einkommensteuerrecht mit seinen Regelungen über Sonderausgaben, außergewöhnliche Belastungen, Anerkennung von Freibeträgen zur Berücksichtigung des Familienstandes u.a. auf der Familie als Besteuerungseinheit aufbaut (*Kullmer*, Die Ehegattenbesteuerung, S. 104). Die seit 1958 geltende Ehegattenbesteuerung ist hinsichtlich des Splittingverfahrens nicht ohne Kritik geblieben. Die Einwendungen gegen das Splittingverfahren führten zu zahlreichen Änderungsvorschlägen, u.a. wurde eine Herabsetzung des geltenden Splittingdivisors von 2 und eine Limitierung des Anwendungsbereiches des Splittingverfahrens auf ein niedrigeres Jahreseinkommen empfohlen. Nach Würdigung aller Vor- und Nachteile erachtete die Steuerreformkommission (vgl. Gutachten der Steuerreformkommission 1971, Bonn 1971, Tz 535-571 zu Abschnitt II, insbes. Tz. 554ff.), ausgehend von dem Gedanken, „daß Ehegatten, die zusammenleben, eine Erwerbs- und Verbrauchsgemeinschaft bilden und daß demgemäß der eine Ehegatte an den Einkünften und den Ausgaben sowie den Lasten des anderen jeweils zur Hälfte teil hat" (Tz.554), das Splittingverfahren in der geltenden Form für die geeignetste Art der Ehegattenbesteuerung. Vgl. auch *Esser*, in: Hartmann/Böttcher/Nissen/Bordewin, EStG, § 32a Rdnr. 110.

dar.[372] Jeder Ehegatte versteuert danach die Hälfte des zusammengerechneten, gemeinsamen Einkommens der Ehegatten. § 32a Abs. 5 EStG ist also keine Tarifnorm im engeren Sinne, sondern enthält eine Maßgabe für die Einkommenszurechnung bei Ehegatten.[373]

Die Rechtsfolgen der Zusammenveranlagung sind folglich in § 26b EStG nur unvollkommen geregelt, da die im System der Individualbesteuerung notwendige Aufteilung der gemeinsamen Einkommensteuerbemessungsgrundlage der Ehegatten (Splitting-Verfahren) in der Tarifvorschrift des § 32a Abs. 5 EStG geregelt worden ist.[375] Das ist systematisch verfehlt, weil Zusammenrechnung und Aufteilung der Einkommensteuerbemessungsgrundlage eine rechtssystematische Einheit bilden.[376] § 32a Abs. 5 EStG knüpft an das gemeinsame „zu versteuernde Einkommen" (§ 2 Abs. 5 EStG) der Ehegatten als Ergebnis des § 26b EStG an und rechnet es den Ehegatten je zur Hälfte zu. Somit kommt es im Rahmen der Tarifvorschrift des § 32a Abs. 5 S. 1 EStG zu einer erneuten, jedoch typisierten Individualzurechnung der Einkommensbeträge der Ehegatten. Die Zusammenveranlagung berücksichtigt also nicht nur die Unterhaltsverpflichtungen gegenüber dem anderen Ehegatten, sondern beruht auf der Vorstellung, daß das marktwirtschaftliche Einkommen der Ehegatten durch die Gemeinschaft der Ehegatten erwirtschaftet worden ist und deshalb folgerichtig so zu behandeln sei, als ob jeder Ehegatte die Hälfte des Gesamteinkommens erzielt hätte.[377]

---

[372] *Wied*, in: Blümich, EStG, § 32a Rdnr. 40 ; *Schöberle*, in: Kirchhof/Söhn, EStG, § 32a Rdnr. C 2 ; *Esser*, in: Hartmann/Böttcher/Nissen/Bordewin, EStG, § 32a Rdnr. 119.

[373] *Schöberle*, in: Kirchhof/Söhn, EStG, § 32a Rdnr. C 2.

[374] *Schöberle*, in: Kirchhof/Söhn, EStG, § 32a Rdnr. C 3.

[375] *Pflüger*, in: Herrmann/Heuer/Raupach, EStG, § 26b Anm. 4 ; *Lang*, Die Bemessungsgrundlage der Einkommensteuer, S. 626.

[376] *Pflüger*, in: Herrmann/Heuer/Raupach, EStG, § 26b Rdnr. 4.

[377] BVerfG v. 3.11.1982 - 1 BvR 620/78, 1335/78, 1104/79, 363/80, BVerfGE 61, 319 (334) ; BFH v. 15.3.1995, BStBl. II 1995, 547 ; *Esser*, in: Hartmann/Böttcher/Nissen/Bordewin, EStG, § 32a Rdnr. 130 ; *Lang*, in: Tipke/Lang, Steuerrecht, § 9 Rz. 95.

IV. Zusammenfassung

Das Typisierungssystem der Besteuerung von Ehegatten läßt sich nach alledem wie folgt zusammenfassen:

Nicht dauernd getrennt lebende, unbeschränkt steuerpflichtige Ehegatten können zwischen der Zusammenveranlagung nach § 26b EStG und getrennter Veranlagung nach § 26a EStG wählen.

Bei der Zusammenveranlagung werden die Einkünfte der Ehegatten zusammengerechnet. Durch Anwendung des Splitting-Verfahrens wird jedem Ehegatten die Hälfte des gemeinsamen Einkommens (fiktiv) zugeordnet und von ihm versteuert, unabhängig davon, welches Einkommen er tatsächlich erzielt hat.[378]

Auf Antrag eines Ehegatten sind die Ehegatten getrennt zu veranlagen (§ 26a EStG). Dann ist jedem Ehegatten nur das von ihm erzielte Einkommen zuzurechnen. Die Ehegatten werden grundsätzlich wie zwei fremde, voneinander unabhängige Steuerpflichtige behandelt.[379] Daher versteuert jeder Ehegatten nur die von ihm selbst erwirtschafteten Einkünfte.[380]

---

[378] *Schöberle*, in: Kirchhof/Söhn, EStG, § 32a Rdnr. C 5.

[379] Ausnahme: Berücksichtigung der Verbrauchsgemeinschaft in bezug auf Aufwendungen für hauswirtschaftliche Beschäftigungsverhältnisse (§ 10 Abs. 1 Nr. 8 EStG) und außergewöhnliche Belastungen (§§ 33-33c EStG) in § 26a Abs. 2 EStG.

[380] *Lang*, Die Bemessungsgrundlage der Einkommensteuer, S. 637.

V. Zwischenergebnis

Die Darstellung der beiden Typisierungsmodelle der Ehegattenbesteuerung hat deutlich gemacht, daß die zwischen den Ehegatten bestehende Wirtschaftsgemeinschaft innerhalb der Zusammenveranlagung durch die Anerkennung der ehelichen Erwerbs- und Verbrauchsgemeinschaft erheblich stärker berücksichtigt wird als bei der getrennten Veranlagung des § 26a EStG. Insbesondere kommt es im Rahmen der getrennten Veranlagung in keiner Weise zur steuerlichen Realisierung der bei der Zusammenveranlagung anerkannten Erwerbsgemeinschaft. Aber gerade diese Erwerbsgemeinschaft ist es, welche möglicherweise eine Sonderbehandlung des Drittaufwandes zwischen Ehegatten rechtfertigen könnte.

Die weitgehende Nichtberücksichtigung der Tatsache der Ehe im Rahmen der getrennten Veranlagung muß dazu führen, daß die aus der Ehe sich ergebenden Argumente für eine Sonderbehandlung der Ehegatten beim Drittaufwand, im Falle der Veranlagung nach § 26a EStG nicht greifen können. Bei der getrennten Veranlagung, in der die Ehegatten soweit wie möglich wie fremde Dritte behandelt werden wollen, liegt es auf der Hand, daß sie sich auch in bezug auf den Drittaufwand wie fremde Dritte behandeln lassen müssen.

Demgegenüber wird im Rahmen der Zusammenveranlagung der Tatsache der Ehe durch die steuerliche Berücksichtigung der Erwerbs- und Verbrauchsgemeinschaft in erheblichem Umfang Rechnung getragen.

Im folgenden kann daher eine Lösung des Ehegatten-Drittaufwandes nur aus der Zusammenveranlagung heraus entwickelt werden, da es nur dort zu einer wirklichen Sonderbehandlung der Ehegatten gegenüber fremden Dritten innerhalb des Besteuerungsverfahrens kommt. Daher muß die Suche nach einer Sonderlösung des Ehegatten-Drittaufwandes schon an dieser Stelle auf Drittaufwandsfälle zwischen zusammenveranlagten Ehegatten eingeschränkt werden.

TEIL 3: EHEGATTENBESTEUERUNG UND EHEGATTEN - DRITTAUFWAND

Der Drittaufwand wurde zu Beginn der Arbeit als ein, dem System der Einkommensteuer immanentes Problem dargestellt. Maßgeblich für seine Entstehung ist das Auseinanderfallen der Verwirklichung der Merkmale des Aufwendungstatbestandes, „Vermögensminderung" und „Veranlassungszusammenhang", durch zwei Personen.[381] So kämpft die Rechtsprechung seit Jahren mit der Frage, ob man Aufwendungen, die in einem Veranlassungszusammenhang mit Einnahmen des Steuerpflichtigen stehen, deshalb vom Abzug als Werbungskosten bzw. Betriebsausgaben ausschließen kann, weil ein Dritter die Vermögensminderung für den Steuerpflichtigen trägt.

Beim Drittaufwand zwischen zusammenveranlagten Ehegatten kommt es jetzt jedoch zu der Besonderheit, daß die Vermögensminderung nicht von einem fremden Dritten, sondern von dem, auch steuerrechtlich, in Erwerbs- und Verbrauchsgemeinschaft mit dem Steuerpflichtigen lebenden Ehegatten getragen wird. Die im Rahmen der Zusammenveranlagung vom Gesetzgeber normierte Zurechnung (Transfer) steuerlicher Leistungsfähigkeit zwischen den Ehegatten könnte damit auch die beim Drittaufwand problematische Zurechnung von Aufwendungen beeinflussen und auf diese Weise in dem speziellen Fall des Ehegatten-Drittaufwandes Einfluß auf die in Teil 1 dieser Arbeit dargestellten allgemeinen „Lösungsansätze" zum Drittaufwand nehmen.[382]

---

[381] Vgl. Teil 1, 2. Kap., A. Drittaufwand als strukturelles Problem der Einkommensteuer.
[382] Vgl. Teil 1, 2. Kap., B. Die verschiedenen Fallgruppen des Drittaufwandes und ihre rechtliche Behandlung.

Das in der Drittaufwandsproblematik liegende generelle Strukturproblem der Einkommensteuer, die personelle Zurechnung von Aufwendungen, könnte also zwischen zusammenveranlagten Ehegatten zusätzlich beeinflußt sein durch die speziellen Vorschriften der Zusammenveranlagung.

Im folgenden soll der Einfluß der Zusammenveranlagung auf den Drittaufwand zwischen Ehegatten dargestellt werden und so gezeigt werden, daß die Abziehbarkeit des Drittaufwandes zwischen zusammenveranlagten Ehegatten von anderen Faktoren abhängig ist – insbesondere von den Regelungen der Zusammenveranlagung – als der Drittaufwand im allgemeinen. Im Anschluß daran soll dann im 2. Kapitel der Versuch unternommen werden, eine Abziehbarkeit für den speziellen Fall des Drittaufwandes zwischen zusammenveranlagten Ehegatten aus den Besonderheiten der Regelungen der Zusammenveranlagung heraus zu entwickeln.

1. Kapitel
Die Entwicklung des Ehegatten – Drittaufwandes

A. Die Abhängigkeit des Ehegatten-Drittaufwandes vom Verständnis der Zusammenveranlagung

Die Feststellung des Bundesverfassungsgerichtes von 1957, das „moderne" Einkommensteuerrecht beruhe auf dem Grundsatz der Individualbesteuerung,[383] führte zu einem geänderten Verständnis der Zusammenveranlagung.

Folge dieses im weiteren näher dargelegten, veränderten Verständnisses der Zusammenveranlagung war die Entstehung des Problems der personellen Zurechnung von Drittaufwendungen[384] auch zwischen zusammenveranlagten Ehegatten, welches zwischen fremden Dritten bereits 1937 in der Rechtsprechung aufgetaucht war.

An der sich hierin zeigenden Abhängigkeit des Ehegatten-Drittaufwandes von den Regeln der Zusammenveranlagung wird deutlich, daß auch die Abziehbarkeit des Ehegatten-Drittaufwandes nicht losgelöst von den Regeln der Zusammenveranlagung beurteilt werden kann und daher der unter B. dieses Kapitels dargestellte Standpunkt der Rechtsprechung Anlaß zu einer erneuten Betrachtung unter dem Gesichtspunkt des Einflusses der Zusammenveranlagungsvorschriften gibt.

---

[383] BVerfG v. 17.1.1957 - 1 BvL 4/54, BVerfGE 6, 55 (67) ; BStBl. I 1957, 193 (195).

[384] RFH v. 10.2.1937 - VI A 111/37, RFHE 41, 50 (51), RStBl. 1937, 898.

I. Zusammenveranlagung im System der Haushaltsbesteuerung

1. Einheitliche Einkünfteermittlung der Zusammenveranlagten

a.) Rechtsprechung des Reichsfinanzhofes

Die gemeinsame Veranlagung der Ehegatten als „Ehegattengemeinschaft“ wurde 1920 aus den Einkommensteuergesetzen der Partikularstaaten des deutschen Reiches in das Reichseinkommensteuergesetz übernommen.[385] Die Rechtsprechung des Reichsfinanzhofes entwickelte sie fort zu einem Denkmodell der „Personeneinheit der Zusammenveranlagten"[386] und ging in diesem Sinne von einer „Einheit der Einkünfte der Zusammenveranlagten" aus.[387] Es wurde nicht unterschieden zwischen Einnahmen oder Ausgaben des Ehemannes oder der Ehefrau, sondern die Einkünfte zusammenveranlagter Ehegatten wurden gemeinsam für die Ehegattengemeinschaft ermittelt.

In diesem Sinne sprach der Reichsfinanzhof 1938 vom „(...) Grundsatz der einheitlichen Haushaltsbesteuerung der Ehegatten. Alle steuerpflichtigen Einnahmen, die

---

[385] Vgl. Teil 2, 1. Kap., A., VII. Reichseinkommensteuergesetz von 1920.

[386] Der Begriff „Personeneinheit" wurde nicht im Sinne eines einheitlichen Steuerpflichtigen verstanden. Auch das System der Haushaltsbesteuerung ging von der Steuerpflicht der einzelnen natürlichen Person aus, somit auch jedes einzelnen Ehegatten aus.

[387] Ständige Rechtsprechung des RFH, vgl. RFH v. 26.5.1937 - VI A 270/37, RStBl. 1937, 976 (977) ; RFH v. 29.9.1937 - VI A 473/37, RStBl. 1937, 1204 ; RFH v. 17.8.1938 - VI 401/38, RFHE 44, 320 (322), RStBl. 1938, 1003 (1004) ; RFH v. 8.2.1939 - VI 72/39, RStBl. 1939, 430. Ebenso BFH v. 6.3.1952 - IV 445/51 U, BStBl. III 1952, 96 wo es wörtlich heißt: „Die Vorinstanz ist zutreffend davon ausgegangen, daß bei der Haushaltsbesteuerung nach § 26 EStG die Einkünfte der zum Haushalt gehörenden Personen (Ehegatten) so behandelt werden, als ob sie von einer Person, und zwar vom Haushaltsvorstand, bezogen werden. (...) Wenn auch nach § 1 EStG jede natürliche Person mit ihrem Einkommen selbständig der Einkommensteuer unterliegt und zur Einkommensteuer heranzuziehen ist, so erfährt der Grundsatz der Einzelveranlagung durch die in den §§ 26, 27 EStG geregelte Haushaltsbesteuerung eine Durchbrechung, indem Ehegatten sowie der Haushaltsvorstand und seine Kinder zusammen veranlagt werden." ; BFH v. 14.2.1956 - I 216/55 U, BFHE 63, 93 (95), BStBl. III 1956, 233 (234) allerdings eingeschränkt auf Einkünfte, die aus einer einheitlichen Einkunftsquelle stammen. BFH v. 25.9.1956 - I 256/55 U, BFHE 64, 3 (5ff), BStBl. III 1957, 2 (3ff).

bei einem der Ehegatten anfallen, sind steuerrechtlich bei der ehelichen Gemeinschaft zu berücksichtigen (§ 26 des Einkommensteuergesetzes 1934/38 (EStG)). (...) Mann und Frau werden für die Einkommensteuer stets als Einheit angesehen; besondere Einkünfte des einen zu der Gemeinschaft gehörenden Ehegatten werden steuerlich nicht anerkannt"[388].

Hinsichtlich der Ausgaben formulierte der Reichsfinanzhof in seinem Urteil v. 26.5.1937: „Bei der Zusammenveranlagung von Mann und Frau ist es (...) bedeutungslos, ob eine Ausgabe für den Betrieb des Manns gemacht wird oder für einen Betrieb, an dem die Frau beteiligt ist. Es wird in den seltensten Fällen innerhalb der Ehe feststellbar sein, ob eine Aufwendung, die die Eheleute auf einen der beiden Betriebe machen, im Innenverhältnis den Mann oder die Frau angeht. Bei einer geordneten Ehe wird das auch den Eheleuten selbst in der Regel ganz gleichgültig sein. Es ist deshalb der Sinn des § 26 EStG, daß im Einzelfall nicht untersucht zu werden braucht, ob eine Aufwendung der Eheleute auf den einen oder anderen Betrieb bürgerlich-rechtlich aus dem Vermögen der Frau oder aus dem Vermögen des Manns genommen ist"[389].

b.) Rechtsprechung des Bundesfinanzhofes

Das Denkmodell von der „Personen- und Einkünfteeinheit der Zusammenveranlagten" wurde nach dem II. Weltkrieg vom Bundesfinanzhof erst einmal grundsätzlich übernommen.[390]

Es tauchten jedoch Zweifel an den Auswirkungen dieses Grundsatzes in der konkreten Anwendung auf die Einkünfteermittlung von Zusammenveranlagten auf. So

---

[388] RFH v. 17.8.1938 - VI 401/38, RFHE 44, 320 (322f), RStBl. 1938, 1003 (1004).
[389] RFH v. 26.5.1937 - VI A 270/37, RStBl. 1937, 976 (977).

hatte der IV. Senat des Bundesfinanzhofes 1951 zu entscheiden, ob einem zusammenveranlagten Ehepaar, bei dem jeder Ehegatte eine Rente bezog, der entsprechende Freibetrag nach § 3 Ziff. 4 EStG (1949) für jeden der Ehegatten zustehe oder nur einmal.[391] Der BFH wandte § 3 Ziff. 4 EStG (1949) für jeden Ehegatten an mit der Begründung, „Für die hiernach von der Einkommensteuer freigestellten Einkünfte kann auch die im § 26 EStG (1949) geregelte Haushaltsbesteuerung nicht Platz greifen. (...) Dieses Ergebnis entspricht auch dem sozialen Zweck der Befreiungsvorschrift".[392] Die konsequente Anwendung des reichsgerichtlichen Gedankens von der „Personen- bzw. Einkünfteeinheit der Zusammenveranlagten" hätte hier nur die einmalige Gewährung des Freibetrags gerechtfertigt. Der IV. Senat hielt dieses Ergebnis jedoch für offensichtlich unbillig.[393]

1955 mußte er sich erneut mit der Problematik der Einheit oder Vielheit der Zusammenveranlagten im Rahmen der Einkünfteermittlung befassen, diesmal bezogen auf den Pauschbetrag für Werbungskosten[394] und Betriebsausgaben[395]. Die jeweiligen Finanzämter waren der Meinung, für die Beurteilung der Frage, ob die Pauschbeträge gewährt werden könnten, komme es auf das Vorliegen der jeweiligen Tatbestandsvoraussetzungen bei der Ehegattengemeinschaft an.[396] Die Steuerpflichtigen hingegen wollten für die Berücksichtigung der Pauschbeträge isoliert auf die Einkünfte der einzelnen Ehegatten abstellen.

---

[390] BFH v. 25.9.1956 - I 256/55 U, BFHE 64, 3 (5ff), BStBl. III 1957, 2 (3ff). Vgl. auch *Christa Martin*, Das geistige Ringen um die steuerliche Anerkennung von Arbeits- und Gesellschaftsverträgen zwischen Ehegatten, S. 41 (42).

[391] BFH v. 10.10.1951 - IV 359/51 S, BFHE 55, 493, BStBl. III 1951, 201f.

[392] BFH v. 10.10.1951 - IV 359/51 S, BFHE 55, 493, BStBl. III 1951, 201f; m. Anm. *Zitzlaff*, BStBl. III 1951, 329f.

[393] BFH v. 3.11.1955 - IV 296/54 U, BFHE 61, 492 (494), BStBl. III 1955, 389 (390).

[394] § 14 Abs. 1 Ziff. 1 EStDV 1952, BFH v. 3.11.1955 - IV 325/54 U, BFHE 61, 495 (497), BStBl. III 1955, 390 (391).

[395] § 38 EStDV 1950, BFH v. 3.11.1955 - IV 296/54 U, BFHE 61, 492 (494), BStBl. III 1955, 389 (390).

[396] So auch die Meinung der Verwaltung wiedergegeben in Abschn. R 81 EStR 1951.

Auch in diesen Fällen empfand es der IV. Senat als unbillig, im Sinne der reichsgerichtlichen Rechtsprechung von der Personeneinheit der Zusammenveranlagten zu entscheiden. Er kennzeichnete die Entscheidungen jedoch als Einzelfallentscheidungen und schrieb zur grundsätzlichen Problematik: „Aus dem Wortlaut der Vorschrift des § 26 Abs. 2 des Einkommensteuergesetzes“ (1952) „kann für die Frage, ob die Einkünfte der zusammen zu veranlagenden Ehegatten wie Einkünfte einer einzigen Person zu behandeln oder aber als Einkünfte des einzelnen Ehegatten zu betrachten sind, nichts Eindeutiges entnommen werden. Auch Sinn und Zweck der Zusammenveranlagung läßt die Frage offen. Der erkennende Senat ist in den bisher von ihm entschiedenen Einzelfällen der von den Vorinstanzen vertretenen Auffassung dann nicht gefolgt, wenn sie zu offensichtlich unbilligen Ergebnissen führt”.[397] Dem für Einkünfte aus Gewerbebetrieb und selbständiger Arbeit zuständigen I. Senat des Bundesfinanzhofes stellte sich die Fragen nach der getrennten oder gemeinsamen Einkünfteermittlung zusammenveranlagter Ehegatten aus einem anderen Blickwinkel heraus. Er hatte über Fälle zu urteilen, in denen ein Ehegatte in dem Betrieb des anderen Ehegatten mitarbeitete[398] oder Grundstücke, Lizenzen[399] und dergl. dem Betrieb überließ. Hier stellte sich die Frage, ob die Zusammenveranlagung dazu führte, sämtliche Einkünfte der Ehegatten aus der Einkunftsquelle „Betrieb” als gewerbliche Einkünfte anzusehen. Auch diese Frage war abhängig von der Beurteilung, ob Einkünfte der zusammen zu veranlagenden Ehegatten wie Einkünfte einer einzigen Person, der Ehegattengemeinschaft, oder aber als Einkünfte der einzelnen Ehegatten zu behandeln sind. Da hier die tatsächliche Einkünfteerzielung mittels eines „gemeinsamen” Betriebes entsprechend dem reichsgerichtlichen Gedanken von der Einheit der Einkünfte der Zusammenveranlagten verlief, gab es

---

[397] BFH v. 3.11.1955 - IV 296/54 U, BFHE 61, 492 (494), BStBl. III 1955, 389 (390).
[398] BFH v. 25.9.1956 - I 256/55 U, BFHE 64, 3ff, BStBl. III 1957, 2ff.
[399] BFH v. 14.2.1956 - I 216/55 U, BFHE 63, 93ff, BStBl. III 1956, 233ff.

für den I. Senat keine Veranlassung, Bedenken gegen die gemeinsame Einkünfteermittlung der Ehegattengemeinschaft zu äußern, zumal hierdurch zahlreiche Probleme hinsichtlich der Einkünftezurechnung und Anerkennung von Verträgen zwischen nahen Angehörigen vermieden wurden. Um sich nicht offen gegen den IV. Senat zu stellen, beschränkte er seine Argumentation für eine Einkunftsermittlung bei der Ehegattengemeinschaft auf Einkünfte aus einer einheitlichen Einkunftsquelle. „Es ist ein von jeher anerkannter Grundsatz des Einkommensteuerrechts, daß Ehegatten, die zusammenleben und „in einen Topf wirtschaften", insofern als Einheit zu behandeln sind, als Einkünfte aus einer einheitlichen Einkunftsquelle nicht aufgespalten und getrennt betrachtet werden können. Dies gilt für Dienstverhältnisse zwischen zusammenlebenden Ehegatten ebenso wie für Verträge, durch die ein Ehegatte dem anderen Wirtschaftsgüter für dessen Betrieb überläßt".[400]

2. Die Lehre vom notwendigen Betriebsvermögen

Aufbauend auf dem Denkmodell der „Personeneinheit der Zusammenveranlagten" kam es in der Rechtsprechung des Reichsfinanzhofes im Wege einer systematischen Auslegung zur Entwicklung von ganzen Rechtssätzen, die maßgeblich auf diesem Verständnis der Zusammenveranlagung beruhten.
So hatte die Rechtsprechung seit 1920, auf der Grundlage dieses Denkmodells der „Personeneinheit der Zusammenveranlagten", den sachlichen Geltungsbereich des Begriffes vom notwendigen Betriebsvermögen auch auf Wirtschaftsgüter ausgedehnt, die Personen gehörten, mit denen der Steuerpflichtige zusammen veranlagt

---

[400] BFH v. 14.2.1956 - I 216/55 U, BFHE 63, 93 (95), BStBl. III 1956, 233 (234). Der I. Senat sah diesen allgemeinen Grundsatz allerdings als Ausfluß der das gesamte Steuerrecht beherrschenden wirtschaftlichen Betrachtungsweise. Die Vorschrift des § 26 EStG sei für den Rechtsgedanken nicht Rechtsgrundlage, sondern sie sei selbst nur die „verfahrensrechtliche Auswirkung" eines dem Einkommensteuerrecht zugrunde liegenden, aber nicht im Gesetz ausdrücklich festgelegten Grundsatzes.

wurde.[401] Diese Auslegung bewirkte, daß zivilrechtlich fremde Gegenstände in den Vermögensvergleich einbezogen wurden, obwohl grundsätzlich nur solche Wirtschaftsgüter zum notwendigen Betriebsvermögen gehörten, die im wirtschaftlichen Eigentum des Inhabers oder eines Gesellschafters standen.

In diesem Sinne behandelte die Rechtsprechung der Ehefrau gehörende Grundstükke, die dem Betrieb ihres Ehemannes unentgeltlich überlassen wurden, als dessen notwendiges Betriebsvermögen mit der Begründung, das Einkommensteuerrecht gehe, wie die Zusammenveranlagung zeige, von der Einheit der Eheleute aus. Die Ausgestaltung des Güterstandes war hierbei gleichgültig.[402]

Mit derselben Begründung wurden auch Mietzinsen, welche eine Gesellschaft der minderjährigen Tochter eines Mitunternehmers für die Nutzung eines ihr gehörenden Grundstücks entrichtete, dem Gewinn des Mitunternehmers hinzugerechnet.[403] Zur Begründung hieß es auch hier, aus der Zusammenveranlagung des § 27 EStG (1939) heraus ergebe sich die steuerliche Einheit zwischen Vater und Tochter.

II. Zusammenveranlagung im System der Individualbesteuerung

1. Getrennte Einkünfteermittlung der Zusammenveranlagten

1957 zwang das Bundesverfassungsgericht den Bundesfinanzhof durch seinen Beschluß zur Haushaltsbesteuerung[404] zur endgültigen Aufgabe des Denkmodells der „Personen- und Einkünfteeinheit der Zusammenveranlagten". Angesichts des auf die Leistungsfähigkeit des einzelnen hin ausgelegten progressiven Tarifes war es

---

[401] RFH v. 29.9.1937 - VI A 473/37, RStBl. 1937, 1204. Vgl. auch BFH v. 9.7.1992 - IV R 115/90, BFHE 169, 56 (60), BStBl. II 1992, 948 (949).
[402] RFH v. 29.9.1937 - VI A 473/37, RStBl. 1937, 1204.
[403] RFH v. 8.2.1939 - VI 72/39, RStBl. 1939, 430.
[404] BVerfG v. 17.1.1957 - 1 BvL 4/54, BVerfGE 6, 55ff, BStBl. I 1957, 193ff.

nicht mehr möglich, der Besteuerung die Summe der Einkünfte mehrerer Steuerpflichtiger zugrunde zu legen.[405] Damit entfiel auch die Grundlage für das finanzgerichtliche Denkmodell von der „Personen- und Einkünfteeinheit der Zusammenveranlagten". Der Besteuerung von zusammenveranlagten Ehegatten mußte jetzt die Leistungsfähigkeit eines einzelnen Ehegatten zugrunde gelegt werden, so daß es grundsätzlich auch zwischen zusammenveranlagten Ehegatten zu einer individuellen Leistungsfähigkeitsermittlung kommen mußte, es sei denn das Gesetz ordnet ausdrücklich etwas anderes an.

Für den Bereich der Einkünfteermittlung ordnet die Neuregelung des § 26b EStG (1958) keine Besonderheiten an, sondern setzt vielmehr erst an das Ergebnis des Einkünfteermittlungsvorganges an. Somit hat auch die Einkünfteermittlung zusammenveranlagteer Ehegatten im Sinne der verfassungsgerichtlichen Feststellung einer grundsätzlichen Individualbesteuerung zu erfolgen und wird entsprechend den auf die individuelle Leistungsfähigkeitsermittlung ausgerichteten Vorschriften der §§ 1 Abs. 1 und 2 Abs. 1 EStG auch bei zusammenveranlagten Ehegatten getrennt vorgenommen.[406] Folge dieser getrennten Einkünfteermittlung war, daß auch die Einkünftebestandteile, die Einnahmen und Aufwendungen, jetzt für jeden Ehegatten getrennt ermittelt wurden und es somit zu einer Unterscheidung zwischen Aufwendungen des einen und Aufwendungen des anderen Ehegatten kam. Aufwendungen waren danach steuerlich nur noch berücksichtigungsfähig, wenn ihre Tatbestandselemente – Veranlassungszusammenhang und Vermögensminderung – in derselben steuerpflichtigen Person erfüllt waren; ihr Vorliegen innerhalb der Ehegattenge-

---

[405] Vgl. hierzu die Ausführungen in BVerfG v. 17.1.1957 - 1 BvL 4 /54, BVerfGE 6, 55 (67), BStBl. I 1957, 193 (196).

[406] Schmidt/*Seeger*, EStG, § 26b Rdnr. 2 ; *Schmieszek*, in: Hartmann/Böttcher/Nissen/Bordewin, EStG, § 26b Rdnr. 11 ; BFH v. 26.5.1982 - I R 104/81, BFHE 136, 118 (119), BStBl. II 1982, 594 ; BFH v. 26.7.1983 - VII R 160/80, BFHE 139, 69 (71), BStBl. II 1983, 674 ; BFH v. 25.2.1988 - IV R 32/86, BFHE 153, 397 (398), BStBl. II 1988, 827 (828).

meinschaft reichte wegen der getrennten Einkünfteermittlung im Bereich der erwerbssichernden Aufwendungen grundsätzlich nicht mehr aus.[407]
In der Konsequenz heißt das für den Drittaufwand, daß sämtliche Tatbestandsmerkmale des Einkünfteermittlungsvorganges in der Person des die Einkünfte erzielenden Ehegatten verwirklicht sein müssen. Eine Zurechnung der einzelnen Tatbestandselemente zwischen den Ehegatten auf Grund der „Einheit der Ehegatten" ist im Bereich der Einkünfteermittlung nicht mehr möglich.[408] Damit konnte auf Grund der Neuregelung der Ehegattenbesteuerung erstmals zwischen zusammenveranlagten Ehegatten ein Fall des Drittaufwandes entstehen.

2. Aufgabe der Lehre vom notwendigen Betriebsvermögen

Die getrennte Einkünfteermittlung zwischen zusammenveranlagten Ehegatten führte auch zu mittelbaren Folgen im Steuerrecht, weil sie zu einigen auf dem alten Verständnis der Zusammenveranlagung beruhenden Grundsätzen in Widerspruch stand. Daher bedurften diejenigen Rechtssätze der Überprüfung, die im Wege der systematischen Auslegung gebildet worden waren und sich auf das „Denkmodell der Personen- und Einkünfteeinheit der Zusammenveranlagten" im Bereich der Einkunftsermittlung gestützt hatten. So ergaben sich im Rahmen der an der individuellen Leistungsfähigkeitsermittlung des einzelnen Ehegatten ausgerichteten, getrennten Einkünfteermittlung logische Schwierigkeiten, Gegenstände von Ehegatten zum notwendigen Betriebsvermögen zu zählen mit der Begründung, dies entspräche dem

---

[407] Vgl. BFH v. 20.9.1990 - IV R 300/84, BFHE 162, 86 (88), BStBl. II 1991, 82.
[408] Anders ist es im Bereich der Einkommensverwendung. Hier ordnet die Vorschrift der Zusammenveranlagung, § 26b EStG, die Behandlung der Ehegatten „als ein Steuerpflichtiger" an, so daß in diesem Bereich eine gegenseitige Zurechnung von Tatbestandsmerkmalen zwischen Ehegatten möglich ist. Auf Grund dieser Zurechnungsmöglichkeit kommt es zu keinem Ehegatten-Drittaufwand im Bereich der subjektiven Leistungsfähigkeitsermittlung.

Gedanken der Zusammenveranlagung.[409] Ein solcher Gedanke der Zusammenveranlagung existiert nach der neuen Ausrichtung der Zusammenveranlagung am Gedanken der Individualbesteuerung im Bereich der Einkünfteermittlung nicht mehr. Daher kann ein Unternehmer-Ehegatte heute nach den allgemeinen Regeln nur noch Wirtschaftsgüter in seinem Betrieb aktivieren, die in seinem Eigentum oder dem eines Gesellschafters stehen.[410] Hat hingegen ein Ehegatte dem Unternehmer-Ehegatten ein Gebäude unentgeltlich zur betrieblichen Nutzung überlassen, so kann im Zuge der getrennten Einkünfteermittlung keiner der Ehegatten die AfA des Gebäudes steuerlich geltend machen, da die AfA in Veranlassungszusammenhang zu Einkünften des Unternehmer-Ehegatten steht, die durch die Abnutzung bedingte Vermögensminderung jedoch bei dem Eigentümer-Ehegatten eintritt.[411] Die Tatbestandselemente der Absetzungen für Abnutzungen (AfA) sind somit in zwei verschiedenen Personen verwirklicht und können wegen des Grundsatzes der getrennten Einkünfteermittlung auch zwischen zusammenveranlagten Ehegatten dem Unternehmer-Ehegatten nicht zugerechnet werden.

Auch die Aufgabe der reichsfinanzgerichtliche „Lehre vom notwendigen Betriebsvermögen" und die damit zusammenhängende Entstehung der Dritt-AfA zwischen zusammenveranlagten Ehegatten ist somit eine Folge des seit 1957 geänderten Verständnisses der Zusammenveranlagung.

---

[409] Vgl. FG Karlsruhe v. 29.10.1954 - II 314/54, EFG 1955, 36 ; FG München v. 20.9.1955 - I 141/45, EFG 1956, 73 ; BFH v. 7.5.1954 - I 30/54 U, 432 R 1029, der in § 26 EStG ausdrücklich keine Gewinnermittlungsvorschrift sieht.

[410] Gemäß § 242 HGB darf der Kaufmann in seiner Handelsbilanz nur das eigene Vermögen ansetzen, vgl. *Wassermeyer*, DB 1999, 2486 ; BFH v. 24.2.2000 - IV R 75/98, DStR 2000, 814 (815).

[411] BFH v. 9.11.1995 - IV R 60/92, BFHE 179, 103, BStBl. II 1996, 192 ; BFH v. 20.9.1990 - IV R 300/84, BFHE 162, 86, BStBl. II 1991, 82, 83 ; BFH v. 9.7.1992 - IV R 115/90, BFHE 169, 56 ; BStBl. II 1992, 948, 952ff.

B. Die Regelungen der Zusammenveranlagung und der Ehegatten - Drittaufwand aus heutiger Sicht der Rechtsprechung

Auf Grund der bei der Einzel- und Zusammenveranlagung gleichermaßen vorgegebenen getrennten Einkünfteermittlung sieht der Bundesfinanzhof derzeit keinen Grund für eine Sonderbehandlung von Drittaufwendungen zwischen zusammenveranlagten Ehegatten.[412] Er ist der Meinung: „Das Einkommensteuergesetz gebe keinen Anhaltspunkt dafür, daß bei einer Beteiligung von Angehörigen vom Grundsatz der subjektbezogenen Erfolgsermittlung abgegangen werden müsse."[413] Insbesondere bestünden keine Unterschiede in der Einkünfteermittlung bei der Einzel- und Zusammenveranlagung. „In diesem Bereich stehen sich die Eheleute wie Fremde gegenüber"[414].

Dementsprechend lehnt die Rechtsprechung[415] z.B. in dem zu Beginn dieser Arbeit geschilderten, typischen Drittaufwandsfall, in dem eine Ehefrau die eine Hälfte eines ihr gehörenden Familienwohnhauses ihrem Ehemann für den Betrieb seiner Praxis unentgeltlich überläßt, die AfA-Berechtigung des Ehemannes für die von ihm als Praxis genutzte Haushälfte wegen des Auseinanderfallen der Aufwendungstatbestandsmerkmale *Vermögensminderung* und *Veranlassungszusammenhang* in den unterschiedlichen Personen der beiden Ehegatten ab. Die AfA stehe zwar in Veranlassungszusammenhang zu den Einkünften des Ehemannes aus der Praxis, sie habe aber zu keiner Vermögensminderung bei dem Ehemann selbst geführt, da dieser die

---

[412] BFH v. 9.7.1992 - IV R 115/90, BFHE 169, 56 (62), BStBl. II 1992, 948 (952). Ebenso bereits BFH v. 20.9.1990 - IV 300/84, BFHE 162, 86 (88), BStBl. II 1991, 82.

[413] BFH v. 20.9.1990 - IV R 300/84, BFHE 162, 86 (88), BStBl. II 1991, 82.

[414] BFH v. 23.8.1999 - GrS 2/97, BFHE 189, 160 (165), BStBl. II 1999, 782 (785), DStR 1999, 1654.

[415] BFH v. 20.9.1990 - IV R 300/84, BFHE 162, 86ff, BStBl. II 1991, 82 ; BFH v. 9.7.1992 - IV R 150/90, BFHE 169, 56, BStBl. II 1992, 948 ; BFH v. 23.11.1995 - IV R 50/94, BFHE 179, 303, BStBl. II 1996, 193.

Räume unentgeltlich nutze und auch keine Anschaffungskosten getragen habe. Damit sei der Aufwendungstatbestand mangels Vermögensminderung in der Person des Ehemannes nicht erfüllt und die AfA müsse steuerlich unberücksichtigt bleiben.[416]

Dieses Ergebnis begründet der Bundesfinanzhof, insbesondere bei zusammenveranlagten Ehegatten, mit dem Grundsatz der persönlichen Leistungsfähigkeit, wonach der Steuerpflichtiger Aufwendungen persönlich tragen müsse.[417] Die Ermittlung der Einkünfte i.S.d. § 2 Abs. 1 und 2 EStG sei subjektbezogen. Steuersubjekt sei auch im Falle der Zusammenveranlagung der einzelne Steuerpflichtige. Die Einkünfte könnten aber nur dann Ausdruck der persönlichen Leistungsfähigkeit sein, wenn sich auch ihre Komponenten, d.h. die Einnahmen und Werbungskosten, daran orientierten. Wie dem Steuerpflichtigen gemäß § 2 Abs. 2 EStG und § 8 EStG nur solche Einnahmen zuzurechnen seien, die seine persönliche Leistungsfähigkeit erhöhten, so seien entsprechend auch nur solche Aufwendungen als Werbungskosten bzw. Betriebsausgaben zu berücksichtigen, die seine persönliche Leistungsfähigkeit minderten.[418]

Darüber hinaus gehe auch das Einkommensteuergesetz in bezug auf zusammenveranlagte Ehegatten seit der Abschaffung der Haushaltsbesteuerung nicht (mehr) von den Ehegatten als einer Einheit und deren Leistungsfähigkeit aus. Einkommensteuerrechtlich solle die individuelle Leistungsfähigkeit jedes Ehegatten als einzelnem

---

[416] Eine steuerliche Berücksichtigung der AfA bei der Ehefrau kommt mangels Veranlassungszusammenhang zu eigenen Einkünften der Ehefrau aus dem Haus nicht in Betracht. Vgl. hierzu auch BFH v. 13.5.1980 - VIII R 63/79, BFHE 131, 212, BStBl. II 1981, 295ff ; BFH v. 13.5.1980 - VIII R 75/79, BFHE 131, 208, BStBl. II 1981, 297ff ; BFH v. 13.5.1980 - VIII R 128/78, BFHE 131, 216, BStBl. II 1981, 293ff.

[417] BFH v. 23.8.1999 - GrS 2/97, BFHE 189, 160ff, BStBl. II 1999, 782ff, DStR 1999, 1649ff ; BFH v. 24.4.1990 - IX R 9/86, BFHE 160, 522, BStBl. II 1990, 888.

[418] BFH v. 23.8.1999 - GrS 2/97, BFHE 189, 160ff, BStBl. II 1999, 782ff, DStR 1999, 1649ff ; BFH v. 2.12.1999 - IX R 45/95, BFHE 191, 24 (26f), BStBl. II 2000, 310 (311), DStR 2000,

Steuerpflichtigen i.S.v. § 1 Abs. 1 EStG ermittelt werden. Insoweit werde der Grundsatz der Individualbesteuerung der Eheleute durch die Möglichkeit der Zusammenveranlagung nicht aufgehoben.[419]

870 (871) ; BFH v. 2.12.1999 - IX R 21/96, BFHE 191, 28 (30f), BStBl. II 2000, 312 (313), DStR 2000, 872.

[419] BFH v. 23.8.1999 - GrS 2/97, BFHE 189, 160 (166), BStBl. II 1999, 782, DStR 1999, 1649 (1654).

2. Kapitel
Argumente für die Abziehbarkeit des Ehegatten - Drittaufwandes bei der Zusammenveranlagung

A. Suche nach einem allgemeinen System innerhalb der Sondervorschriften der Einkünfteermittlung Zusammenveranlagter

Wie wir bereits mehrfach festgestellt haben, werden die Einkünfte im heutigen System der Ehegattenbesteuerung entsprechend dem Prinzip der Individualbesteuerung für jeden Ehegatten getrennt ermittelt. Insoweit ordnet weder die getrennte Veranlagung nach § 26a EStG, noch die Zusammenveranlagung gemäß § 26b EStG etwas Besonderes an.[420] Dennoch sieht das Gesetz in einigen, die Einkünfteermittlung betreffenden Vorschriften, für zusammenveranlagte Ehegatten Ausnahmen von dieser getrennten Einkünfteermittlung vor.[421]

Im folgenden sollen diese für die Zusammenveranlagung geltenden Abweichungen von der getrennten Einkünfteermittlung der Ehegatten auf ihre Rechtfertigung hin näher untersucht werden. Es soll analysiert werden, ob diesen gesetzlichen Vorschriften ein gemeinsamer Gedanke entnommen werden kann, der es rechtfertigt, Ehegatten unter bestimmten Voraussetzungen auf der Ebene der Einkunftsermittlung als Einheit zu behandeln. Läßt sich in den bestehenden Vorschriften ein solcher gemeinsamer Gedanke finden, so ist in einem weiteren Schritt zu untersuchen,

---

[420] Vgl. Teil 2, 2. Kap., B., III., 1. a.) Einkünfteermittlung nach § 26a Abs. 1 EStG und 1. b.) Einkünfteermittlung nach § 26b EStG.

[421] BFH v. 26.2.1985 - VIII R 125/83, BFHE 143, 269 (271), BStBl. II 1985, 547 (548) ; Schmidt/*Seeger*, EStG, § 26b Rdnr. 7 ; *Pfeifer-Engelbach*, Rechtsfragen der Ehegattenveranlagung, S. 17f.

ob diesem Gedanken der Charakter eines allgemeinen Prinzips zugesprochen werden kann oder ob es sich lediglich um eine Reihe von Sondertatbestände handelt. Sollte man zu dem Schluß kommen, man könne hinter diesen Sonderbehandlungen ein allgemeines Rechtsprinzip erkennen, so wäre in einem weiteren Schritt zu untersuchen, ob dieses Rechtsprinzip auch für die Fragen des Drittaufwandes unter zusammenveranlagten Ehegatten relevant ist.

I. Vorhandene Abweichungen von der Individualbesteuerung im Rahmen der Einkünfteermittlung

1. Werbungskosten-Pauschbetrag, § 9a S. 1 Nr. 2 2. Hs. EStG

a.) Abweichung von der individuellen Einkünfteermittlung

§ 9a EStG ist eine Einkünfteermittlungsvorschrift aus dem Bereich der Überschußeinkunftsarten.[422] Er normiert Werbungskosten-Pauschbeträge für bestimmte Einkunftsarten, die bei der Einkünfteermittlung zur Anwendung kommen, sofern nicht höhere tatsächliche Werbungskosten nachgewiesen werden. Da die Einkünfteermittlung auch bei der Zusammenveranlagung für jeden Ehegatten getrennt vorgenommen wird, kommen die Werbungskosten-Pauschbeträge des § 9a EStG grundsätzlich nur bei dem Ehegatten zur Anwendung, der die in § 9a EStG genannten Einkünfte erzielt hat.[423] Eine Übertragung der nicht ausgeschöpften Pauschbeträge von einem Ehegatten auf den anderen ist wegen der getrennten Einkünfteermittlung auch bei zusammenveranlagten Ehegatten grundsätzlich nicht möglich.

---

[422] *Gericke*, in: Hartmann/Böttcher/Nissen/Bordewin, EStG, § 9a Rdnr. 10.
[423] *Pflüger*, in: Herrmann/Heuer/Raupach, EStG, § 26b Anm. 29.

Anders jedoch die Regelung des Gesetzgebers in § 9a S. 1 Nr. 2 2. Hs. EStG. Hier ordnet das Gesetz eine Erhöhung des Werbungskosten-Pauschbetrages für Einkünfte aus Kapitalvermögen von Euro 51 auf Euro 102 an (Stand VZ 2002), sofern die Ehegatten zusammen veranlagt werden.[424]

Aus diesem Umstand, daß die Vorschrift bei zusammenveranlagten Eheleuten von einer Erhöhung des Pauschbetrages auf insgesamt Euro 102 spricht, wird entnommen, daß der Pauschbetrag den Ehegatten *gemeinsam* ohne Rücksicht darauf zusteht, ob nur ein oder beide Ehegatten Einkünfte aus Kapitalvermögen erzielt haben.[425] Ebenso kann der gemeinsame Pauschbetrag nach § 9a S. 1 Nr. 2 2. Hs. EStG beliebig zwischen den Ehegatten verteilt werden.[426]

Diese ehegattenbezogene Gewährung des Pauschbetrages im Rahmen der Zusammenveranlagung ist eine Ausnahmevorschrift innerhalb der sonst auch für zusam-

---

[424] *Prinz*, in: Herrmann/Heuer/Raupach, EStG, § 9a Anm. 10 ; *v. Bornhaupt*, in: Kirchhof/Söhn, EStG, § 9 Rdnr. A 18.

[425] BFH v. 17.1.1969 - VI R 224/67, BFHE 95, 222, BStBl. II 1969, 376 ; Abschnitt R 85 Abs. 1 EStR. Aus der Interpretation des gemeinsamen Pauschbetrages heraus wird eine Aufteilung etwa in der Weise, daß ein Ehegatte den halben Pauschbetrag bei seinen Einnahmen aus Kapitalvermögen absetzt und der andere Ehegatte bei seinen Einkünften die ihm tatsächlich entstandenen Werbungskosten geltend macht, für unzulässig gehalten. Nachgewiesene höhere Werbungskosten können deshalb nur dann berücksichtigt werden, wenn sie bei beiden Ehegatten zusammen mehr als Euro 102 betragen. Abschnitt R 85 Abs. 2 S. 2-6 EStR ; BFH v. 17.1.1969 - VI R 224/67, BStBl. II 1969, 376. Anderer Ansicht *Zettel*, DStR 1978, 518, der für diese Auslegung des § 9a S. 1 Nr. 2 2. Hs. EStG keine Stütze im Wortlaut der Vorschrift sieht und die allgemeine Handhabe daher angesichts der durch die Verdoppelung des Pauschbetrages in Einzelfällen auftretenden sachlich nicht gerechtfertigten Benachteiligung zusammenveranlagter Ehegatten gegenüber Einzelpersonen, für verfassungswidrig hält.

Prinz, in: Herrmann/Heuer/Raupach, EStG, § 9a Anm. 35, will die in Einzelfällen auftretenden sachlich ungerechtfertigten Härten bei Zusammenveranlagten entsprechend dem Grundsatz der Individualbesteuerung durch die Gewährung des halben Pauschbetrages für den einen Ehegatten und den Ansatz der nachgewiesenen Werbungskosten für den anderen Ehegatten beseitigen.

[426] Vgl. Abschnitt R 85 Abs. 1 S. 5 EStR. Die so erzielbare Steuerminderung kann beachtlich sein, wenn durch die entsprechende Zuordnung des Werbungskosten-Pauschbetrages die Anwendung des Sparer-Freibetrages nach § 20 Abs. 4 EStG herbeigeführt wird oder durch Zurechnung der Pauschale nur bei einem Ehegatten die Bemessungsgrundlage für den Altersentlastungsbetrag des § 24a EStG beim anderen Ehegatten erhöht werden kann, vgl. *Michels*, Steuerliche Wahlrechte, S. 298 ; *Biergans*, Einkommensteuer und Steuerbilanz, S. 768.

menveranlagte Ehegatten geltenden getrennten Einkünfteermittlung.[427] Eine Sonderbehandlung für zusammenveranlagte Ehegatten auf der Stufe der Einkünfteermittlung ist in der Systematik der Ehegattenbesteuerung aber grundsätzlich nicht vorgesehen.[428] Damit findet zwischen zusammenveranlagten Ehegatten in Durchbrechung des Prinzips der Individualbesteuerung eine Zurechnung von pauschalierten Aufwendungen im Rahmen der Einkünfteermittlung statt.[429]

b.) Gründe für die Abweichung

aa.) Gesetzesbegründung

Die Erhöhung des Pauschbetrages für Einkünfte aus Kapitalvermögen bei zusammenveranlagten Ehegatten nach § 9a S. 1 Nr. 2 2. Hs. EStG wurde im Rahmen der generellen Neuregelung der Ehegattenbesteuerung durch das Steueränderungsgesetz 1958 eingeführt. In der Regierungsbegründung zum Steueränderungsgesetz 1958 heißt es dazu: Um Ehegatten, die nach §§ 26, 26b EStG zusammen zur Einkommensteuer veranlagt werden, nicht schlechter als zwei Ledige mit Kapitaleinkünften zu stellen, wird bei ihnen der Pauschbetrag bei den Einkünften aus Kapitalvermögen von 150 DM auf 300 DM erhöht.[430]

Die Regierungsbegründung zeigt deutlich, daß der Gesetzgeber 1958 noch von dem das System der Haushaltsbesteuerung beherrschenden Gedanken der Einheit der

---

[427] *Pfeifer-Engelbach*, Rechtsfragen der Ehegattenveranlagung, S. 17f ; Schmidt/*Seeger*, EStG, § 26b Rdnr. 7 ; *Schmieszek*, in: Hartmann/Böttcher/Nissen/Bordewin, EStG, § 26b Rdnr. 13.

[428] BFH v. 26.7.1983 - VIII R 160/80, BFHE 139, 69, BStBl. II 1983, 674 m.w.N. ; BFH v. 26.2.1985 - VIII R 125/83, BFHE 143, 269 (271), BStBl. II 1985, 547 (548).

[429] *Gerard*, in: Lademann, EStG, § 26b, Anm. 8.

[430] Regierungsbegründung des Entwurfes dieses Änderungsgesetzes, BT-Drucksache III/260, S. 53.

Zusammenveranlagten ausging.[431] Zu einer Schlechterstellung der Zusammenveranlagten ohne die Verdoppelung kann es nämlich nur kommen, wenn man die Ehegatten im Rahmen der Einkünfteermittlung als Einheit betrachtet und ihnen dementsprechend den Pauschbetrag nur einmal zugesteht. Im System der Individualbesteuerung, in dem die Einkünfteermittlung getrennt erfolgt, steht jedem Steuerpflichtigen egal, ob zusammenveranlagter Ehegatte oder Lediger, ein individueller Freibetrag zu. Zu einer Benachteiligung auch ohne die systemwidrige Verdoppelung kommt es also nicht.

bb.) Gesetzeszweck

Die Pauschalierungen des § 9a EStG dienen der Vereinfachung des Besteuerungsverfahrens.[432] Die individuelle Bearbeitung kleinerer Fälle soll entfallen, um damit auf der Seite der Finanzbehörde der Verwaltungsvereinfachung zu dienen, auf der anderen Seite aber auch dem Steuerpflichtigen eine umständliche Belegsammlung zu ersparen.[433] Mittelbar soll damit der Rechtsfrieden ohne unverhältnismäßige Verletzung des Leistungsfähigkeitsprinzips gefördert werden. Dieser generelle Normzweck ist in Rechtsprechung und Schrifttum allgemein anerkannt.[434]

Mit diesem Vereinfachungsgedanken mag sich zwar die generelle Pauschalierung von Werbungskosten rechtfertigen. Er trägt jedoch nicht zur Rechtfertigung der systemwidrigen Zusammenziehung der Pauschbeträge für Kapitaleinkünfte bei zusammenveranlagten Ehegatten zu einem gemeinsamen erhöhten Pauschbetrag bei.

---

[431] Vgl. zur „Personen- bzw. Einkünfteeinheit der Zusammenveranlagten" Teil 3, 1. Kap., A., I. Die Zusammenveranlagung im Rahmen der Haushaltsbesteuerung.

[432] *Pflüger*, in: Herrmann/Heuer/Raupach, EStG, § 26b Anm. 29.

[433] BFH v. 3.4.1959 - VI 329/57 U, BFHE 68, 575 (577), BStBl. III 1959, 220 ; *Heigl*, Die Typisierung im Steuerrecht, S. 17 ; *Traxel*, Die Freibeträge des Einkommensteuergesetzes, S. 207.

[434] *v. Bornhaupt*, in: Kirchhof/Söhn, EStG, § 9a Rdnr. A 7 ; *Prinz*, in: Herrmann/Heuer/Raupach, EStG, § 9a Anm. 3.

Da die Einkünfte aus Kapitalvermögen für jeden Ehegatten einzeln ermittelt werden, führt der gemeinsame Pauschbetrag zu keiner Vereinfachung.

cc.) Zweckmäßigkeitserwägungen

Von Bornhaupt[435] sieht die Rechtfertigung für die Erhöhung des Werbungskosten-Pauschbetrages für Kapitaleinkünfte bei der Zusammenveranlagung von Ehegatten in Zweckmäßigkeitserwägungen. Damit werde eine Aufteilung des Kapitalvermögens zwischen den Ehegatten vermieden, die nur den Zweck hat, einen zweiten Werbungskosten-Pauschbetrag zu erhalten.
Dies mag zwar richtig sein. Die generelle Gestaltungsfreiheit der Steuerpflichtigen, rein steuersparend begründete Transaktionen vorzunehmen, muß vom Gesetzgeber jedoch innerhalb der Grenzen des § 42 AO akzeptiert werden und darf nicht zu einer Anpassung der Gesetze unter Mißachtung grundlegender allgemeiner Prinzipien führen. Die von *v. Bornhaupt* angeführten Zweckmäßigkeiterwägungen können daher die vorliegende Abweichung von der getrennten Einkünfteermittlung nicht rechtfertigen.[436]

dd.) Begünstigung zusammenveranlagter Ehegatten

Der Bundesfinanzhof sieht den Zweck des erhöhten Werbungskosten-Pauschbetrages nach § 9a S. 1 Nr. 2 2. Hs. EStG und des Sparer-Freibetrages nach § 20 Abs. 4 EStG darin, zusammenveranlagte Ehegatten auch im Bereich der Einkunftsermittlung zu begünstigen.[437] Daher bestehe kein Anlaß, derartige Begünstigungen

---

[435] *v. Bornhaupt*, in: Kirchhof/Söhn, EStG, § 9a Rdnr. B 26.
[436] So auch *Pflüger*, in: Herrmann/Heuer/Raupach, EStG, § 26b Anm. 29.
[437] BFH v. 26.2.1985 - VIII R 125/83, BFHE 143, 269 (271), BStBl. II 1985, 547 (548). So auch *Pfeifer-Engelbach*, Rechtsfragen der Ehegattenveranlagung, S. 18.

einschränkend zu verstehen. Ihr Ausnahmecharakter gebiete es allerdings, Auswirkungen auf die Einkunftsermittlung im übrigen nach Möglichkeit zu vermeiden.[438] Der Bundesfinanzhof scheint die Begünstigung zusammenveranlagter Ehegatten als Rechtfertigung für die Abweichung von der Individualbesteuerung anzusehen. Eine solche systemwidrige Begünstigung kann jedoch keine allgemeingültige Rechtfertigung für solche Abweichungen bei zusammenveranlagten Ehegatten sein. So hebt auch der Bundesfinanzhof den Ausnahmecharakter der Vorschrift hervor und will weiterreichende Auswirkungen vermeiden.

ee.) Aspekte der Vorsorge und Einkommensverwendung

Innerhalb des § 9a EStG drängt sich die Frage auf: Warum berücksichtigt das Gesetz die Zusammenveranlagung nur beim Pauschbetrag für Einnahmen aus Kapitalvermögen (§ 9a S. 1 Nr. 2 EStG) und nicht ebenso beim Arbeitnehmer-Pauschbetrag (§ 9a S. 1 Nr. 1 EStG) und beim Pauschbetrag für wiederkehrende Bezüge (§ 9a S. 1 Nr. 3 EStG)?[439]

Als Vorschrift aus dem Bereich der Einkünfteermittlung betrifft § 9a S. 1 Nr. 2 EStG das Erzielen von Einkünften. Das Anlegen von Kapital hat aber in der Regel zwei Intentionen: Zum einen geht es um das Erzielen von Einnahmen (Zinsen, Dividenden usw.); zum anderen handelt es sich aber auch um eine Form der Einkünfteverwendung. Bereits erzielte Einkünfte werden zum Zwecke der Vorsorge beiseite gelegt, angelegt und investiert. Nun werden zusammenveranlagte Ehegatten hinsichtlich der Einkommensverwendung jedoch als Einheit behandelt,[440] so daß sich der in der Kapitalanlage enthaltene Aspekt der Einkommensverwendungen zum

---

[438] BFH v. 26.2.1985 - VIII R 125/83, BFHE 143, 269, BStBl. II 1985, 547 (548).

[439] Auch *Tipke* kritisiert die unterschiedliche Behandlung der Pauschbetragszurechnung bei Ehegatten aus steuersystematischer Sicht, vgl. StuW 1980, 1 (10).

Zwecke der Vorsorge bei der Berücksichtigung der pauschalierten Werbungskosten für Kapitalerträge durchgesetzt haben könnte und dazu geführt haben könnte, eine Zurechnung der pauschalierten Aufwendungen zwischen den Ehegatten auf der Ebene der Einkunftsermittlung durch Einführung eines gemeinsamen Werbungskosten-Pauschbetrags zuzulassen.

Auch der Gesetzgeber sieht diese zweite Seite des Anlegens von Kapital, wenn er in der Gesetzesbegründung zur Erhöhung des Sparer-Freibetrages schreibt, es seien nunmehr höhere Sparguthaben als früher erforderlich, um die Steuerpflichtigen gegenüber den Wechselfällen des Lebens abzusichern. Zur Erleichterung der eigenverantwortlichen Vorsorge des Bürgers durch Sparen hielt es die Bundesregierung deshalb für gerechtfertigt, die Kapitalerträge aus einem Sockelsparvermögen steuerlich zu schonen.[441]

Fraglich ist, ob dieser bei Einnahmen aus Kapitalvermögen stets vorhandene Vorsorgeaspekt geeignet ist, die systemwidrige Abweichung von der getrennten Einkünfteermittlung zusammenveranlagter Ehegatten zu rechtfertigen.

Teil 2 dieser Arbeit hat gezeigt, daß zusammenveranlagte Eheleute auch in dem heutigen System der Individualbesteuerung eine Gemeinschaft des Erwerbs und Verbrauchs bilden.[442] Die Vorschriften der Zusammenveranlagung tragen dem Rechnung, indem sie die getrennt ermittelten Einkünfte im Anschluß an die Einkunftsermittlung den Ehegatten gemeinsam zurechnen, die Ehegatten im weiteren Verlauf der Einkommensermittlung (Abzug der Vorsorgeaufwendungen u. dergl.) als Einheit behandeln und erst beim zu versteuernden Einkommen eine erneute aber typisierte Individualzurechnung dergestalt vornehmen, daß jeder Ehegatte die Hälfte

---

[440] Vgl. hierzu Teil 2, 2. Kap., B., III., 2., b.), bb.) gemeinsame Zurechnung und Behandlung als ein Steuerpflichtiger.

[441] BT-Drucks. 7/1470, S. 220 ; *Traxel*, Die Freibeträge des Einkommensteuergesetzes, S. 167.

[442] Vgl. Teil 2, 2. Kap., B., II., 1., a.), aa.) Erwerbs- und Verbrauchsgemeinschaft (§ 26b EStG) und III. 2. Zusammenveranlagung nach §§ 26b, 32a Abs. 5 EStG.

der gemeinsamen Einkünfte zu versteuern hat.[443] Hat also jeder Ehegatte am Erwerb und Verbrauch der Ehegattengemeinschaft steuersystematisch zur Hälfte teil, so ist es nur konsequent die Ehegatten hinsichtlich des ersparten Kapitals als Einheit zu behandeln, denn nach dem hier dargestellten System der Zusammenveranlagung steht das Kapital, als „nicht anderweitig verwandtes Einkommen", jedem Ehegatten zur Hälfte zu. Dementsprechend wurde es von den Ehegatten auch versteuert. Wird es jetzt zum Zwecke der Vorsorge erneut investiert, so befindet es sich zwar auf der Ebene der Einkunftsermittlung, so daß die Einkünfte steuersystematisch den Ehegatten getrennt zugerechnet werden müssen. Dennoch handelt es sich aber gleichzeitig um eine Art Einkommensverwendung indem Kapital zum Zwecke der Vorsorge angelegt wird. Dieser Aspekt scheint den Gesetzgeber dazu bewogen zu haben, systematisch verfehlt, aber inhaltlich richtig, eine Zurechnung der pauschalierten Werbungskosten bereits auf der Ebene der Einkunftsermittlung zuzulassen.

2. Sparer-Freibetrag, § 20 Abs. 4 S. 2 EStG

a.) Abweichung von der individuellen Einkünfteermittlung

Der Sparer-Freibetrag ist gemäß § 20 Abs. 4 S. 1 EStG „bei der Ermittlung der Einkünfte aus Kapitalvermögen" abzuziehen. Es handelt sich folglich um eine Vorschrift aus dem Bereich der Einkunftsermittlung. Er beträgt grundsätzlich Euro 1.550 (§ 20 Abs. 4 S. 1 EStG) (Stand VZ 2002). Ehegatten, die zusammen veranlagt werden (§§ 26, 26b EStG), erhalten einen „*gemeinsamen* Sparer-Freibetrag"[444] von Euro 3.100 (§ 20 Abs. 4 S. 2 EStG), auch wenn nur ein Ehegatte Einkünfte aus

---

[443] Vgl. Teil 2, 2. Kap., B., III., 2. Zusammenveranlagung nach §§ 26b, 32a Abs. 5 EStG.

[444] In dem gemeinsamen Sparer-Freibetrag wird keine Zusammenfassung von zwei einzelnen Sparer-Freibeträgen i.S.d. § 20 Abs. 4 S. 1 EStG gesehen, vgl. BFH v. 26.2.1985 - VIII R 125/83, BFHE 143, 269 (271), BStBl. II 1985, 547 (548) ; *Dötsch*, in: Kirchhof/Söhn, EStG, § 20 Rdnr. R 18.

Kapitalvermögen bezogen hat.[445] Haben beide Ehegatten Einkünfte aus Kapitalvermögen erzielt, so wird der gemeinsame Sparer-Freibetrag grundsätzlich bei jedem Ehegatten zur Hälfte abgezogen. Soweit allerdings ein Ehegatte seinen hälftigen Freibetragsanteil mangels ausreichender Einkünfte aus Kapitalvermögen nicht ausnutzen kann, wird dieser Teil bei dem anderen Ehegatten berücksichtigt.[446]
Auch der Sparer-Freibetrag sieht also durch die Möglichkeit der gegenseitigen Zurechnung für zusammenveranlagte Ehegatten eine Abweichung von der getrennten Einkünfteermittlung vor.[447]

b.) Gründe für die Abweichung

aa.) Gesetzesbegründung

Der Sparer-Freibetrag wurde durch das EStRG v. 5.8.1974[448] mit Wirkung ab dem Veranlagungszeitraum 1975 eingeführt. Seine Einführung wurde im Entwurf des Dritten Steuerreformgesetzes damit begründet, daß die Spartätigkeit breiter Bevölkerungsschichten, insbesondere aus kapitalmarkt- sowie gesellschafts- und eigentumspolitischen Gründen, besonders bedeutsam sei.[449] Um die förderungswürdige, eigenverantwortliche Vorsorge der Bürger durch Sparen auch künftig zu erhalten,

---

[445] Der gemeinsame Sparer-Freibetrag wird nach h.M. und Verwaltungsauffassung selbst dann gewährt, wenn nur ein Ehegatte positive Einkünfte aus Kapitalvermögen erzielt hat, der anderen aber einen Verlust aus Kapitalvermögen erwirtschaftet hat. In einem solchen Fall kommt es entsprechend der zeitlichen Reihenfolge innerhalb der Systematik der Einkommensermittlung zur vollen Gewährung des Sparer-Freibetrags und erst anschließendem horizontalen Verlustausgleich zwischen den Ehegatten. Vgl. BFH v. 26.2.1985 - VIII R 125/83, BFHE 143, 269, BStBl. II 1985, 547 ; *Lahann*, DStR 1983, 502 ; *Horlemann*, FR 1983, 220 ; *ders.*, DStR 1983, 678 ; ders., DStR 1986, 183 ; Abschnitt R 156 Abs. 1 S. 3 EStR 1993 ; *Dötsch*, in: Kirchhof/Söhn, EStG, § 20 Rdnr. R 22 ; a.A. *Kessler*, FR 1983, 244 ; *Stuhrmann*, in: Blümich, EStG, § 20 Rdnr. 354.

[446] *Dötsch*, in: Kirchhof/Söhn, EStG, § 20 Rdnr. R 18f.

[447] BFH v. 26.2.1985 - VIII R 125/83, BFHE 143, 269 (271), BStBl. II 1985, 547 (548) ; *Pfeifer-Engelbach*, Rechtsfragen der Ehegattenveranlagung, S. 17f.

[448] BGBl. I 1974, 1769, BStBl. I 1974, 530.

sei es als gerechtfertigt anzusehen, „die Kapitalerträge aus einem bestimmten Sokkel-Sparvermögen steuerlich zu schonen".[450]

1989[451] wurden die Sparer-Freibeträge aus denselben Erwägungen heraus verdoppelt (600 DM/1200 DM). Dabei sollte der allgemeinen Einkommens- und Vermögensentwicklung bei breiten Bevölkerungsschichten Rechnung getragen werden, die zu einer beträchtlichen nominalen Zunahme der Geldvermögen geführt hatte.[452]

Zu einer gravierenden Erhöhung der bisherigen Sparer-Freibeträge um das Zehnfache (6000 DM/12000 DM) kam es 1993 durch das „Zinsabschlaggesetz".[453] Diese Erhöhung der Sparer-Freibeträge bezweckte über die bisherigen Erwägungen hinaus, die Kapitalbildung aus Gründen der Alterssicherung und der sonstigen existenzsichernden Vorsorge anzuregen.[454] Der Gesetzgeber sah in der Kapitalbildung und den damit erzielbaren Erträgen eine zunehmende Bedeutung für die existenzsichernde Vorsorge vor allem im Alter.

---

449 BT-Drucks. 7/1470, S. 220.

450 BT-Drucks. 7/1470, S. 220 ; BT-Drucks. 10/3821, S. 230 (235) ; BFH v. 26.2.1985 - VIII R 125/83, BFHE 143, 269 (272), BStBl. II 1985, 547 (548) ; *Traxel*, Die Freibeträge des Einkommensteuergesetzes, S. 168.

451 Durch das Gesetz zur Änderung des Steuerreformgesetzes 1990 v. 30.6.1989, BGBl. I 1989, 1267 ; BStBl. I 1989, 251, 254.

452 *Dötsch*, in: Kirchhof/Söhn, EStG, § 20 Rdnr. R 1-3.

453 BGBl. I 1992, 1853 ; BStBl. I 1992, 682. Dieses Gesetz war notwendig geworden, nachdem das Bundesverfassungsgericht den Gesetzgeber mit Urteil vom 27.6.1991 verpflichtet hatte, bis zum 1.1.1993 Vorkehrungen zu treffen, wonach Zinseinkünfte künftig nicht nur rechtlich, sondern auch tatsächlich gleich behandelt werden. Dabei sei der Gesetzgeber von Verfassung wegen nicht gehindert, die Besteuerung der Kapitaleinkünfte auf die gesamtwirtschaftlichen Anforderungen an das Kapitalvermögen und die Kapitalerträge auszurichten und entsprechend zu differenzieren. Verfassungsrechtlich sei es auch unbedenklich, die Geldwertabhängigkeit und damit die gesteigerte Inflationsanfälligkeit der Einkunftsart „Kapitalvermögen" bei der Besteuerung zu berücksichtigen. Schließlich könne die Kapitalbildung als Quelle der Altersversorgung oder als sonstige existenzsichernde Versorgungsgrundlage gesondert gewürdigt werden. Mit dem Zinsabschlagsgesetz sollen die gesetzgeberischen Konsequenzen aus dem Urteil gezogen werden. BR-Drucks. 246/92, S. 24.

454 BR-Drucks. 246/92, S. 24.

Die vom Gesetzgeber angeführten „Verschonungsmotive" lassen den Sparer-Freibetrag und seine Verdoppelung bei der Zusammenveranlagung als zusätzlichen Grundfreibetrag erscheinen.[455] Im Gegensatz zum Sparer-Freibetrag ist der Grundfreibetrag jedoch im Bereich des subjektiven Nettoprinzips angesiedelt, da er das Existenzminimum, d.h. die lebensnotwendigen privaten Ausgaben eines jeden Steuerpflichtigen, von der Steuer freistellen soll.[456] Seine Verdoppelung unabhängig von eigenen Einkünften *beider* Ehegatten ist bei der Zusammenveranlagung systematisch richtig, da die Ehegatten hier hinsichtlich ihrer existenzsichernden Aufwendungen als Einheit behandelt werden.[457] Demgegenüber steht der Sparer-Freibetrag, als Einkunftsermittlungsregelungen und Vorschrift aus dem Bereich des objektiven Nettoprinzips, grundsätzlich auch bei der Zusammenveranlagung nur dem Ehegatten zu, der eigene Einkünfte dieser Einkunftsart erzielt hat. Somit scheint auch bei dem Sparer-Freibetrag der Aspekt der Verschonung zum Zwecke der Vorsorge ein Grund für die Abweichung von der Individualbesteuerung zu sein.

bb.) Vermeidung von Nachteilen für zusammenveranlagte Ehegatten

Nach Auffassung des Bundesfinanzhofes[458], der sich durch die Gesetzesmaterialien zum Sparer-Freibetrag bestätigt sieht,[459] gilt der Sinn und Zweck des Sparer-Freibetrages, ein Sockel-Sparvermögen steuerlich zu schonen, um so mehr für den gemeinsamen Sparer-Freibetrag. Denn der Gesetzeszweck der Vorschrift, die steuerliche Schonung, greife auch dann ein, wenn das Sockel-Sparvermögen nur eines Ehegatten begünstigt werde, dann eben in doppelter Höhe. Würde man hier nur den

---

[455] *Pflüger*, in: Herrmann/Heuer/Raupach, EStG, § 26b Anm. 29.
[456] BFH v. 8.6.1990 - III R 14-16/90, BFHE 161, 109 (111), BStBl. II 1990, 969 (972).
[457] Vgl. hierzu bereits Teil 2, 2. Kap., B., III., 2., b.), bb.) gemeinsame Zurechnung und Behandlung als ein Steuerpflichtiger.
[458] BFH v. 26.2.1985 - VIII R 125/83, BFHE 143, 269 (272), BStBl. II 1985, 547 (548).
[459] BT-Drucks. 7/1470, S. 274.

einfachen Sparer-Freibetrag ansetzen, würde den zusammenveranlagten Ehegatten die zugestandene Begünstigung nach Meinung des Bundesfinanzhofes wieder genommen. Der Bundesfinanzhof sieht sich hierin durch die Gesetzesmaterialien bestätigt, nach denen durch die Übertragungsmöglichkeit eine „Benachteiligung der Ehegatten" vermieden werden soll.[460]

Nicht nur der Steuergesetzgeber, sondern auch die Rechtsprechung scheinen von der Einheit zusammenveranlagter Ehegatten hinsichtlich ihrer Einkünfte aus Kapitalvermögen auszugehen. Anders ist es nicht zu erklären, warum der Bundesfinanzhof bei der Gewährung des einfachen Sparer-Freibetrags bei Kapitaleinkünften nur eines Ehegatten davon spricht, man würde den zusammenveranlagten Ehegatten die zugestandene Begünstigung wieder nehmen. Allerdings scheint der Bundesfinanzhof das geltende Prinzip der getrennten Einkunftsermittlung zusammenveranlagter Ehegatten noch im Hinterkopf zu haben, wenn er die Verdoppelung des Sparer-Freibetrags als eine zugestandene *Begünstigung* ansieht und nicht als systematischen „Anspruch" der Zusammenveranlagten.

cc.) Aspekte der Vorsorge und Einkommensverwendung

Sinn und Zweck der Einführung des Sparer-Freibetrags war es, die Kapitalbildung breiter Bevölkerungsschichten aus Gründen der Alterssicherung und der sonstigen existenzsichernden Vorsorge anzuregen, denn der Gesetzgeber sah in der Kapitalbildung und den damit erzielbaren Erträgen eine zunehmende Bedeutung für die existenzsichernde Vorsorge vor allem im Alter.

Damit trägt auch der Sparer-Freibetrag neben der Freistellung erzielter Kapitalerträge, den Aspekt der Einkommensverwendung zum Zweck der Vorsorge in sich. Ebenso wie bei dem Werbungskosten-Pauschbetrag, wollte der Gesetzgeber auch

---

[460] BT-Drucks. 7/1470, S. 274.

beim Sparer-Freibetrag diesem Vorsorgeaspekt Rechnung tragen und hielt es in Abweichung von der getrennten Einkunftsermittlung für sachlich gerechtfertigt, zusammenveranlagten Ehegatten einen gemeinsamen Sparer-Freibetrag zuzugestehen. Der Bundesfinanzhof sieht sogar in der Gewährung eines einfachen Sparer-Freibetrags bei Kapitaleinkünften nur eines Ehegatten eine Benachteiligung der Ehegatten.[461] Auch hieran zeigt sich, daß die gemeinsame Zuständigkeit der Ehegatten für Kapitalerträge auf Grund ihrer Bedeutung für die Existenzvorsorge derart offensichtlich ist, daß ein Unterstellen dieser Tatsache unter das systematische Prinzip der getrennten Einkunftsermittlung, als unvereinbar mit dem Sinn und Zweck der Vorschrift empfunden wird.

3. Freibetrag für die Veräußerung land- und forstwirtschaftlicher Betriebe, §§ 14a Abs.1 Nr.2 S.2, Abs.4 Nr.2 2.Hs., Abs.5 S.2 EStG

a.) Abweichung von der individuellen Einkünfteermittlung

Das Gesetz gewährt für bestimmte Fälle der Veräußerung land- und forstwirtschaftlicher Betriebe Freibeträge nach § 14a EStG. Bei diesen Freibeträgen handelt es sich um sachliche Steuerbefreiungen[462], welche systematisch bei der Ermittlung der Einkünfte berücksichtigt werden.[463] Die Einkünfte aus der Veräußerung bleiben bis zur Höhe des jeweiligen Freibetrages bei den steuerlichen Einkünften aus Land- und Forstwirtschaft unberücksichtigt.[464]

Voraussetzung für die Gewährung der jeweiligen Freibeträge ist das Nichtüberschreiten bestimmter Einkommensgrenzen beim Steuerpflichtigen. Bei nicht dau-

---

[461] BFH v. 26.2.1985 - VIII R 125/83, BFHE 143, 269 (272), BStBl. II 1985, 547 (548).

[462] Entsprechend dem Freibetrag des § 16 Abs. 4 EStG, vgl. BFH v. 16.12.1975 - VIII R 147/71, BFHE 117, 557, BStBl. II 1976, 360 ; *Kleeberg*, in: Kirchhof/Söhn, EStG, § 14a Rdnr. A 3.

[463] Schmidt/*Seeger*, EStG, § 2 Rdnr. 15 ; *ders.*, § 13 Rdnr. 160.

[464] *Gmach*, in: Herrmann/Heuer/Raupach, EStG, § 14a Anm. 62.

ernd getrent lebenden (§ 14a Abs. 1 Nr. 2 S. 2 EStG) oder zusammenveranlagten Ehegatten (§ 14a Abs. 4 und 5 EStG) werden die Freibeträge verdoppelt und das Gesetz stellt auf das gemeinsame Einkommen der Ehegatten ab.
Hinsichtlich der Einkommensgrenzen unterscheiden sich die Freibeträge jedoch untereinander.

aa.) § 14a Abs. 1 S. 1 Nr. 2 EStG

Voraussetzung für die Gewährung des Freibetrages für die Veräußerung des Betriebes als ganzem ist das Nichtüberschreiten bestimmter Einkunftsgrenzen (§ 14a Abs. 1 S. 1 Nr. 2 EStG). So dürfen die nicht land- und forstwirtschaftlichen Einkünfte i.S. des § 2 Abs. 1 Nr. 2-7 EStG in den beiden der Veräußerung vorausgegangenen Veranlagungszeiträumen DM 35.000 nicht überstiegen haben.
Bei nicht dauernd getrennt lebenden Ehegatten verdoppelt sich die freibetragsschädliche Einkunftsgrenze auf DM 70.000 (§ 14a Abs. 1 S. 1 Nr. 2 2. Hs. EStG). Zu ihrer Ermittlung werden die nicht land- und forstwirtschaftlichen Einkünfte i.S.v. § 2 Abs. 2 EStG beider Ehegatten zusammengerechnet. Das Gesetz ordnet also hier eine Zurechnung der *Einkünfte* des einen Ehegatten zu denen des veräußernden Ehegatten an. Das kann für Ehegatten zur Folge haben, daß einem Land- und Forstwirt, dessen eigene nicht land- und forstwirtschaftlichen Einkünfte DM 35.000 nicht übersteigen, der Freibetrag nach Abs. 1 versagt werden muß, weil die Ehefrau so hohe Einkünfte der genannten Art hat, daß die Grenze von DM 70.000 überschritten wird.[465]
Durch diese Zurechnung der Einkünfte des anderen Ehegatten im Rahmen der Ermittlung der Einkunftsgrenzen für die Freibeträge werden die allgemeinen Regeln

---

[465] *Gmach*, in: Herrmann/Heuer/Raupach, EStG, § 14a Anm. 79.

der Individualbesteuerung (§§ 1 Abs. 1 und 2 Abs. 1 EStG) durchbrochen.[466] Wie bereits oben festgestellt, bleiben die Einkünfte des Steuerpflichtigen aus der Veräußerung des Betriebes in Höhe des Freibetrages bei den steuerlichen Einkünften aus Land- und Forstwirtschaft unberücksichtigt. Die Freibeträge wirken also innerhalb der Ermittlung der Einkünfte. Dies hat aber in dem System der Individualbesteuerung für jeden Ehegatten getrennt zu erfolgen. Die Tatsache, daß der Steuerpflichtige verheiratet ist, somit in einer vom Gesetz angenommen Erwerbs- und Verbrauchsgemeinschaft lebt, soll nach der Systematik der Individualbesteuerung im Rahmen der Ermittlung der Einkünfte unberücksichtigt bleiben.

In Abweichung hiervon werden zur Ermittlung des einkünftemindernden Freibetrags „Eigenschaften" – nämlich Einkünfte – des einen Ehegatten zur Bestimmung der Tatbestandsvoraussetzungen des Freibetrages dem anderen Ehegatten zugerechnet. Es findet also von Gesetzes wegen eine Zurechnung von Einkünften des einen Ehegatten bei dem anderen Ehegatten im Rahmen der Ermittlung der Einkünfte statt. Eine solche Zurechnung sieht die Systematik der Ehegattenbesteuerung erst nach Abschluß der getrennten Ermittlung der Einkünfte i.R.d. Summe der Einkünfte bei zusammenveranlagten Ehegatten vor (vgl. § 26b EStG). Es kommt also im Rahmen der Freibetragsregelung § 14a Abs. 1 EStG zu einer Abweichung von den allgemeinen Regeln der getrennten Einkünfteermittlung für Ehegatten.

Diese Abweichung ordnet das Gesetz unabhängig von der zwischen den Ehegatten gewählten Veranlagungsart an, denn Voraussetzung der Einkünftezurechnung ist lediglich das „nicht dauernde Getrenntleben" (§ 14a Abs. 1 S. 1 S. 2 2. Hs EStG), nicht aber – wie bei den bisher untersuchten „Durchbrechungsregelungen" – die Zusammenveranlagung nach §§ 26, 26b EStG.

---

[466] Ebenso *Heuermann*, in: Blümich, EStG, § 26a Rdnr. 13.

bb.) § 14a Abs. 4 und 5 EStG

Auch bei den Freibeträgen für die Veräußerung eines Teils des zum land- und forstwirtschaftlichen Betrieb gehörenden Grund und Bodens zum Zweck der Abfindung weichender Erben (§14a Abs. 4 EStG) oder zur Tilgung von Schulden (§ 14a Abs. 5 EStG) kommt es zu einer Verdoppelung der Einkommensgrenzen für Ehegatten. Voraussetzung hierfür ist, daß die Ehegatten nach §§ 26, 26b EStG zusammen veranlagt werden.[467] Die Höhe des Freibetrages ist hier jedoch nicht, wie in § 14a Abs. 1 EStG, von den *Einkünften* der Ehegatten abhängig, sondern von dem *Einkommen*[468] im Sinne des § 2 Abs. 4 EStG.[469]

Die Tatsache, daß zusammenveranlagte Ehegatten hinsichtlich des Einkommens nach § 26b EStG ohnehin als Einheit behandelt werden, ändert jedoch an der in der Freibetragsregelung enthaltenen Durchbrechung der getrennten Einkünfteermittlung nichts, denn die Durchbrechung der individuellen Einkünfteermittlung liegt allein in der Tatsache, daß es bei dem veräußernden Steuerpflichtigen *im Rahmen* der Bestimmung der Tatbestandsvoraussetzungen *seiner individuellen Einkünfteermittlung* zu einer Zurechnung des Einkommens des anderen Ehegatten kommt. Ob dabei zusammengerechnetes „Einkommen" der Ehegatten i.S.d. § 2 Abs. 4 EStG oder

---

[467] In § 14a Abs. 1 S. 1 Nr. 2 S. 2 EStG reicht bereits das nicht dauernde Getrenntleben der Ehegatten für eine Verdoppelung der Einkunftsgrenzen.

[468] *Gmach*, in: Herrmann/Heuer/Raupach, EStG, § 14a Anm. 185, sieht in der Regelung zur Verdoppelung der Einkommensgrenzen insofern eine Gesetzeslücke, als das Gesetz keine Bestimmung darüber enthalte, ob im Falle der Zusammenveranlagung das Einkommen beider Ehegatten maßgeblich sei, oder nur das Einkommen des veräußernden Ehegatten. Diese „scheinbare Gesetzeslücke" wird jedoch durch die Systematik der Zusammenveranlagung selbst geschlossen. Denn Zusammenveranlagung i.S.v. § 26b EStG bedeutet, daß für die Ehegatten nur ein Gesamtbetrag der Einkünfte (§ 2 Abs. 3 EStG), nur ein Einkommen (§ 2 Abs. 4 EStG) und nur ein zu versteuerndes Einkommen (§ 2 Abs. 5 EStG) gebildet wird; vgl. BFH v. 12.6.1980 - IV R 124/77, BFHE 131, 46 (48), BStBl. II 1980, 645 (647) ; BFH v. 6.10.1982 - I R 121/79, BFHE 136, 533 (535), BStBl. II 1983, 34 (35); Schmidt/*Seeger*, EStG, § 26b Rdnr. 8. Auch *Gmach* schließt diese vermeindliche „Gesetzeslücke" aus dem Sinn und Zweck der Verdoppelung der Einkommensgrenze, da es anderenfalls durch die verdoppelte Einkommensgrenze zu einer sachwidrigen Privilegierung zusammenveranlagter Ehegatten gegenüber anderen Steuerpflichtigen kommen würde.

individuelle „Einkünfte" des anderen Ehegatten zugerechnet werden, ändert an der Tatsache der systemwidrigen Zurechnung auf der Ebene der Einkünfteermittlung selbst nichts.

Die Freibetragsregelungen des § 14a Abs. 1 EStG und der §§ 14a Abs. 4 und 5 EStG weichen damit beide von der getrennten Einkünfteermittlung der Ehegatten ab, da die Höhe des Freibetrags von einer Zurechnung von Tatbestandesmerkmalen des anderen Ehegatten abhängig ist.

b.) Gründe für die Abweichung

aa.) Lenkungsnorm

Durch die Freibetragsregelungen werden insbesondere agrarstrukturpolitische Ziele verfolgt. Der Freibetrag des § 14a Abs. 1 EStG soll bei kleineren land- und forstwirtschaftlichen Betrieben, die auf die Dauer keine ausreichende Existenzgrundlage für den Land- und Forstwirt bilden, einen Anreiz zur Veräußerung bzw. Aufgabe im Interesse einer agrarpolitisch erwünschten Strukturverbesserung geben.[470] Bei § 14a Abs. 1 EStG handelt es sich damit um einen Sozialzweckfreibetrag, der den Strukturwandel in der Landwirtschaft fördern soll.[471]

Auch bei den Freibeträgen des § 14a Abs. 4 und 5 EStG handelt es sich um fehlplazierte[472] Sozialzwecknormen. Die Freibeträge bezwecken als strukturpolitische Maßnahmen[473] die Sicherung land- und forstwirtschaftlicher Betriebe durch eine

---

469 Vgl. §§ 14a Abs. 4 S. 2 Nr. 2 2. Hs., S. 3 und Abs. 5 S. 1 Nr. 2, S. 2 EStG.

470 BT-Drucks. 10/1636, S. 88 ; BT-Drucks. 10/4513 ; BT-Drucks. 11/676 ; *Söffing*, DStZ 1971, 277 ; *Gmach*, Herrmann/Heuer/Raupach, EStG, § 14a Anm. 9 ; Schmidt/*Seeger*, EStG, § 14a Rdnr. 1.

471 BT-Drucks. 10/3821, S. 177 ; *Gmach*, in: Herrmann/Heuer/Raupach, EStG, § 14a Anm. 3 ; Schmidt/*Seeger*, EStG, § 14a Rdnr. 1 ; *Altehoefer/Krebs/Nolte/Roland*, DStZ 1984, 4 (14) ; *Söffing*, FR 1974, 281 ; Schmidt/*Seeger*, EStG, § 14a Rdnr. 1.

472 Vgl. *Tipke*, StuW 1971, 2 (12).

473 BT-Drucks. 8/3854, S. 5.

Erleichterung der Abfindung weichender Erben[474] sowie bei der Tilgung alter Betriebsschulden kleinerer land- und forstwirtschaftlicher Betriebe durch Veräußerung von Grund und Boden.[475]

Ziel der Freibeträge ist es somit, in der Landwirtschaft existenzfähige Betriebe zu schaffen entweder durch Schaffung von Anreizen zur Aufgabe kleiner Betriebe oder durch Veräußerung von Grund und Boden zur Schuldentilgung oder Regelung der Hoferbfolge.

Die Größe des Betriebes hielt der Gesetzgeber jedoch für sich allein nicht in allen Fällen für ausreichend für die Beurteilung, ob der Betrieb als Existenzgrundlage für den Steuerpflichtigen geeignet sei. Die Freibeträge knüpfen daher an das weitere Merkmal der Höhe der nicht aus Land- und Forstwirtschaft stammenden Einkünfte des Steuerpflichtigen oder der Ehegattengemeinschaft an. Durch diese Bestimmungen werden solche Steuerpflichtigen von der Vergünstigung ausgeschlossen, deren land- und forstwirtschaftlichen Betrieb zwar auf Dauer nicht als Existenzgrundlage geeignet ist, die aber über genügend andere Einkünfte verfügen.[476]

Auch hier wird in Durchbrechung des Grundsatzes der Individualbesteuerung im Rahmen der Einkunftsermittlung nicht ausschließlich auf Tatbestandsmerkmale des Steuerpflichtigen selbst abgestellt, sondern bei nicht dauend getrennt lebenden Ehegatten auf die Einkünfte der Ehegattengemeinschaft.

bb.) Aspekte der Vorsorge und Einkommensverwendung

Bei den Freibetragsgrenzen geht es nicht primär um das Erzielen von Einkünften, sondern um Aspekte aus dem Bereich des subjektiven Nettoprinzips, nämlich die

---

474 BT-Drucks. 10/3821, S. 177 ; BFH v. 21.3.1985 - IV R 249/83, BFHE 143, 461 (463), BStBl. II 1985, 614 (615).

475 BT-Drucks. 6/1901, S. 16.

476 *Gmach*, in: Herrmann/Heuer/Raupach, EStG, § 14a Anm. 74.

Frage, ob den Ehegatten eine ausreichende Existenzgrundlage zur Verfügung steht. Die Existenzgrundlage zusammenveranlagter Ehegatten setzt sich aber aus den Einkünften beider Ehegatten zusammen. Dieser Tatsache wird der Gesetzgeber durch die Verdoppelung der Freibetrags-Grenzen bei zusammenveranlagten Ehegatten gerecht. Obwohl man sich systematisch auf der Ebene der Einkunftsermittlung befindet, wird es dem Gesetzeszweck nicht gerecht, die Aspekte des subjektiven Nettoprinzips außer Acht zu lassen. Es hätte dem Gesetzeszweck widersprochen, die Einkünfte des anderen Ehegatten außer Acht zu lassen, denn der Maßstab für die Gewährung des Freibetrags ist das Vorhandensein einer ausreichenden Existenzgrundlage und diese wird nach den Regeln des subjektiven Nettoprinzips bestimmt, besteht also bei nicht dauernd getrennt lebenden Ehegatten nach der Systematik des Gesetzes aus den Einkünften beider Ehegatten zusammen.

Die Freibetragsregelungen des § 14a EStG in bezug auf Ehegatten zeigen erneut, daß der Gesetzgeber von der Erwerbs- und Verbrauchsgemeinschaft zusammenlebender Ehegatten ausgeht. In diesem Sinne stellt er hinsichtlich der Freibetragsgrenzen in Durchbrechung des Grundsatzes der Individualbesteuerung, auf die zusammengerechneten Einkünfte bzw. das Einkommen der Ehegattengemeinschaft ab. Hieran zeigt sich, daß der Gesetzgeber selbst eine Zurechnung einzelner Tatbestandselemente zwischen den Ehegatten auf der Ebene der Einkünfteermittlung, zur Vermeidung von Ergebnissen, die der Tatsache der Ehe nicht gerecht werden, in Durchbrechung des Grundsatzes der Individualbesteuerung zuläßt. Denn in den Augen des Gesetzgebers ist es im Falle der Freibeträge des § 14a EStG nicht sinnvoll, diese aus sozialen Gründen gewährten Steuerbefreiungen auch dann zu gewähren, wenn der soziale Aspekt zwar bei dem veräußernden Steuerpflichtigen, nicht aber auf der Ebene der für den Gesetzgeber maßgeblichen Ehegattengemeinschaft vorliegt.[477]

4. Zusammenfassung

Sämtliche oben dargestellte Ausnahmeregelungen betreffen Vorschriften aus dem Bereich der Einkünfteermittlung. In ihrem Anwendungsbereich kommt es, in Abweichungen von dem allgemeinen Grundsatz der getrennten Einkünfteermittlung, zu einer gegenseitigen Zurechnung von Aufwendungen und Freibeträgen zwischen zusammenveranlagten Ehegatten, wie es auf der Ebene der Einkünfteermittlung grundsätzlich nicht vorgesehen ist.[478] Vielmehr werden die Ehegatten im Bereich der Einkünfteermittlung grundsätzlich wie fremde Dritte behandelt,[479] da § 26b EStG in diesem Bereich für zusammenveranlagte Ehegatten keine Besonderheiten anordnet.

Systematisch sollte es zu einer steuerrechtlich zu berücksichtigenden Einheit der Ehegatten erst im Anschluß an die Einkünfteermittlung, im Rahmen der Zusammenrechnung der Einkünfte nach § 26b EStG kommen. Die oben behandelten Ausnahmevorschriften nehmen jedoch in ihrem Anwendungsbereich die Regelung des § 26b EStG vorweg.

In dieser systemwidrigen Berücksichtigung der Elemente der Zusammenveranlagung im Rahmen der Einkünfteermittlung, liegt die für die dargestellten Ausnahmevorschriften symptomatische Durchbrechung der Individualbesteuerung.

---

[477] *Gmach*, in: Herrmann/Heuer/Raupach, EStG, § 14a Anm. 77.

[478] *Pfeifer-Engelbach*, Rechtsfragen der Ehegattenveranlagung, S. 17f; Schmidt/*Seeger*, EStG, § 26b Rdnr. 7, 10.

[479] BFH v. 26.7.1983 - VIII R 160/80, BFHE 139, 69 (71), BStBl. II 1983, 674 (675).

Es kann also festgehalten werden: Das Einkommensteuerrecht kennt Vorschriften, die eine Durchbrechung der getrennten Einkünfteermittlung im Rahmen der Einkunftsermittlung für zusammenveranlagte Ehegatten zulassen.

II. Versuch der induktiven Ermittlung eines allgemeinen Prinzips

Das positive Recht erschöpft sich in der Regel nicht in Anordnungen und Einzelwertungen, es steht vielmehr vor dem Hintergrund eines „inneren Systems“ von Grundwertungen, welches die Einheit und Folgerichtigkeit der Rechtsordnung gewährleistet. Der Rückgriff auf dieses „innere System“ ermöglicht es in vielen Fällen, neu auftauchende Probleme und Situationen in Einklang mit der Rechtsordnung zu lösen.[480]

Ein solches „neu“ aufgetauchtes Problem des Einkommensteuerrechts, zu dessen Lösung keine ausdrücklichen Regelungen im Einkommensteuergesetz enthalten sind, ist beispielsweise der Ehegatten-Drittaufwand.[481] Die steuerliche Berücksichtigung von Ehegatten-Drittaufwand scheitert nach dem heutigen Stand der Dinge an dem auch zwischen zusammenveranlagten Ehegatten geltenden Grundsatz der getrennten Einkunftsermittlung.[482]

Bestünde die Möglichkeit, die den unter I. erwähnten Ausnahmevorschriften gemeinsame Abweichung von der getrennten Einkünfteermittlung durch partielle Anwendung des Einheitsgedankens des § 26b EStG auf den Drittaufwand zu übertragen, so könnten entsprechend auch Aufwendungen zwischen zusammenveranlagten Ehegatten zugerechnet werden und die Drittaufwandsproblematik wäre für Fallgestaltungen zwischen zusammenveranlagten Ehegatten gelöst. Denn auch beim

---

[480] *Canaris*, Die Feststellung von Lücken im Gesetz, S. 97.
[481] Vgl. Teil 3, 1. Kap. Die Entstehung des Ehegatten-Drittaufwandes.

Drittaufwand geht es um die Durchbrechung der Individualbesteuerung auf der Ebene der Einkunftsermittlung.

Gibt es jetzt – wie oben dargestellt – im Einkommensteuerrecht Vorschriften, welche eine Durchbrechung der Individualbesteuerung im Rahmen der Einkunftsermittlung für zusammenveranlage Ehegatten vorsehen, so stellt sich die Frage, ob das „innere System" des Einkommensteuerrechts auch ein allgemeines Prinzip enthält, nach dem zusammenveranlagte Ehegatten unter bestimmten Voraussetzungen bereits auf der Ebene der Einkunftsermittlung als Einheit behandelt werden können und somit Aufwendungen in Abweichung von der getrennten Einkünfteermittlung zwischen den Ehegatten zugerechnet werden können.

Im folgenden soll untersucht werden, ob sich ein solches allgemeines Prinzip im Wege einer „Gesamtanalogie" zu den oben untersuchten Vorschriften entwickeln läßt.[483]

Voraussetzung für die Gewinnung eines solchen allgemeingültigen Prinzips ist es jedoch, daß die gemeinsame „ratio legis" der herangezogenen Einzelbestimmungen nicht nur in den geregelten Einzelfällen zutrifft, sondern bereits immer dann, wenn bestimmte, in allgemeiner Weise angebbare Voraussetzungen vorliegen. Mit anderen Worten: Es darf sich bei den untersuchten Vorschriften nicht nur um eine Reihe von Sondertatbeständen handeln, um als Grundlage eines allgemeinen Prinzips zu dienen.[484]

---

[482] Siehe dazu Teil 3, 1. Kap., B. Konsequenzen für den Drittaufwand.
[483] *Larenz*, Methodenlehre der Rechtswissenschaft, S. 202 (204ff). *Larenz* faßt die Methode der Gewinnung eines allgemeinen Prinzips aus dem positiven Recht unter dem Begriff „*Gesamtanalogie*" zusammen. *Canaris*, Die Feststellung von Lücken im Gesetz, S. 97ff. hingegen bezeichnet sie als „*Induktion*" zusammen, da von dem Besonderen auf das Allgemeines geschlossen wird.
[484] *Canaris*, Die Feststellung von Lücken im Gesetz, S. 99.

1. Gemeinsame „ratio legis“ der untersuchten Vorschriften

Ein gemeinsamer Gedanke, eine sog. „ratio legis“, welcher die den untersuchten Vorschriften gemeinsame Abweichung vom Grundsatz der getrennten Einkunftsermittlung, für alle untersuchten Regelungen einheitlich im Sinne allgemeiner Voraussetzungen begründen kann, läßt sich nur schwer erkennen.[485] Es fällt jedoch auf, daß eine Durchbrechung der getrennten Einkünfteermittlung für zusammenveranlagte Ehegatten primär im Bereich der Kapitaleinkünfte zu finden ist, bei dem Werbungskosten-Pauschbetrag und dem Sparer-Freibetrag. Zur Begründung der beiden Regelungen führt der Gesetzgeber an, die Kapitalerträge aus einem bestimmten Sockelsparvermögen steuerlich schonen zu wollen, um so die Kapitalbildung aus Gründen der Alterssicherung und der existenzsichernden Vorsorge anzuregen.[486] Die Förderung der Kapitalbildung zur Alterssicherung und existenziellen Vorsorge sind aber Ziele des Gesetzgebers, welche im Rahmen der Ermittlung der Einkünfte systematisch grundsätzlich noch keine Rolle spielen, denn die Einkünfteermittlung dient allein dem Ziel, die Einkünfte jedes Ehegatten nach Maßgabe des objektiven Nettoprinzips festzustellen, d.h. die Erwerbsaufwendungen von den Einnahmen abzuziehen.[487] Erst im Bereich der sog. Einkommensverwendung wird das Einkommen im Sinne des subjektiven Nettoprinzips um solche Aufwendungen reduziert, welche der existenzsichernden Vorsorge dienen.[488] Nichts anderes, als das Einkommen aus Gründen der existenzsichernden Vorsorge zu schonen, tut der Gesetzgeber aber auch, wenn er grundsätzlich steuerbare Kapitaleinkünfte durch Gewäh-

---

[485] Gleicher Ansicht *Pflüger*, in: Herrmann/Heuer/Raupach, EStG, § 26b Anm. 29.
[486] Vgl. BT-Drucks. III/260, S. 52f (Werbungskosten-Pauschbetrag für Einkünfte aus Kapitalvermögen). Ebenso zum Sparer-Freibetrag, BT-Drucks. 7/1470, S. 220; BT-Drucks. 10/3821, S. 230 (235) ; BR-Drucks. 246/92, S. 24.
[487] Vgl. Teil 2, 2. Kap., A., II., 1. Objektives Nettoprinzip.
[488] Vgl. Teil 2, 2. Kap., A., II., 2. Subjektives Nettoprinzip.

rung eines Sparer-Freibetrags oder Werbungskosten-Pauschbetrags im Rahmen der Einkunftsermittlung steuerfrei stellt.

Ein gemeinsamer Grund für die Abweichung vom Grundsatz der getrennten Einkunftsermittlung könnte es also sein, Aspekte des subjektiven Nettoprinzips, der sog. Einkommensverwendung, bereits auf der Ebene der Einkunftsermittlung relevant werden zu lassen, sei es, daß ein Teil der Kapitaleinkünfte nach der Intention des Gesetzgebers zum Zwecke der Existenzsicherung und Vorsorge im Alter steuerlich verschont bleiben soll, sei es, daß die Freibetragsgrenzen bei der Veräußerung bestimmter land- und forstwirtschaftlicher Betriebe nur zur Anwendung kommen sollen, wenn den Ehegatten *zusammen* keine ausreichenden Einkünfte zum Leben und damit im Bereich der existenzsichernden Einkommensverwendungen zur Verfügung stehen. In sämtlichen untersuchten Vorschriften spielen also Aspekte des subjektiven Nettoprinzips bereits auf der Ebene der Einkunftsermittlung eine Rolle. Dieses Relevantwerden von Aspekten der gemeinsamen Einkommensverwendung im Bereich des objektiven Nettoprinzips und die damit einhergehende inhaltliche Vermischung der Prinzipien des objektiven und subjektiven Nettoprinzips hat bei der Besteuerung von Einzelpersonen grundsätzlich keine Auswirkungen, führt aber bei zusammenveranlagten Ehegatten zu dem Problem, daß bei ihnen die Einkunftsermittlung und die Einkunftsverwendung von zwei unterschiedlichen Besteuerungskonzeptionen geprägt sind. So werden zusammenveranlagte Ehegatten auf der Ebene der Einkunftsermittlung als voneinander unabhängige Einzelpersonen behandelt, auf der Ebene der Einkommensverwendung werden die getrennt ermittelten Einkünfte dann jedoch zusammengerechnet und die Ehegatten im folgenden als ein Steuerpflichtiger behandelt (§ 26b EStG). Mit der Berücksichtigung von Aspekten der Einkommensverwendung in Bereich der Einkunftsermittlung treffen also auch zwei unterschiedliche Besteuerungskonzepte, die beide in dem System der heutigen Zusammenveranlagung verwirklicht sind, aufeinander, die Individualbesteuerung auf der Ebene der Einkunftsermittlung (objektives Nettoprinzip) und das Prinzip der „ehelichen Wirtschaftsgemeinschaft“[489] auf der Ebene der Einkommensverwendung (subjektives Nettoprinzip).[490]

Mit Blick auf den jeweils „subjektiven“ Normzweck der untersuchten Vorschriften, schien es der Gesetzgeber in solchen Fällen als gerechtfertigt anzusehen, den Grundsatz der getrennten Einkunftsermittlung im Interesse einer größtmöglichen Verwirklichung seines Normziels hinten anstehen zu lassen.

Das Auftauchen eines Aspektes des subjektiven Nettoprinzips auf der Ebene der Einkunftsermittlung verhilft also dem Besteuerungskonzept des subjektiven Nettoprinzips auch auf objektiver Ebene zu Durchbruch.

2. Sondervorschriften oder allgemeines Prinzip ?

Geht man im Sinne der oben entwickelten Argumentation davon aus, den untersuchten Vorschriften sei der gemeinsame Gedanken zu entnehmen, eine Durchbrechung der getrennten Einkünfteermittlung sei bei zusammenveranlagten Ehegatten immer dann vorzunehmen, wenn Aspekte des subjektiven Nettoprinzips innerhalb einer Vorschrift des objektiven Nettoprinzips relevant werden, so ist in einem zweiten Schritt zu untersuchen, ob dieser Gedanke nur in den untersuchten Einzelfällen zutrifft, oder ob alle Fälle, in denen Aspekte der Einkommensverwendung im Bereich der Einkunftsermittlung relevant werden, eine solche Durchbrechung der Individualbesteuerung vorsehen.

Die Tatsache, daß es sich bei allen untersuchten Vorschriften um Freibetrags- oder Pauschbetragsregelungen handelt, also um Vorschriften, die per se eher eine Aus-

---

489 Vgl. Fn. 35.

490 *Pflüger*, in: Herrmann/Heuer/Raupach, EStG, § 26b Anm. 4.

nahme vom allgemeinen System als ein allgemeines Prinzip darstellen,[491] spricht bereits gegen die Annahme, aus dem oben entwickelten Gedanken ließe sich ein allgemeines Prinzip herleiten.

In bezug auf den Werbungskosten-Pauschbetrag und den Sparer-Freibetrag macht der BFH den Ausnahmecharakter der Vorschriften nocheinmal deutlich, wenn er davon spricht, „ihr Ausnahmecharakter gebiete es allerdings, Auswirkungen auf die Einkunftsermittlung im übrigen nach Möglichkeit zu vermeiden“[492].

§ 9a S. 1 Nr. 2 2. Hs. EStG sieht eine einkunftsunabhängige gegenseitige Zurechnung von Werbungskosten zwischen zusammenveranlagten Ehegatten nur im Falle der Geltendmachung pauschalierter Werbungskosten vor. Wollen die Ehegatten höhere tatsächlich angefallene Werbungskosten ansetzen, so enthält das Gesetz diesbezüglich keine Regelung, welche es den Ehegatten erlaubt, in Abweichung der Individualbesteuerung die Werbungskosten untereinander zuzurechnen.[493] Vielmehr kann in diesem Fall nur jeder Ehegatten für sich, die von ihm verausgabten Werbungskosten von seinen eigenen Einkünften aus Kapitalvermögen abziehen. An der unterschiedlichen Behandlung pauschalierter und tatsächlich angefallender Werbungskosten zeigt sich bereits, daß es sich bei § 9a S. 1 Nr. 2 2. Hs. EStG um eine Ausnahmevorschrift handelt.

Hinzu kommt, daß es sich bei den Vorschriften zusätzlich teilweise um Lenkungsnormen handelt. Hinsichtlich der Freibeträge aus Land- und Forstwirtschaft haben bereits die Gesetzesmaterialien gezeigt, daß es sich um steuerpolitische Lenkungsnormen handelt, mit welchen agrarstrukturpolitische Ziele verfolgen werden sol-

---

[491] *Pflüger*, in: Herrmann/Heuer/Raupach, EStG, § 26b Anm. 29 ; Schmidt/*Seeger*, EStG, § 26b Rdnr. 7.

[492] BFH v. 26.2.1985 - VII R 125/83, BFHE 143, 269 (271), BStBl. II 1985, 547 (548).

[493] Schmidt/*Drenseck*, EStG, § 9a Rdnr. 4 ; *Prinz*, in: Herrmann/Heuer/Raupach, EStG, § 9a Rdnr. 35.

len.[494] Daß Sondervorschriften nicht verallgemeinert werden dürfen oder gar als Grundlage für die Bildung eines neuen allgemeinen Rechtsprinzips dienen können, liegt auf der Hand.[495] Aus den dargestellten Sondervorschriften kann demzufolge bereits aus diesem Grund keine allgemeingültige Regel abgeleitet werden, mit der eine Abziehbarkeit des Ehegatten-Drittaufwandes zu rechtfertigen wäre.
Es kann lediglich festgehalten werden, daß der Grundsatz der Individualbesteuerung Ausnahmen von der getrennten Einkünfteermittlung bei zusammenveranlagten Ehegatten zuläßt.

III. Zusammenfassung

Der Individualbesteuerung beherrscht die Einkünfteermittlung zusammenveranlagter Ehegatten nicht ausnahmslos.[496] Das Gesetz selbst sieht Ausnahmen für zusammenveranlagte Ehegatten vor.[497] Die dargestellten Ausnahmen vom Grundsatz der getrennten Einkünfteermittlung für zusammenveranlagte Ehegatten erlauben zwar wegen ihres Charakters als Sondervorschriften bereits vom Grundsatz her keine Übertragung auf den Drittaufwand, sie zeigen aber, daß das Prinzip der getrennten Einkünfteermittlung zwischen zusammenveranlagten Ehegatten nicht uneingeschränkt gelten muß.

---

[494] Vgl. Teil 3, 2. Kap., A., II., 3., b.), aa.) Lenkungsnorm.
[495] BFH v. 26.2.1985 - VIII R 125/83, BFHE 143, 269 (271), BStBl. II 1985, 547 (548) ; *Pfeifer-Engelbach*, Rechtsfragen der Ehegattenveranlagung, S. 17 ; *Pflüger*, in: Herrmann/Heuer/Raupach, EStG, § 26b Anm. 29.
[496] Schmidt/*Seeger*, EStG, § 26b Rdnr. 7 ; *Pflüger*, in: Herrmann/Heuer/Raupach, EStG, § 26b Anm. 29.
[497] Vgl. Teil 3, 2. Kap., A., I. Vorhandene Abweichungen von der Individualbesteuerung im Rahmen der Einkünfteermittlung.

B. Auswirkungen der typisierten Leistungsfähigkeitsermittlung zusammenveranlagter Ehegatten auf den Drittaufwand

Die steuerliche Berücksichtigung von echtem Ehegatten-Drittaufwand wird bis heute primär mit dem Argument verneint, es handele sich um eine so gravierende Durchbrechung der getrennten, subjektbezogenen Einkünfteermittlung, daß sie nur auf Grund einer ausdrücklichen, gesetzlichen Bestimmung möglich wäre. Eine solche gesetzliche Bestimmung, welche es zusammenveranlagten Ehegatten erlaubt, Ausgaben des einen Ehegatten auf der Ebene der Einkünfteermittlung dem einkünfteerzielenden Ehegatten zuzurechnen, existiert nach überwiegender Auffassung nicht.[498] Vor dem Hintergrund des allgemeinen Leistungsfähigkeitsprinzips sei die unmittelbare wirtschaftliche Belastung des einkünfteerzielenden Ehegatten auch bei der Zusammenveranlagung vielmehr notwendige Voraussetzung für die steuerliche Berücksichtigung von Aufwendungen,[499] denn im Sinne des Leistungsfähigkeitsprinzips seien Aufwendungen gerade wegen ihrer einkünftemindernden und damit gleichzeitig leistungsfähigkeitsmindernden Wirkung beim Steuerpflichtigen abziehbar.[500]

Diese Grundsätze gelten uneingeschränkt für die Einzelveranlagung. Es fragt sich jedoch, ob an die Einkünfteermittlung nicht in den Fällen der Zusammenveranlagung andere Maßstäbe anzulegen sind. So könnten die Vorgaben des Leistungsfähigkeitsprinzips in Anbetracht der auf der Stufe der Einkommensverwendung durch

---

[498] Auch der BFH hat in seinen neusten Entscheidungen zum Ehegatten-Drittaufwand keine Möglichkeit gesehen, eine solche – in seinen Augen wohl durchaus wünschenswerte – Zurechnung zwischen den Ehegatten ohne ein Tätigwerden des Gesetzgebers zu ermöglichen, vgl. BFH v. 23.8.1999 - GrS 2/97, BFHE 189, 160 (166, 170), BStBl. II 1999, 782 (785), DStR 1999, 1649 (1651).

[499] Vgl. Teil 2, 2. Kap., A., I. Allgemeines Leistungsfähigkeitsprinzip ; a.A. nur die Vertreter des sachlichen Veranlassungsprinzips.

die Regeln der Zusammenveranlagung (§§ 26b, 32a Abs. 5 EStG) zwischen den Ehegatten typisierten Erwerbs- und Verbrauchsgemeinschaft zu einer gegenüber den Fällen der Einzelveranlagung abweichenden Beurteilung der Abziehbarkeit von Ehegatten-Drittaufwand führen.

Im folgenden soll untersucht werden, ob die Vorgaben der individuellen Leistungsfähigkeitsermittlung an die Einkünfteermittlung auch bei der Zusammenveranlagung tatsächlich so zwingend sind wie von der h.M. angenommen, oder ob nicht vielmehr die Regeln der Zusammenveranlagung bereits auf der Ebene der Einkünfteermittlung dazu führen, andere Akzente zu setzen und so zu einer systemgerechten Abziehbarkeit des Ehegatten-Drittaufwandes kommen zu können, ohne den Gesetzgeber bemühen zu müssen.

I. Grenzen der unmittelbaren Anwendung des Grundsatzes der Individualbesteuerung

Das allgemeine Leistungsfähigkeitsprinzip wurde als Grundprinzip der Besteuerung in Teil 2 dieser Arbeit dargestellt.[501] Danach muß die Steuerbelastung an der wirtschaftlichen Leistungsfähigkeit des einzelnen Steuerpflichtigen ausgerichtet werden. Indikator der wirtschaftlichen Leistungsfähigkeit ist die Einkommensteuerbemessungsgrundlage, das „zu versteuernde Einkommen" i.S.d. § 2 Abs. 5 EStG, denn sie ist Ansatzpunkt für den Steuertarif und damit maßgeblich für die steuerliche Belastung. Das allgemeine Leistungsfähigkeitsprinzip legt also das Ziel der Einkommensermittlung, die Einkommensteuerbemessungsgrundlage fest. Über den Weg der Einkommensermittlung selbst macht es keine direkten Aussagen; das ist ein

[500] BFH v. 23.8.1999 - GrS 2/97, BFHE 189, 160 (166), BStBl. II 1999, 782 (785), DStR 1999, 1649 (1651).

Grund warum es von vielen als zu unbestimmt kritisert wird. Die Vorgaben des allgemeinen Leistungsfähigkeitsprinzips beschränken sich vielmehr auf die Einkommensteuerbemessungsgrundlage, als Grundlage der Besteuerung.[502]
Darüber hinaus bedarf aber auch sein Aussagegehalt für die Einkommensteuerbemessungsgrundlage der Konkretisierung. So wird das allgemeine Leistungsfähigkeitsprinzip in Hinblick auf das Zuordnungssubjekt der wirtschaftlichen Leistungsfähigkeit, konkretisiert durch den Grundsatz der Individualbesteuerung.[503] Maßgeblich für die Besteuerung im Sinne des Leistungsfähgkeitsprinzips ist danach die wirtschaftliche Leistungsfähigkeit des einzelnen Steuerpflichtigen, nicht die der Ehegattengemeinschaft.[504] Der Grundsatz der Individualbesteuerung bezieht also die Einkommensteuerbemessungsgrundlage auf die einzelne natürliche Person und verselbständigt damit einen wesentlichen Teil dieses Grundprinzips.
Als Konkretisierung des allgemeinen Leistungsfähigkeitsprinzips kann jedoch sein Anwendungsbereich nicht über den des Grundprinzips hinausgehen, da eine Konkretisierung nicht mehr fordern darf, als das Grundprinzip verlangt. Daraus ergibt sich, daß auch der Grundsatz der Individualbesteuerung unmittelbar nur im Bereich der Bemessungsgrundlage Anwendung findet. Nur sie muß zwingend im Sinne des allgemeinen Leistungsfähigkeitsprinzips auf den einzelnen Steuerpflichtigen bezogen sein.[505]

---

[501] Vgl. Teil 2, 2. Kap., A., I. Allgemeines Leistungsfähigkeitsprinzip.
[502] *Lang*, in: Tipke/Lang, Steuerrecht, § 4 Rz. 92, § 7 Rz. 31 ; *Tipke*, Die Steuerrechtsordnung, Bd. I, S. 560.
[503] Vgl. zum Grundsatz der Individualbesteuerung oben Teil 2, 2. Kap., A., III. Grundsatz der Individualbesteuerung.
[504] Die verfassungsgwidrige Regelung des § 26 EStG 1951 unterwarf die Ehegattengemeinschaft dem progressiven Steuertarif und führe damit zu einer ungerechtfertigten Mehrbelastung derselben, vgl. hierzu Teil 2, 1. Kap., B., II., 2. Verfassungswidrigkeit.

1. Bestätigung der Grenzen durch das Bundesverfassungsgericht

Die Beschränkung des unmittelbaren Anwendungsbereiches des Grundsatzes der Individualbesteuerung auf die Bemessungsgrundlage wird bestätigt durch die Feststellung des Bundesverfassungsgerichtes von 1982, daß das Splitting-Verfahren mit der Besteuerung nach der Leistungsfähigkeit übereinstimmt.[506] Steht danach die Zusammenrechnung und anschließende gleichmäßige Aufteilung der Einkünfte der Ehegatten in der Bemessungsgrundlage (= das Splitting-Verfahren) in Einklang mit der Besteuerung nach der Leistungsfähigkeit, so muß sie, wie oben[507] dargelegt, auch in Einklang mit seiner Konkretisierung, dem Grundsatz der Individualbesteuerung stehen. Das wäre aber nicht der Fall, wenn der Grundsatz der Individualbesteuerung bereits vor der Bemessungsgrundlage auf jeder Stufe der Einkommensermittlung einen, auf den einzelnen Steuerpflichtigen bezogenen, Ausweis steuerlicher Leistungsfähigkeit verlangt.

Der unmittelbare Anwendungsbereich des Grundsatzes der Individualbesteuerung in dem Sinne, daß ein Ausweis der auf die einzelne natürliche Person bezogenen steuerlichen Leistungsfähigkeit erfolgen muß, ist also auch aus diesem Grunde auf die Einkommensteuerbemessungsgrundlage als Ansatzpunkt der Besteuerung beschränkt. Das heißt jedoch nicht, daß von ihm keine Ausstrahlungswirkung auf den Bereich der Einkommensermittlung ausgehen kann. Vielmehr führen die Anforderungen an das Ergebnis des Einkommensermittlungsvorganges zu erhebliche Konsequenzen für den Vorgang selbst. Fest steht lediglich, daß die Forderung des Grundsatzes der Individualbesteuerung, die wirtschaftliche Leistungsfähigkeit des

---

[505] *Lang*, in: Tipke/Lang, Steuerrecht, § 9 Rz. 22 ; *Lang*, Die Bemessungsgrundlage der Einkommensteuer, S. 625 ; *Becker*, Der „Grundsatz der Individualbesteuerung" im deutschen Einkommensteuerrecht, S. 21ff.

[506] BVerfGE v. 3.11.1982 - 1 BvR 620/78, 1335/78, 1104/79, 363/80, BVerfGE 61, 319 (345).

[507] Teil 3, 2. Kap., B., I. Grenzen der unmittelbaren Anwendung des Grundsatzes der Individualbesteuerung.

einzelnen Steuerpflichtigen auszuweisen, erst im Rahmen der Bemessungsgrundlage zwingend ist.

2. Fehlende Abgrenzung durch BFH und Literatur

In den Entscheidungen des Bundesfinanzhofes und der Literatur[508] wird meines Erachtens zum Teil nicht hinreichend differenziert zwischen dem direkten Anwendungsbereich des Grundsatzes der Individualbesteuerung und seiner von der Bemessungsgrundlage ausgehenden Ausstrahlungswirkung auf den Vorgang der Ermittlung des zu versteuernden Einkommens, die im folgenden näher untersucht werden soll. Dadurch gehen Rechtsprechung und Literatur wie selbstverständlich davon aus, der Grundsatz der Individualbesteuerung komme unmittelbar im Bereich der Einkünfteermittlung zur Anwendung und fordere zwingend die persönliche Verwirklichung sämtlicher Tatbestandsmerkmale des Erwerbsaufwendungstatbestandes in der Person des einkünfteerzielenden Ehegatten. Genau diese Forderung ist es aber, welche den Weg zu einer Berücksichtigung von Drittaufwendungen versperrt.

---

[508] BFH v. 26.7.1983 - VIII R 160/80, BFHE 139, 69 (71), BStBl. II 1983, 674 ; BFH v. 6.7.1989 - IV R 116/87, BFHE 157, 202 (204), BStBl. II 1989, 787 ; BFH v. 23.11.1995 - IV R 50/94, BFHE 179, 303 (306), BStBl. II 1996, 193 (195) „Für die Ermittlung der Einkünfte der Ehegatten gelten keine Besonderheiten." ; *Giloy*, in: Dankmeyer/Giloy, EStG, § 26b Rdnr. 9 ; Schmidt/*Seeger*, EStG, § 26b Rdnr. 2.

II. Die unterschiedlichen Auswirkungen des Grundsatzes der Individualbesteuerung bei der Einzel- und Zusammenveranlagung

1. Die Auswirkungen des Grundsatzes der Individualbesteuerung im Falle der Einzelveranlagung

a.) Die Ausstrahlungswirkung des Grundsatzes der Individualbesteuerung

Muß das Ergebnis der Ermittlung des zu versteuernden Einkommens die wirtschaftliche Leistungsfähigkeit des einzelnen Steuerpflichtigen ausweisen, so hat diese Vorgabe des Grundsatzes der Individualbesteuerung bei der Einzelveranlagung auch Auswirkungen auf den Vorgang der Einkommensermittlung selbst. Ein auf den einzelnen Steuerpflichtigen bezogener Ausweis seiner Leistungsfähigkeit ist nämlich im Rahmen der Einzelveranlagung in der Bemessungsgrundlage nur möglich, wenn bereits der gesamte Vorgang der Einkommensermittlung auf die Ermittlung seiner individuellen Leistungsfähigkeit ausgerichtet ist. Insofern entfaltet der Grundsatz der Individualbesteuerung bei der Einzelveranlagung eine Ausstrahlungswirkung auf den gesamten Bereich der Einkommensermittlung, indem er eine individuelle Verwirklichung der leistungsfähigkeitsrelevanten Faktoren der Einkommensermittlung für die Bemessungsgrundlage voraussetzt.

Diese für die Einzelveranlagung notwendige persönliche Verwirklichung der für die Leistungsfähigkeit relevanten Tatbestände durch den einzelnen Steuerpflichtigen ist zum Teil im Gesetz ausdrücklich niedergelegt, so beispielsweise in § 2 Abs. 1 EStG in dem Tatbestandsmerkmal des „Erzielens" für die Einkünfte.[509] Schreibt das Gesetz eine solche persönliche Verwirklichung in den Einkommensermittlungstatbeständen nicht vor, so muß sie dennoch – wie gezeigt – über die Ausstrahlungswir-

---

[509] *Lang*, in: Tipke/Lang, Steuerrecht, § 7 Rz. 29.

kung des Grundsatzes der Individualbesteuerung aus der Bemessungsgrundlage heraus erfolgen, um eine Systemgerechtigkeit des Einkommensermittlungsvorganges für die Bemessungsgrundlage herzustellen, denn die im Rahmen der Einkommensermittlung beim einzelnen Steuerpflichtigen einmal erfolgte Verwirklichung von steuerbaren Einkünften und erwerbs- bzw. existenzsichernden Aufwendungen bleibt bei der Einzelveranlagung für die Bemessungsgrundlage erhalten, da keine von den allgemeinen Regeln abweichenden Zurechnungsnormen für die Einzelveranlagung existieren.

Somit ist die Leistungsfähigkeitsermittlung bei der Einzelveranlagung auf jeder Stufe der Einkommensermittlung i.S.d. § 2 EStG in Hinblick auf das Zuordnungssubjekt endgültig und muß als Folge der Ausstrahlungswirkung des Grundsatzes der Individualbesteuerung bereits auf den einzelnen Steuerpflichtigen bezogen sein.

b.) Der individuell ermittelte Leistungsfähgkeitsausweis in der Bemessungsgrundlage

Folge der im Sinne der Ausstrahlungswirkung des Grundsatzes der Individualbesteuerung vorgenommenen individuellen Einkommensermittlung bei der Einzelveranlagung ist eine *individuell ermittelte* Bemessungsgrundlage, welche die sich aus den Einkünfte- und Aufwendungstatbeständen des Einkommensteuerrechtes ergebende Leistungsfähigkeit des einzelnen Steuerpflichtigen dokumentiert.

2. Die Auswirkungen des Grundsatzes der Individualbesteuerung im Falle der Zusammenveranlagung

a.) Der ehegattenabhängige, gesetzlich „verordnete“, „individuelle“ Leistungsfähigkeitsausweis in der Bemessungsgrundlage

In Anbetracht der die Individualzurechnung der Einkünfteermittlung auflösenden Vorschrift des § 26b EStG und der zur Herstellung der Systemgerechtigkeit der Bemessungsgrundlage vorgenommenen erneuten, typisierten Individualzurechnung nach § 32a Abs. 5 EStG kann bei der Zusammenveranlagung von keiner streng auf den einzelnen Steuerpflichtigen bezogenen Leistungsfähigkeits*ermittlung* mehr die Rede sein. Vielmehr findet hier eine an den Vorstellungen des Gesetzgebers von der Ehe als Erwerbs- und Verbrauchsgemeinschaft orientierte, typisierte Leistungsfähigkeitsermittlung statt, bei der jedem Ehegatten im Ergebnis faktisch die Hälfte der gemeinsamen Leistungsfähigkeit der Ehegattengemeinschaft individuell zugerechnet wird.[510] Dabei ist die Bemessungsgrundlage eines zusammenveranlagten Steuerpflichtigen auf Grund der Zurechnungsregeln der Zusammenveranlagung, §§ 26b, 32a Abs. 5 EStG, immer abhängig von der Bemessungsgrundlage seines Ehepartners und kann auch nur in Zusammenspiel mit der Leistungsfähigkeit des anderen Ehegatten ermittelt werden.[511] Folglich weist die Einkommensteuerbemessungsgrundlage zusammenveranlagter Steuerpflichtiger keine der Einzelveranlagung vergleichbare, individuell ermittelte Leistungsfähigkeit aus, sondern eine in Anhängigkeit vom anderen Ehegatten gesetzlich typisierte, individuell zugerechnete Leistungsfähigkeit des einzelnen Steuerpflichtigen.

---

[510] Vgl. BFH v. 22.1.1996 - VI R 77/95, DStRE 134 (136). Siehe hierzu Teil 2, 2. Kap., B., II., 1., a.) Der Transfer steuerlicher Leistungsfähigkeit zwischen Ehegatten.

b.) Keine Ausstrahlungswirkung des Grundsatzes der Individualbesteuerung

Die Einkommensteuerbemessungsgrundlage muß auch bei der Zusammenveranlagung entsprechend dem Grundsatz der Individualbesteuerung die individuelle Leistungsfähigkeit des einzelnen Ehegatten ausweisen.[512]

Die von der Individualbesteuerung der Bemessungsgrundlage ausgehenden Konsequenzen für den Vorgang der Ermittlung des zu versteuernden Einkommens unterscheiden sich jedoch bei der Zusammenveranlagung maßgeblich von denen der Einzelveranlagung. So entfaltet der Grundsatz der Individualbesteuerung bei der Zusammenveranlagung keine Ausstrahlungswirkung im Sinne der Einzelveranlagung auf den Vorgang der Einkommensermittlung, da das Gesetz in den §§ 26b, 32a Abs. 5 EStG für zusammenveranlagte Ehegatten eigene, spezielle Regeln für die Ermittlung und Zurechnung der individuellen Leistungsfähigkeit des einzelnen Ehegatten aufstellt.[513] Diese speziellen Zurechnungnormen der Zusammenveranlagung kommen zwar erst im Anschluß an die Einkünfteermittlung zum Tragen, lösen aber die bis dahin nach den allgemeinen Regeln vorgenommene Individualzurechnung der Einkünfte durch die Zusammenrechnung der Einkünfte (§ 26b EStG) wieder auf.[514] Damit bleibt die Ausstrahlungswirkung des Grundsatzes der Individualbesteuerung auf die Einkünfteermittlung zusammenveranlagter Ehegatten ohne Auswirkung für die Bemessungsgrundlage und verliert somit die für ihre Anwendung notwendige Zwangsläufigkeit, denn der Zwang, angesichts der Vorgaben an das Ergebnis, bereits auf sämtlichen Stufen der Einkommensermittlung eine Individualzurechnung vorzunehmen, ist bei der Zusammenveranlagung nicht gegeben. Viel-

---

511 Vgl. BVerfG v. 3.11.1982 - 1 BvR 620/78, 1335/78, 1104/79, 363/80, BVerfGE 61, 319 (345).

512 Vgl. Beschluß des Bundesverfassungsgerichtes zur Haushaltsbesteuerung, BVerfG v. 17.1.1957 - BvL 4/54, BVerfGE 6, 55 (67), BStBl. I 1957, 193 (196).

513 *Tipke*, StuW 1980, 1 (10) ; *Lang*, Die Bemessungsgrundlage der Einkommensteuer, S. 626.

514 *Tipke*, StuW 1980, 1 (10) ; *Lang*, Die Bemessungsgrundlage der Einkommensteuer, S. 626.

mehr enthalten die Regeln der Zusammenveranlagung in § 32a Abs. 5 EStG eine eigene Individualzurechnungsnorm für die Bemessungsgrundlage, so daß allein diese die endgültige Individualzurechnung entsprechend den gesetzgeberischen Vorstellungen von einer Erwerbs- und Verbrauchsgemeinschaft der Ehegatten bestimmt.

So ordnen die Zurechnungsnormen der Zusammenveranlagung, §§ 26b, 32a Abs. 5 EStG, unabhängig von der tatsächlichen Leistungsfähigkeit des einzelnen Ehegatten, typisierend für alle zusammenveranlagten Ehegatten, einen Transfer steuerlicher Leistungsfähigkeit zwischen den Ehegatten dergestalt an, daß jedem Ehegatten die Hälfte ihrer gemeinsamen Leistungsfähigkeit als eigene „individuelle" Leistungsfähigkeit zugerechnet wird. Allein durch diesen Transfer steuerlicher Leistungsfähigkeit wird die individuelle Leistungsfähigkeit des einzelnen Ehegatten endgültig bestimmt. Damit gehen die individuell ermittelten Einkünfte der Ehegatten bei der Zusammenveranlagung also nicht in die Bemessungsgrundlage ein, sondern bilden nur ein „Zwischenergebnis" im Rahmen der typisierten Leistungsfähigkeitsermittlung der Ehegatten.

c.) Fehlende Differenzierung in der Rechtsprechung

Die Konsequenzen der fehlenden Ausstrahlungswirkung des Grundsatzes der Individualbesteuerung auf die Einkünfteermittlung zusammenveranlagter Ehegatten werden in der Literatur und Rechtsprechung nicht deutlich gezogen. So gehen sie ganz überwiegend davon aus, angesichts der Nichtanwendbarkeit des § 26b EStG auf der Ebene der Einkünfteermittlung,[515] verlaufe diese bei der Einzel- und Zu-

---

[515] Vgl. hierzu Teil 2, 2. Kap., B., III., 2. a.) Einkünfteermittlung nach § 26b EStG.

sammenveranlagung identisch.[516] Wie bei der Einzelveranlagung, so müsse auch bei der Zusammenveranlagung eine Individualzurechnung sämtlicher Tatbestandsmerkmale des Einkünfteermittlungsvorganges beim einzelnen Ehegatten vorgenommen werden.[517]

Dies ist, wie wir oben gesehen haben, bei der Einzelveranlagung richtig, da die geforderte Verwirklichung des Grundsatzes der Individualbesteuerung in der Bemessungsgrundlage hier nur durch Individualzurechnung sämtlicher leistungsfähigkeitsrelevanter Faktoren des Einkommensermittlungsvorganges erreicht werden kann.[518]

Bei der Zusammenveranlagung wird die Individualzurechnung der Bemessungsgrundlage jedoch durch ihre eigenen Zurechnungsvorschriften, §§ 26b und 32a Abs. 5 EStG, bestimmt, so daß die Individualzurechnung des Einkünfteermittlungsvorganges ohne Auswirkungen auf die Bemessungsgrundlage bleibt und daher nicht auf die Ausstrahlungswirkung des Grundsatzes der Individualbesteuerung zurückzuführen ist.[519]

d.) Individualzurechnung nach den allgemeinen Vorschriften des Einkommensteuergesetzes

Die Einkünfteermittlung zusammenveranlagter Ehegatten unterscheidet sich damit von der, einzeln veranlagter Steuerpflichtiger, durch die fehlende Ausstrahlungswir-

---

[516] BFH v. 23.11.1995 - IV R 50/94, BFHE 179, 303 (306), BStBl. II 1996, 193 (195) ; BFH v. 26.7.1983 - VIII R 160/80, BFHE 139, 69 (71), BStBl. II 1983, 674 ; BFH v. 26.5.1982 - I R 104/81, BFHE 136, 118 (119), BStBl. II 1982, 594 ; BFH v. 22.1.1980 - VIII R 74/77, BFHE 129, 485 (487), BStBl. II 1980, 244 ; BFH v. 31.10.1978 - VIII R 196/77, BFHE 127, 168 (170), BStBl. II 1979, 401 ; BFH v. 17.2.1976 - VIII R 4/74, BFHE 118, 322 (323), BStBl. II 1976, 378.

[517] BFH v. 23.8.1999 - GrS 2/97, BFHE 189, 160 (166), BStBl. II 1999, 782 (786), DStR 1999, 1649 (1651) ; *v. Beckenrath*, in: Kirchhof, EStG-Kompakt, § 9 Rdnr. 24.

[518] Vgl. Teil 3, 2. Kap., B., II., 1., a.) Die Ausstrahlungswirkung des Grundsatzes der Individualbesteuerung.

kung des Grundsatzes der Individualbesteuerung. Dies führt jedoch, auch bei der Zusammenveranlagung, zu keiner grundsätzlichen Aufgabe der Individualzurechnung der Einkünfte. Vielmehr gelten im Rahmen der Einkünfteermittlung auch für zusammenveranlagte Ehegatten die allgemeinen Vorschriften des Einkommensteuergesetzes, welche eine getrennte Ermittlung der Einkünfte für jeden Steuerpflichtigen vorsehen.

Im Unterschied zur Einzelveranlagung ist die Individualzurechnung des Einkünfteermittlungsvorganges bei der Zusammenveranlagung auf die Anwendung der Vorschriften des Einkommensteuergesetzes beschränkt. Bei der Zusammenveranlagung findet keine darüber hinausgehende Individualzurechnung, beispielsweise durch ungeschriebene Tatbestandsmerkmale des Einkunftsermittlungsvorganges, mit der Begründung der Ausstrahlungswirkung des Grundsatzes der Individualbesteuerung, statt. Grundlage der Individualzurechnung bei der Einkünfteermittlung zusammenveranlagter Ehegatten sind ausschließlich die allgemeinen Einkünfteermittlungsvorschriften des Einkommensteuergesetzes. Diese sind auf die Ermittlung der Leistungsfähigkeit des einzelnen Steuerpflichtigen angelegt, da das Einkommensteuergesetz die Einzelveranlagung als den gesetzlich geregelten „Normalfall" ansieht[520], bei dem die Individualzurechnung nicht durch spezielle Zurechnungsvorschriften angeordnet wird, sondern in den allgemeinen Regelungen des Einkommensteuerrechtes enthalten ist. Auf Grund der fehlenden Geltung der speziellen ehelichen Zurechnungsnormen (§§ 26b, 32a Abs. 5 EStG) im Bereich der Einkunftsermittlung, kommen die in den allgemeinen Einkommensteuervorschriften enthaltenden Indivi-

---

[519] Vgl. oben unter 2., a.) Der ehegattenabhängige, gesetzlich „verordnete", „indivduelle" Leistungsfähigkeitsausweis in der Bemessungsgrundlage.

[520] So auch das Bundesverfassungsgericht: „In diesem auf dem Grundsatz der Individualbesteuerung beruhenden System des modernen Einkommensteuerrechtes .(....)", BVerfG v. 17.1.1957 - 1 BvL 4/54, BVerfGE 6, 55 (67), BStBl. I 1957, 193 (196).

dualzurechnungsregeln im Bereich der Einkunftsermittlung auch für zusammenveranlagte Ehegatten zur Anwendung.[521]

3. Konsequenzen für den Ehegatten-Drittaufwand

Für den Drittaufwand steht damit fest, daß die steuerliche Nichtberücksichtigung von Ehegatten-Drittaufwendungen nicht pauschal mit der Anwendung des Grundsatzes der Individualbesteuerung begründet werden kann, da weder dieser noch das allgemeine Leistungsfähigkeitsprinzip im Bereich der Einkünfteermittlung zusammenveranlagter Ehegatten unmittelbar zur Anwendung kommen.
Soweit der BFH in seinen Begründungen zur steuerlichen Nichtberücksichtigung von Ehegatten-Drittaufwand auf die von der Bemessungsgrundlage ausgehende Ausstrahlungswirkung des Grundsatzes der Individualbesteuerung abstellt,[522] haben wir gesehen, daß diese nur bei der Einzelveranlagung die Forderung einer persönlichen Verwirklichung der Aufwendungstatbestände rechtfertigen kann.[523] Bei der Zusammenveranlagung begrenzen die speziellen Zurechnungsregeln die Ausstrahlungswirkung des Grundsatzes der Individualbesteuerung.[524]
Auch die Begründung, die Einkünfteermittlung zusammenveranlagter Ehegatten verlaufe wegen des Nichteingreifens des § 26b EStG auf der Ebene der Einkünfteermittlung entsprechend der einzeln veranlagter Steuerpflichtiger und fordere daher eine persönliche Verwirklichung sämtlicher Aufwendungstatbestandsmerkmale

---

[521] BFH v. 26.5.1982 - I R 104/81, BFHE 136, 118 (119), BStBl. II 1982, 594 ; vgl. auch Teil 3, 1 Kap., A., II., 1. Getrennte Einkünfteermittlung der Zusammenveranlagten sowie Teil 2, 2. Kap., B., III., 2. a.) Einkünfteermittlung nach § 26b EStG.

[522] BFH v. 24.2.2000 - IV R 75/98, BFHE 301 (303), BStBl. II 2000, 314 (315) ; BFH v. 23.8.1999 - GrS 2 /97, BFHE 189, 160 (166f), BStBl. II 1999, 782 ; BFH v. 20.9.1990 - IV R 300/84, BFHE 162, 86 (88), BStBl. II 1991 II, 82.

[523] Vgl. oben Teil 3, 2. Kap., B., II., 1. a.) Die Austrahlungswirkung des Grundsatzes der Individualbesteuerung.

beim einzelnen Steuerpflichtigen,[525] greift für die Begründung der Nichtabziehbarkeit des Ehegatten-Drittaufwandes zu kurz. Wie wir in diesem Abschnitt gesehen haben, verläuft die Einkünfteermittlung bei der Einzel- und Zusammenveranlagung nur insoweit parallel, als eine individuelle Verwirklichung der Erwerbsaufwendungstatbestandsmerkmale in den allgemeinen Vorschriften des Einkommensteuergesetzes ausdrücklich angeordnet wird. Eine darüber hin-ausgehende Individualzurechnung auf Grund der Ausstrahlungswirkung der Bemessungsgrundlage findet bei der Zusammenveranlagung nicht statt.[526] In diesem Punkt unterscheidet sich die Einkünfteermittlung zusammenveranlagter Ehegatten von der, einzeln veranlagter Steuerpflichtiger.

Ausschlaggebend für die Individualzurechnung der beiden Aufwendungstatbestandsmerkmale „Veranlassungszusammenhang" und „Vermögensminderung" und die davon abhängige Beurteilung der steuerlichen Berücksichtigung des Ehegatten-Drittaufwandes ist daher, ob eine solche Individualzurechnung sich in den Aufwendungstatbeständen des Gesetzes niedergeschlagen hat. Nur wenn dies der Fall ist und sie sich nicht nur auf die Ausstrahlungswirkung des Grundsatzes der Individualbesteuerung zurückführen läßt, kommt sie im Bereich der Zusammenveranlagung zur Anwendung und der Aufwendungstatbestand wäre beim Ehegatten-Drittaufwand wegen unterschiedlicher Individualzurechnung seiner beiden Tatbestandsmerkmale nicht erfüllt.

---

[524] Vgl. Teil 3, 2. Kap., B., II., 2. b.) Keine Ausstrahlungswirkung des Grundsatzes der Individualbesteuerung.

[525] BFH v. 26.5.1982 - I R 104/81, BFHE 136, 118 (119), BStBl. II 1982, 594 ; BFH v. 24.4.1990 - IX R 9/86, BFHE 160, 522 (524), BStBl. II 1990, 888 (889) ; BFH v. 20.9.1990 - IV R 300/84, BFHE 162, 86 (88), BStBl. II 1991, 82 ; BFH v. 24.2.2000 - IV R 75/98, BFHE 191, 301 (303), BStBl. II 2000, 314 (315), DStR 2000, 814 (815).

[526] Vgl. oben Teil 3, 2. Kap., B., 2. d.) Individualzurechnung nach den allgemeinen Vorschriften des Einkommensteuergesetzes.

III. Die Forderung einer persönlichen Belastung des einzelnen Steuerpflichtigen im Rahmen der Erwerbsaufwendungstatbestände

Die für den Ehegatten-Drittaufwand entscheidende Frage nach einer persönlichen Belastung des einzelnen Steuerpflichtigen ist nach dem oben gesagten nur dann zwingend, wenn eine solche persönliche Belastung in den Vorschriften des Einkommensteuergesetzes niedergeschrieben ist.

Eine über die Vorschriften des Einkommensteuergesetzes hinausgehende Individualzurechnung auf Grund der von der Bemessungsgrundlage ausgehenden Ausstrahlungswirkung des Grundsatzes der Individualbesteuerung auf den gesamten Vorgang der Einkommensermittlung ist bei der Zusammenveranlagung nicht systemgerecht, da die speziellen Zurechnungnormen der Zusammenveranlagung ohnehin eine eigene typisierte Individualzurechnung vornehmen.[527]

1. Wörtliche Auslegung der Erwerbsaufwendungstatbestände

a.) Erwerbsaufwendungstatbestand

Ein Blick auf den Wortlaut der Aufwendungstatbestände zeigt, daß diese zwar ausdrücklich einen sachlichen Veranlassungszusammenhang der Aufwendungen zu Einnahmen des Steuerpflichtigen fordern, von einer persönlichen Belastung des einkünfteerzielenden Steuerpflichtigen mit diesen Aufwendungen ist aber nicht die Rede.[528] Weder der Wortlaut des § 4 Abs. 4 EStG noch der des § 9 Abs. 1 EStG verlangt, daß es sich um Aufwendungen „des Steuerpflichtigen" handelt.[529]

---

527 Vgl. oben unter Teil 3, 2. Kap., B., II. 2. b.) Keine Ausstrahlungswirkung des Grundsatzes der Individualbesteuerung.

528 BFH v. 24.2.2000 - IV R 75/98, BFHE 191, 301 (302), BStBl. II 2000, 314 (315); DStR 2000, 814 (815) ; siehe auch in Teil 1, 2. Kap., A. Drittaufwand - ein der Einkommensteuer immanentes Problem sowie Teil 1, 2. Kap., B., I., 1. Dritt-Zahlungen.

529 *Stadie*, Die persönliche Zurechnung von Einkünften, S. 34.

Auch die allgemeine Definition von „Aufwendungen“ [530] gibt keinen Hinweis darauf, daß sie beim einkünfteerzielenden Steuerpflichtigen abgeflossen sein müssen; es reicht vielmehr aus, daß es sich um Ausgaben handelt, die in Geld oder Geldeswert bestehen und durch ihr Abfließen eine Vermögensminderung bewirken.[531] Bei wem diese Vermögensminderung eingetreten sein muß, bzw. wer durch diese Vermögensminderung persönlich belastet sein muß, dazu sagt der Wortlaut der Vorschriften nichts.[532]

Das gleiche gilt für die nur periodisiert als Absetzungen für Abnutzungen (AfA) geltend zu machenden Aufwendungen i.S.d. §§ 9 Abs. 1 Nr. 7 i.V.m. 7 EStG. § 7 Abs. 1 EStG ordnet die AfA-Befugnis demjenigen zu, der das Wirtschaftsgut zur Erzielung von steuerpflichtigen Einnahmen einsetzt.[533] Darüber hinaus wird in § 7 EStG weder die Zurechnung des Wirtschaftsgutes, noch die persönliche Belastung des, das Wirtschaftsgut zur Einkünfteerzielung nutzenden, Steuerpflichtigen mit den Anschaffungs- bzw. Herstellungskosten des Wirtschaftsgutes als Voraussetzungen für die AfA-Berechtigung genannt.

b.) Allgemeine Vorschriften der Einkünfteermittlung

Auch die den Abzug von Erwerbsaufwendungen ergänzenden allgemeinen Vorschriften der Einkünfteermittlung geben keinen Hinweis darauf, daß der Erwerbsaufwendungstatbestand eine persönliche Belastung des einkünfteerzielenden

---

[530] Die aus § 4 Abs. 4 EStG abgeleitete Basisdefinition lautet: Erwerbsaufwendungen sind Aufwendungen, die durch die Erwerbstätigkeit (Betätigung mit Einkünfteerzielungsabsicht) veranlaßt sind, *Lang*, in: Tipke/Lang, Steuerrecht, § 9 Rz. 210. Dementsprechend sind Werbungskosten Aufwendungen, die durch die beruf- liche Tätigkeit des Arbeitsnehmers, durch Vermietung und Verpachtung etc. veranlaßt sind.

[531] *Prinz*, in: Herrmann/Heuer/Raupach, EStG, § 9 Rdnr. 77 ; Schmidt/*Drenseck*, EStG, § 9 Rdnr. 2.

[532] BFH v.19.4.1989 - X R 2/84, BFHE 157, 101 (104), BStBl. II 1989, 683 (684).

Ehegatten durch die Aufwendungen voraussetze. So läßt sich aus § 2 Abs. 1 EStG, in dem von „Einkünften (...), die der Steuerpflichtige (...) erzielt" die Rede ist, während in § 2 Abs. 2 EStG ohne persönliche Zurechnung nur von Einkünften als „Gewinn" bzw. „Überschuß der Einnahmen über die Werbungskosten" gesprochen wird, weder konkret schließen, daß die Einkunftsermittlung rein objektiv – also nicht personenbezogen – zu erfolgen habe, noch kann diesen Vorschriften ein Hinweis auf das Erfordernis einer persönlichen Belastung des Steuerpflichtigen im Rahmen der Aufwendungstatbestände entnommen werden.[534]

Ebenso enthält die Tatsache, daß in § 11 EStG nur bei den Einnahmen (§ 11 Abs. 1 EStG) von einem Zufluß beim Steuerpflichtigen die Rede ist, während in § 11 Abs. 2 EStG lediglich von den abzusetzenden Ausgaben gesprochen wird, ohne daß darauf abgestellt wird, von wem sie geleistet wurden, keinen Aussagegehalt hinsichtlich des Erfordernisses einer persönlichen Belastung des Steuerpflichtigen durch Erwerbsaufwendungen, da § 11 EStG nur den Zeitpunkt der Vereinnahmung und Verausgabung von Überschußeinkünften regelt und nichts über die Zurechenbarkeit von Werbungskosten und Betriebsausgaben bei der einnahmenerzielenden Person aussagt.[535]

2. Teleologische Auslegung der Erwerbsaufwendungstatbestände

Die Vertreter des sachlichen Veranlassungsprinzips[536] schließen aus dem „Schweigen des Gesetzes", auf eine persönliche Belastung beim Steuerpflichtigen selbst

---

[533] Schmidt/*Drenseck*, EStG, § 7 Rdnr. 25 ; *Jakob*, DStR 1987, 784 (790) ; *Stadie*, Die persönliche Zurechnung von Einkünften, S. 37ff.

[534] *Jakob/Jüptner*, FR 1988, 147 ; *Brandis*, StuW 1990, 57 (58) ; *Diemer*, BB 1992, 36 (39). Vgl. auch BFH v. 9.7.1992 - IV R 115/90, BFHE 169, 56 (65), BStBl. II 1992, 948.

[535] *Trzaskalik*, in: Kirchhof/Söhn, EStG, § 11 Rdnr. C 13.

[536] Vgl. zum *sachlichen Veranlassungsprinzip* auch oben Teil 1, 2. Kap., B., I., 1.,a.) und 2. a.), aa.).

komme es im Rahmen der Aufwendungstatbestände grundsätzlich nicht an, da die Einkünfte losgelöst von der Person des Steuerpflichtigen zu ermitteln seien. So fordere das Einkommensteuergesetz in § 2 Abs. 1 EStG zwar eine personelle Zurechnung der Einkünfte. Diesem Vorgang sei jedoch eine Stufe der Einkunftsermittlung vorgeschaltet, auf der es nur auf die rein sachliche, nicht personenbezogene Veranlassung der Ausgaben durch das Ziel der Einkunftserzielung ankomme (§ 2 Abs. 2 EStG).[537]

Dieses Argument greift jedoch nach h.M. zu kurz, denn der Inhalt einer gesetzlichen Vorschrift endet nicht an den Grenzen seines Wortlautes. Ist die Vorschrift vielmehr Mittel zur Erreichung eines bestimmten Zweckes, so muß das Gesetz so verstanden werden, daß der verfolgte Zweck erreicht wird. Mit anderen Worten, der Vorschrift muß ein Sinn beigelegt werden, der die Erreichung des verfolgten Zweckes ermöglicht.[538] So sind nach *Kirchhof* „Wörter nicht als Begriffe", sondern „Worte als Ideen" aufzunehmen. Entscheidend sei allein das Fragen nach dem „Sinn und Zweck" der Vorschrift, die Deutung nach „Steuerrechtsstrukturen und -prinzipien", nicht die Begriffsdeutung „nach den Vorgaben allgemeiner Wörterbücher".[539] „Sinn und Zweck" der Erwerbsaufwendungstatbestände ist es, von den Erwerbseinnahmen solche Ausgaben abzuziehen, die die Leistungsfähigkeit des Steuerpflichtigen gemindert haben, weil sie in Zusammenhang mit der Erwerbstätigkeit des Steuerpflichtigen ausgegeben werden müssen und daher im Rahmen der Bemessungsgrundlage für die Steuerzahlung nicht mehr zur Verfügung stehen.[540]

Im Lichte dieses Gesetzeszweckes sind also die Vorschriften der Werbungskosten und Betriebsausgaben auszulegen, um ihren wahren Inhalt zu erfassen.

---

[537] So z.B. *Stadie*, Die persönliche Zurechnung von Einkünften, S. 34 (94) ; *ders.*, DB 1984, 578 ; *Biergans*, FR 1984, 297 (304) ; *Meyer-Scharenberg*, DStR 1986, 18 ; *ders.*, StuW 1987, 103.
[538] *Tipke*, Die Steuerrechtsordnung, Bd. I, S. 1240.
[539] *Kirchhof*, NJW 1987, 3217 (3222).
[540] *Lang*, in: Tipke/Lang, Steuerrecht, § 9 Rz. 42.

a.) Einzelveranlagung

Die teleologische Auslegung führt bei der Einzelveranlagung dazu, eine persönliche Belastung im Rahmen der Erwerbsaufwendungstatbestände zwingend zu fordern, da die Fähigkeit des Steuerpflichtigen, aus seinen Einnahmen Steuern zahlen zu können, grundsätzlich nur durch solche Aufwendungen reduziert wird, die den Steuerpflichtigen persönlich belasten. In diesem Sinne ist der Aufwendungstatbestand um das ungeschriebene Tatbestandsmerkmal einer persönlichen Belastung des Steuerpflichtigen zu ergänzen. Die Nichtabziehbarkeit von Aufwendungen, die nicht den Steuerpflichtigen, sondern einen Dritten wirtschaftlich belasten (Drittaufwendungen) ist damit systemgerecht.

b.) Zusammenveranlagung

Anders ist es jedoch bei der Zusammenveranlagung. Hier wird die Fähigkeit des einkünfteerzielenden Ehegatten Steuern zu zahlen, also seine individuelle Leistungsfähigkeit, auch durch solche Aufwendungen reduziert, die zwar zu keiner persönlichen Belastung bei ihm selbst führen, aber zu einer Vermögensminderung bei seinem Ehegatten (Ehegatten-Drittaufwand). Denn die Einkommensteuerbemessungsgrundlage weist bei der Zusammenveranlagung – wie wir oben gesehen haben – keine individuell ermittelte, sondern eine in Abhängigkeit vom anderen Ehegatten typisierte Leistungsfähigkeit aus. Darüber hinaus kommt es auf Grund der speziellen Zurechnungsvorschriften der Zusammenveranlagung auch zu keiner über die Tatbestände des Einkommensteuergesetzes hinausgehenden Ausstrahlungswirkung des Grundsatzes der Individualbesteuerung auf den Vorgang der Einkunftsermittlung.[541]

---

[541] Vgl. oben unter Teil 3, 2. Kap., B., II., 2. b.) Keine Ausstrahlungswirkung des Grundsatzes der Individualbesteuerung.

Im Rahmen einer teleologischen Auslegung der Erwerbsaufwendungstatbestände, müßte man meines Erachtens darum das ungeschriebene Tatbestandsmerkmal der „persönlichen Belastung“ bei der Zusammenveranlagung in das einer „ehepartnerschaftlichen Belastung“ umwandeln. Nur die Erweiterung der persönlichen Belastung in eine Belastung eines der beiden Ehepartner entspricht wegen des auch ehegattenabhängigen Ausweises der „individuellen“ Leistungsfähigkeit in der Bemessungsgrundlage dem tatsächlichen und im System der Zusammenveranlagung konsequenten individuellen Leistungsfähigkeitsausweis eines zusammenveranlagten Ehegatten. Darum ist die Forderung nach der Abziehbarkeit des Drittaufwandes zwischen zusammenveranlagten Ehegatten eine logische Konsequenz der typisierenden Zurechnungsnormen der Zusammenveranlagung.

3. Konsequenzen für den Ehegatten-Drittaufwand

Erweitert man das ungeschriebene Tatbestandsmerkmal der „persönlichen Belastung“ in eine „ehepartnerschaftliche Belastung“, so ist das Tatbestandsmerkmal „Vermögensminderung“ beim einkünfteerzielenden Ehegatten gegeben und der Aufwendungstatbestand wäre auch in Fällen des Ehegatten-Drittaufwandes erfüllt.

IV. Die Nichtberücksichtigung des Ehegatten-Drittaufwandes führt zur Bruttoversteuerung von Einkünften

1. Beispielfall

An unserem bereits mehrmals herangezogen Beispielsfall[542] soll im folgenden gezeigt werden, wie die Nichtberücksichtigung des Drittaufwandes bei zusammenveranlagten Ehegatten zu einer Durchbrechung des objektiven Nettoprinzips führt. Verfolgt man die in dem Beispielsfall von dem Ehemann aus der Praxis erwirtschafteten Einkünfte in dem System der Zusammenveranlagung auf ihrem Weg zur Einkommensteuerbemessungsgrundlage weiter und geht man dabei davon aus, die Ehefrau sei Hausfrau und erwirtschafte keine eigenen Einkünfte, so kommt es nach § 26b EStG im Anschluß an die Einkünfteermittlung zu einer Zurechnung der Praxiseinkünfte bei beiden Ehegatten als „einem Steuerpflichtigen".[543] Nach Abzug eventuell anfallender Sonderausgaben und außergewöhnlichen Belastungen findet im weiteren Verlauf des Besteuerungsverfahrens eine erneute Individualzurechnung des gemeinsamen zu versteuernde Einkommens der Ehegatten für die Bemessungsgrundlage durch Anwendung des § 32a Abs. 5 EStG statt. Dabei wird das gemeinsame zu versteuernde Einkommen der Ehegatten jedem Ehegatten zur Hälfte zugerechnet und diese anschließend von jedem Ehegatten als eigenes Einkommen versteuert.[544] Auf die Praxiseinkünfte bezogen heißt das, diese werden, unterstellt es seien die einzigen Einkünfte der Familie, bei der Zusammenveranlagung zur Hälfte von der Ehefrau versteuert.

---

[542] Vgl. Teil 1, A. Einleitung sowie Teil 3, 1. Kap., B. Die Regelungen der Zusammenveranlagung und der Ehegatten-Drittaufwand aus heutiger Sicht der Rechtsprechung.
[543] Vgl. *Stephan*, in: Littmann/Bitz/Pust, EStG, § 32a Rdnr. 32.
[544] *Schöberle*, in: Kirchhof/Söhn, EStG, § 32a Rdnr. C 2 ; *Stephan*, in: Littmann/Bitz/Pust, EStG, § 32a Rdnr. 34.

Nehmen wir jetzt an, das zu versteuernde Einkommen aus der Praxis hätte Euro 50.000,-- betragen, d.h. die individuelle Bemessungsgrundlage für die Anwendung des Steuertarifs ergäbe für jeden Ehegatten Euro 25.000,--. Nehmen wir jetzt weiter an, die Ehefrau habe die Anschaffungskosten des Hauses allein getragen und die jährliche AfA auf den Praxisanteil des Hauses betrüge Euro 50.000,--. Diese AfA darf die Ehefrau als sog. echte Ehegatten-Dritt-AfA auf Grund der getrennten Einkünfteermittlung der Ehegatten jedoch steuerlich nicht geltend machen. Vielmehr hat sie Euro 25.000,-- als eigenes Einkommen zu versteuern. D.h. der Gesetzgeber geht von einer Steuerzahlungsfähigkeit der Ehefrau von Euro 25.000,-- aus.

In Wahrheit liegt aber weder eine Steuerzahlungsfähigkeit der Ehefrau, noch eine des Ehemannes vor, da ihre Einkünfte komplett zur Erhaltung der Einnahmequelle aufgewandt wurden. Vielmehr versteuert die Ehefrau faktisch Euro 25.000 als eigenes Einkommen, kann aber ihre damit in Veranlassungszusammenhang stehenden Aufwendungen in gleicher Höhe nicht geltend machen.

Das im Rahmen der Individualbesteuerung so verstandene „System der Zusammenveranlagung“ führt somit zu keinem der Steuerzahlungsfähigkeit des einzelnen entsprechenden Leistungsfähigkeitsausweis in der Bemessungsgrundlage, sondern vielmehr zu einer Bruttoversteuerung von Einkünften in der Person der Ehefrau. Dies ist nicht im Sinne des allgemeinen Leistungsfähigkeitsprinzips, welches als Ordnungsprinzip, einer systemgerechten, in Regel- und Ausnahmewertung folgerichtigen Gesetzgebung den Maßstab geben soll.[545] Kommt es in der Bemessungsgrundlage zur Versteuerung von Einnahmen, die nicht um damit in Veranlassungszusammenhang stehende Aufwendungen reduziert wurden und kommt es dadurch zu einem Leistungsfähigkeitsausweis in der Bemessunsgrundlage, der nicht der Steuerzahlungsfähigkeit des einzelnen entspricht, so stehen die Regeln der Zusammenveranlagung und das System der Individualbesteuerung in keinem dem Leistungsfähigkeitsprinzip entsprechenden Einklang zueinander.

2. Verstoß gegen das objektive Nettoprinzip

Die dargestellten Auswirkungen der Vorschriften der Zusammenveranlagung (§§ 26b, 32a Abs. 5 EStG) im Falle des Drittaufwandes zwischen zusammenveranlagten Ehegatten verstoßen gegen das objektive Nettoprinzip, wonach nur das tatsächliche Reineinkommen (Nettoeinkommen) von der Besteuerung erfaßt werden darf.[546] Aufwendungen, die durch die einnahmeerzielende Tätigkeit des Steuerpflichtigen veranlaßt sind, sind von den Einkünften abzuziehen *(sog. objektives Nettoprinzip)*.[547]

Versteuert jetzt die nicht erwerbstätige Ehefrau, die Hälfte der Einkünfte ihres Ehemannes, so müßte das objektive Nettoprinzip es gebieten, daß die Aufwendungen die die Ehefrau für den Erhalt der Einkunftsquelle des Ehemannes und damit auf Grund der speziellen Zurechnungsregeln der Zusammenveranlagung auch ihrer eigenen, aufgewandt hat, Berücksichtigung finden. Anderenfalls würde es zu einer Versteuerung von Bruttoerträgen in der Person der Ehefrau kommen, da sie die Hälfte der Einkünfte ihres Ehemannes versteuern muß, aber die in ihrer Person anfallenden Aufwendungen zum Erhalt dieser Einkunftsquelle nicht berücksichtigt werden. Eine Bruttoversteuerung von Einkünften entspricht jedoch nicht dem aus dem Leistungsfähigkeitsprinzip resultierenden objektiven Nettoprinzip.[548]

---

[545] *Kirchhof*, in: Kirchhof/Söhn, EStG, § 2 Rdnr. A 281 ; *Birk*, Das Leistungsfähigkeitsprinzip, S. 52.
[546] *Müller-Franken*, StuW 1997, 3 (17).
[547] *Lang*, Die Bemessungsgrundlage der Einkommensteuer, S. 60. So die h.M., vgl. auch Teil 2, 1.Kap., A., II., 1. Objektives Nettoprinzip.
[548] *Vogel*, NJW 1974, 2105 ; *Müller-Franken*, StuW 1997, 3 (17).

V. Zusammenfassung

Die Auffassung der h.M. zur Behandlung des Ehegatten-Drittaufwandes, die Vorgaben der individuellen Leistungsfähigkeitsermittlung seien so zwingend, daß sie auch bei zusammenveranlagten Ehegatten keine Abziehbarkeit des Ehegatten-Drittaufwandes zuließen, ist kritisch analysiert worden.

Wir haben festgestellt, daß die Vorgaben des im allgemeinen Leistungsfähigkeitsprinzip enthaltenen Grundsatzes der Individualbesteuerung an die Bemessungsgrundlage zu unterschiedlichen Auswirkungen für die Einkünfteermittlung bei der Einzel- und Zusammenveranlagung führen.

Der Grundsatz der Individualbesteuerung hat im Falle der Einzelveranlagung eine Ausstrahlungswirkung auf den Vorgang der Einkommensermittlung, d.h. er impliziert indirekt zwingend eine individuelle Zuordnung der einzelnen Tatbestandsmerkmale des Einkommensermittlungsvorganges beim Steuerpflichtigen und führt somit im Falle der Verwirklichung der beiden Aufwendungstatbestandesmerkmale „Veranlassungszusammenhang“ und „Vermögensminderung“ in zwei Personen zur Nichtberücksichtigung dieser Drittaufwendungen.

Diese Ausstrahlungswirkung ist im Falle der Zusammenveranlagung nicht vorhanden, da die Bemessungsgrundlage des einzelnen Ehegatten sich auf Grund der speziellen Zurechnungsvorschriften der Zusammenveranlagung (§§ 26b, 32a Abs. 5 EStG) nicht mehr aus dessen direkt individueller Einkommensermittlung ergibt, sondern der Leistungsfähigkeitsausweis eines Ehegatten auch immer von der Leistungsfähigkeit des anderen Ehegatten abhängt. Auch die von den speziellen Zurechnungsregeln der Zusammenveranlagung unberührten Vorschriften der Einkünfteermittlung enthalten keinen Hinweis auf eine Individualzurechnung in Form einer persönlichen Belastung des einzelnen Steuerpflichtigen im Rahmen der Erwerbsaufwendungstatbestände.

Vielmehr ist es meines Erachtens aus dem Sinn und Zweck der Aufwendungstatbestände, von den Erwerbseinnahmen solche Ausgaben abzuziehen, die die Leistungsfähigkeit des Steuerpflichtigen gemindert haben, heraus geboten, den Drittaufwand unter zusammenveranlagten Ehegatten zum Abzug zuzulassen. Diese Schlußfolgerung erscheint mir geradezu notwendig zu sein, da eine Nichtberücksichtigung von Drittaufwendungen zwischen zusammenveranlagten Ehegatten anderenfalls zu einem Verstoß gegen das objektive Nettoprinzip führt.

Teil 4: ZUSAMMENFASSUNG DER ARBEIT UND AUSBLICK

A. Resümee

Während für sofort abziehbare Aufwendungen das Problem des Drittaufwandes mit Hilfe der von der Rechtsprechung und Literatur anerkannten Konstruktion der „Abkürzung des Zahlungsweges bzw. Vertragsweges" als weitgehend[549] gelöst angesehen werden kann, zeichnet sich bei der Dritt-AfA keine einheitliche Lösung des Problems ab.

Wegen der grundsätzlich ablehnenden Haltung der Rechtsprechung hinsichtlich der Abziehbarkeit der sog. echten Dritt-AfA beim unentgeltlich Nutzenden muß der Drittaufwand in Form von Absetzungen für Abnutzung als steuerlich nicht berücksichtigungsfähig angesehen werden. Auch in der Erwerbs- und Verbrauchsgemenschaft der Ehegatten sah der Große Senat des BFH keine Anhaltspunkte für eine Zurechnung von Aufwendungen zwischen den Ehegatten, wenngleich dies eine Mindermeinung innerhalb des VI. Senates vorgeschlagen hatte.

Nicht untersucht worden ist in den Beschlüssen des BFH jedoch der Einfluß der bestehenden Sonderregelungen der Ehegattenbesteuerung auf den Drittaufwand zwischen Ehegatten und es wird darum in der vorliegenden Arbeit diskutiert, ob man auf Grund dieser Sonderregelungen hinsichtlich der Dritt-AfA unter Ehegatten zu anderen Ergebnissen kommen kann oder nicht gar kommen muß.

---

549 Ausnahme bei Drittaufwendungen aus Dauerschuldverhältnissen, vgl. BFH v. 24.2.2000 - IV R 75/98, BFHE 191, 301 (302), BStBl. II 2000, 214 (215), DStR 2000, 814 (815).

Nach einer Einführung in die Problematik des Drittaufwandes, einer Darlegung der historischen Entwicklung und des heutigen Standes der Ehegattenbesteuerung, wird die ablehnende Haltung des BFH gegenüber einer Sonderbehandlung von Drittaufwendungen zwischen Zusammenveranlagten Ehegatten kritisch untersucht.
Zwar werden grundätzlich die Einkünfte für jeden Ehegatten getrennt ermittelt, so daß es zu keiner gegenseitigen Zurechnung einzelner Tatbestandsmerkmale kommt, jedoch existieren Ausnahmeregelungen von diesem Grundsatz im Bereich der Einkünfteermittlung durch die gegenseitige Zurechnungen von Aufwendungen und Freibeträgen zwischen zusammenveranlagten Ehegatten gestattet werden, wie beim Werbungskosten-Pauschbetrag, Sparer-Freibetrag und Freibetrag für die Veräußerung von land- und forstwirtschaftlichen Betrieben. In diesen Ausnahmeregelungen und deren Begründung konnten wir jedoch kein allgemeines Prinzip erkennen, das eventuell auch für den Drittaufwand unter Eheleuten gültig sein könnte.
Die Entscheidung des BFH, Drittaufwand sei in den Fällen nicht abziehbar, in denen der einkunftserzielende Steuerpflichtige selbst keine Aufwendungen getätigt hat, sondern Aufwendungen seines Ehegatten ihm rechtlich zugerechnet werden sollen, wurde dann dogmatisch analysiert. Wir kommen dabei zu einem anderen Schluß als der BFH, der für die Abziehbarkeit des Drittaufwandes im obigen Fall des sog. echten Drittaufwandes zwischen Ehegatten derzeit keinen dogmatischen Weg sieht.
Unseres Erachtens führen die Vorgaben des im allgemeinen Leistungsfähigkeitsprinzip enthaltenen Grundsatzes der Individualbesteuerung an die Bemessungsgrundlage zu unterschiedlichen Auswirkungen bei der Einzel-und Zusammenveranlagung. Diese Unterscheidung wird in der Literatur und Rechtsprechung im allgemeinen nicht hinreichend deutlich gemacht. Im Falle der Einzelveranlagung impliziert das Prinzip der Individualbesteuerung indirekt zwingend eine individuelle Zuordnung der einzelnen Tatbestandsmerkmale „Veranlassungszusammenhang“ und

„Vermögensminderung“ und damit die Nichtberücksichtigung von „echtem Drittaufwand“.
Diese Implikation, die sog. Ausstrahlungswirkung des Grundsatzes der Individualbesteuerung, ist im Falle der Zusammenveranlagung jedoch nicht vorhanden, da die Bemessunsgrundlage des einzelnen Ehegatten sich nicht mehr direkt aus dessen individueller Einkünfteermittlung ergibt, sondern auf Grund der Regelungen der Zusammenveranlagung auch von der Leistungsfähigkeit des anderen Ehegatten abhängt. Im Rahmen einer solchen, von der Leistungsfähigkeit des anderen Ehegatten abhängigen Bemessungsgrundlage ist es geboten, „echten Drittaufwand“ zwischen zusammenveranlagten Ehegatten zum Abzug zuzulassen, da es Sinn und Zweck der Aufwendungstatbestände ist, von den Erwerbseinnahmen solche Ausgaben abzuziehen, die die Leistungsfähigkeit des Steuerpflichtigen gemindert haben. Dies gilt um so mehr, als eine Nichtberücksichtigung von Drittaufwendungen zwischen zusammenveranlagten Eheleuten zu einem Verstoß gegen das objektive Nettoprinzip führen würde.

B. Ausblick

Der in dieser Arbeit entwickelte Lösungsvorschlag zur Abziehbarkeit des Ehegatten-Drittaufwandes beruht maßgeblich auf den heute gültigen Regelungen der Zusammenveranlagung, §§ 26b, 32a Abs. 5 EStG, insbesondere auf dem Splitting-Verfahren.

Seit der Einführung des Splitting-Verfahrens 1957 hat es immer wieder Diskussionen um seine steuerliche Rechtfertigung gegeben. So ist das Splitting-Verfahren in der Literatur zum Teil auf heftige Kritik gestoßen, weil der Gesetzgeber das Institut der Ehe in einem Umfang fördere, der von Verfassungs wegen nicht geboten sei und den Ehegatten einen ungerechtfertigten Splitting-Vorteil gewähre. Daher sind die Regelungen der Zusammenveranlagung bis heute immer wieder Gegenstand zahlreicher Reformüberlegungen.

In diesem Zusammenhang ist von verschiedenen Seiten vorgeschlagen worden, das Splitting durch eine Individualbesteuerung zu ersetzen und den zwischen den Ehegatten geleisteten Unterhalt in irgendeiner Weise von der Steuerbemessungsgrundlage des Leistenden abzusetzen und bei dem Empfänger zu versteuern (Realsplitting).[550]

Lang schlägt demgegenüber in seiner Habilitationsschrift von 1981 ein sog. Familiensplitting vor, bei dem es grundsätzlich bei der Besteuerung der Ehegatten als Erwerbs- und Verbrauchsgemeinschaft bleibt, diese jedoch insoweit eingeschränkt wird, als das Güterrecht die hälftige Verteilung des Einkommens nicht bestätigt. Darüber hinaus fordert er eine realitätsgerechte Berücksichtigung des Unterhalts-

---

[550] *Vorwald*, FR 1992, 789 ; *Bareis*, StuW 2000, 81 (90).

verhältnisses Eltern – Kinder durch einen Unterhaltsabzug auf der Elternseite und Unterhaltseinnahmen auf der Kinderseite.[551]

Einen anderen Weg suchte der im November 1998 vorgelegte Entwurf eines Steuerentlastungsgesetzes 1999/2000/2002". Nach diesem Entwurf sollte vom Jahre 2002 an der „Vorteil aus dem Ehegattensplitting für Bezieher hoher Einkommen" begrenzt werden.[552] Diese beabsichtigte Begrenzung des Splittings war nicht neu in der steuerpolitischen Diskussion, sondern schon früher unter der Bezeichnung „Kappung" des Splittings diskutiert worden.[553] Sie wurde jedoch in dem Steuerentlastungsgesetz 1999/2000/2002 nicht umgesetzt. Die Diskussion um eine gerechte Reform der Ehegattenbesteuerung ist damit nicht beendet worden.

Eine zukünftige Änderung der Regelungen der Ehegattenbesteuerung hätte für den hier entwickelten Lösungsvorschlag zum Ehegatten-Drittaufwand jedoch nur dann Konsequenzen, wenn die in den Regelungen der Zusammenveranlagung enthaltene typisierte Zurechnung von Einkünften zwischen den Ehegatten aufgehoben wird und gegen eine Individualbesteuerung der Einkünfte jedes Ehegatten, wie bei der Einzelveranlagung, ausgetauscht wird. So beruht die hier entwickelte Argumentation

---

551 *Lang*, Die Bemessungsgrundlage der Einkommensteuer, S. 650ff ; *ders.* StuW 1983, 103 (117) ; *ders.*, Reform der Familienbesteuerung, in: Steuerrecht, Verfassungsrecht, Finanzpolitik, FS f. F. Klein, S. 437 (451) ; *Vollmer*, Das Ehegattensplitting, S. 234 (240) ; zustimmend: *Arndt/Schumacher*, AöR 118 (1993), 513 (580) ; *Oepen*, DStZ 1992, 684 (692).
Auch der Deutsche Juristentag hat sich 1994 in einem Beschluß für die Beibehaltung des Splitting-Verfahrens ausgesprochen, jedoch beschlossen: „Das Ehegatten-Splitting in eine Form der Familienbesteuerung umzugestalten, welche das Familienexistenzminimum in Übereinstimmung mit dem Sozialhilferecht freistellt und die familienrechtlich vorgegebene Einkommensverteilung in Ehe und Familie nachvollzieht", Verhandlungen des 60. DJT 1994 (FN 6), S. O 201.

552 BT-Drucks. 14/23, S. 126.

553 Vgl. das Gutachten des Wissenschaftlichen Beitrats beim Bundesministerium der Finanzen vom 11.2.1967, S. 32 ; *Lehner*, Einkommensteuerrecht und Sozialhilferecht, S. 238. Dagegen: Steuerreformkommission 1971, Tz. 589.
Gegen eine solche Begrenzung des Splittings werden teilweise verfassungsrechtliche Bedenken geäußert, da besserverdienende Ehegatten eine höhere Steuerbelastung hätten als nichtverheiratet Paare mit gleichen Einkommen, *Pflüger*, in: Herrmann/Heuer/Raupach, EStG, § 26 Anm. 4 ; *Vogel*, StuW 1999, 201 (226).

maßgeblich auf der Durchbrechung der Ausstrahlungswirkung des von der Bemessungsgrundlage ausgehenden Grundsatzes der Individualbesteuerung durch die speziellen Zurechnungsnormen der Zusammenveranlagung.

Eine Begrenzung des Splittings, wie es in dem Entwurf des Steuerentlastungsgesetzes 1999/2000/2002 vorgesehen war, beeinträchtigt den Lösungsvorschlag zum Ehegatten-Drittaufwand also nicht.

Anders wäre es bei der Einführung einer konsequenten Individualbesteuerung, welche die speziellen Zurechnungsnormen der Zusammenveranlagung aufheben würde. Die Aufgabe dieser speziellen Zurechnungsregeln würde die hier entwickelte Argumentationskette durchbrechen und die Sonderbehandlung des Ehegatten-Drittaufwandes gegenüber dem Drittaufwand zwischen fremden Dritten aufheben.

LITERATURVERZEICHNIS

Adamik, Andrea, Die einkommensteuerrechtliche Betrachtung des Drittaufwands, Frankfurt a.M./Berlin/Bern/New York/Paris/Wien, Diss. 1993.

Albers, Willi, Die Berücksichtigung der Leistungsfähigkeit in der deutschen Einkommensteuer, Eine Auseinandersetzung mit dem Beschluß des Bundesverfassungsgerichts zur Ehegattenbesteuerung und dem Regierungsentwurf zur Änderung steuerlicher Vorschriften vom 7. März 1958, in: Finanzarchiv N.F., Bd. 18 (1957/58), 423.

Altehoefer, Klaus / Krebs, Hans-Joachim / Nolte, Jürgen / Roland, Detlef, Steuerentlastungsgesetz 1984, in: Deutsche Steuer-Zeitung 1984, 4ff.

Apitz, Wilfried, Einkommensteuerliche Behandlung von Gebäuden auf fremdem Grund und Boden, in: Finanz-Rundschau 1985, 554ff.

Arndt, Hans-Wolfgang, Steuerliche Leistungsfähigkeit und Verfassungsrecht, in: Festschrift für Otto Mühl, Stuttgart/Berlin/Köln/Mainz 1981, 17ff.

Arndt, Hans-Wolfgang, Gleichheit im Steuerrecht, in: Neue Zeitschrift für Verwaltungsrecht 1988, 787ff.

Arndt, Hans-Wolfgang / Schumacher, Andreas, Einkommensbesteuerung und Grundrechte, in: Archiv des öffentlichen Rechts 118 (1993), 513ff.

Bareis, Peter, Gebietet das Grundgesetz bei der Ehegattenbesteuerung die Mißachtung ökonomischer Wirkungen ? – Analyse eines Rechtsgutachtens Klaus Vogels, in: Steuer und Wirtschaft 2000, 81ff.

Becker, Enno, Grundlagen der Einkommensteuer, 1940.

Becker, Jürgen, Der „Grundsatz der Individualbesteuerung“ im deutschen Einkommensteuerrecht, Diss. Münster 1970.

Beiser, Reinhold, Der Abzug von Schuldzinsen in der Einkommensteuer, - Die Zuordnung von Verbindlichkeiten -, Berlin 1990.

Beiser, Reinhold, Nutzungseinlagen in Körperschaften, in: Steuer und Wirtschaft 1991, 136ff.

Beiser, Reinhold, Ist Drittaufwand abzugsfähig?, in: Deutsches Steuerrecht 1993, 789ff.

Beker, Manfred, Betriebliche Nutzung eines gemeinsamen Ehegattengrundstücks durch einen Ehegatten im Einkommensteuerrecht, in: Deutsches Steuerrecht 1975, 355ff.

Beker, Manfred, Die eheliche Lebensgemeinschaft - ein Nichts im Steuerrecht ?, in: Deutsches Steuerrecht 1995, 1010ff.

Benda, Ernst, Die Wahrung verfassungsrechtlicher Grundsätze im Steuerrecht, in: Deutsche Steuer-Zeitung 1984, 159.

Biergans, Enno, Überlegungen zur personellen Zurechnung von Betriebsausgaben und Werbungskosten, in: Finanz-Rundschau 1984, 297ff.

Biergans, Enno, Die einkommen- und körperschaftsteuerrechtliche Behandlung der Einlagen von originären immateriellen Wirtschaftsgütern, Nutzungsrechten und Nutzungen, in: Deutsches Steuerrecht 1989, 367ff.

Biergans, Enno, Einkommensteuer und Steuerbilanz, systematischer Kommentar, 5. Auflage, München/Wien/Oldenbourg 1990.

Biergans, Enno / Stockinger, Roland, Zum Einkommensbegriff und zur persönlichen Zurechnung von Einkünften im Einkommensteuerrecht, in: Finanz-Rundschau 1982, 1ff und 25ff.

Birk, Dieter, Das Leistungsfähigkeitsprinzip als Maßstab der Steuernormen, - Ein Beitrag zu den Grundfragen des Verhältnisses Steuerrecht und Verfassungsrecht -, Köln 1983.

Birk, Dieter, Steuerrecht I - Allgemeiner Teil, 2. Auflage, München 1994.

Birk, Dieter, Zum Stand der Theoriediskussion in der Steuerrechtswissenschaft, Erwiderung zu Walter Leisner, Von der Leistung zur Leistungsfähigkeit - die soziale Nivellierung, StuW 1983, 97, in: Steuer und Wirtschaft 1983, 293ff.

Birk, Dieter, „Besteuerung nach Wahl" als verfassungsrechtliches Problem, in: Neue Juristische Wochenschrift 1984, 1325ff.

Blaurock, Uwe, Steuerrecht und Grundgesetz, in: Juristische Ausbildung 1980, 142ff.

Blümich, Einkommensteuergesetz, Kommentar, 15. Auflage, München, Stand: Juli 2002 (75. Erg.Lfg.).

Bodenheim, Dieter G., Der Zweck der Steuer, Baden-Baden 1979.

Bordewin, Arno, Zur Einlage von Nutzungen - Beschluß des Großen Senats des BFH vom 26.10.1987 -, in: Deutsches Steuerrecht 1988, 227ff.

Brandis, Peter, Drittaufwand als Aufwand des Steuerpflichtigen ?, in: Steuer und Wirtschaft 1990, 57ff.

Büchele, Ernst, Kein Drittaufwand bei zusammenveranlagten Ehegatten, in: Deutsches Steuerrecht 1997, 952ff.

Bundt, Manfred, Zum Problem der Zusammenveranlagung, in: Deutsche Steuer-Zeitung 1953, 332f.

Canaris, Claus-Wilhelm, Die Feststellung von Lücken im Gesetz, 2. Auflage, Berlin 1983.

Christ, Jürgen, Drittaufwand, Werbungskosten und Einkommensteuersystem, Herne/Berlin, Diss. 1992.

Crezelius, Georg, Steuerrecht II, Die einzelnen Steuerarten, 2. Auflage, München 1994.

Dankmeyer, Udo / Giloy, Jörg (Hrsg.), Einkommensteuergesetz - Kommentar -, Neuwied/Kriftel,Ts., Stand: Dezember 2000 (102. Erg.-Lfg.).

Diemer, Rolf, Drittaufwand im Einkommensteuerrecht, in: Betriebs-Berater 1992, 36ff.

Drenseck, Walter, Anmerkung zum Urteil des BFH vom 20.11.1980, IV R 117/79, FR 1981, 149f, in: Finanz-Rundschau 1981, 150f.

Drenseck, Walter, Anmerkung zum BFH-Urteil v. 7.10.1986, IX R 167/83, FR 1987, 233ff., in: Finanz-Rundschau 1987, 235.

Drenseck, Walter, Anmerkung zum BFH-Urteil v. 31.3.1992, IX R 245/87, BStBl. II 1992, 890ff, in: Finanz-Rundschau 1992, 726.

Dziadkowski, Dieter, 50 Jahre „demokatischer" Einkommensteuertarif in Deutschland, in: Betriebs-Berater 1996, 1193ff.

Falkenhangen, Joachim, Vorteile und Grenzen der gemeinsamen Veranlagung von Ehegatten bei linearer Progression der Einkommensteuer, in: Der Betrieb 1987, 2217ff.

Felix, Günther, Der Einfluß der getrennten Ehegattenveranlagung auf die Lehre vom notwendigen Betriebsvermögen, in: Finanz-Rundschau 1957, 124ff.

Felix, Günther, Die steuerliche Anerkennung von Arbeitsverhältnissen zwischen Familienangehörigen, in: Finanz-Rundschau 1957, 149ff.

Felix, Günther, Über einige Hauptfragen der Haushaltsbesteuerung, in: Finanz-Rundschau 1957, 270ff.

Fiedler, Rolf, Die Haushaltsbesteuerung im Einkommensteuerrecht, Diss. München 1950.

Fischer, Peter, Eigenaufwand und Drittaufwand – Zum Beschluß des Großen Senats des BFH vom 30.1.1995 - GrS 4/92 -, in: Neue Wirtschaftsbriefe, Fach 3, S. 9331ff.

Fischer, Peter, Die Beschlüsse des Großen Senats des BFH zum Drittaufwand – BFH v. 23.8.1999 – GrS 1/97, GrS 2/97, GrS 3/97 und 5/97 -, in: Neue Wirtschaftsbriefe, Fach 3, S. 10925ff.

Franke, Siegfried F., Entwicklung und Begründung der Einkommensbesteuerung, Darmstadt 1981.

Franke, Siegfried F., Zur politischen Funktion konsensmobilisierender Formeln in der parlamentarischen Demokratie: Das Beispiel des Leistungsfähigkeitsprinzips, in: Steuer und Wirtschaft 1984, 32ff.

Fuisting, Bernhard, Das preußische Einkommensteuergesetz vom 24. Juni 1891 und die Ausführungsanweisung vom 5. August 1891 mit Erläuterungen, 3. Auflage, Berlin 1894.

Fuisting, Bernhard, Die preußischen direkten Steuern, Vierter Band: Grundzüge der Steuerlehre, Berlin 1902.

Fuisting, Bernhard, Die geschichtliche Entwicklung des Preußischen Steuersystems und systematische Darstellung der Einkommensteuer, 2. Auflage, Berlin 1894.

Fuisting, Bernhard /Strutz, Georg, Die direkten Steuern, Erster Band, 8. Auflage, Berlin 1915.

Fuisting, Bernhard /Strutz, Georg, Das preußische Einkommensteuergesetz vom 24. Juni 1891, Berlin 1914.

Glöggler, H., Was heißt Individualbesteuerung?, in: Der Betrieb 1958, 412ff.

Gotthardt, Jens Eric, Die Ehegattenbesteuerung, Ein Reformvorschlag unter Berücksichtigung der Erfahrungen im Vereinigten Königreich von Großbritannien und Nordirland, Diss. Mainz 1992.

Grabein, M., Beiträge zur Geschichte der Lehre von der Steuerprogression, in: Finanzarchiv Bd. 12 (1895) Teil 2, 1ff und Bd. 13 (1896), Teil 1, 111ff.

Grabower, Rolf, Preussens Steuern vor und nach den Befreiungskriegen, Berlin 1932.

Gram, Arnulf /Sirch, Anton, Ist die Haushaltsbesteuerung wirklich gerechtfertigt ?, in: Deutsche Steuer-Zeitung 1954, 28ff.

Grass, Adolf / Böttcher, Conrad (Hrsg.), Die Ehegattenbesteuerung, Stuttgart 1957.

Groh, Manfred, Nutungseinlagen im Handels- und Steuerrecht, in: Betriebs-Berater 1982, 133ff.

Groh, Manfred, Nutzungseinlage, Nutzungsentnahme und Nutzungsausschüttung – Zum Beschluß des Großen Senats vom 26.10.1987 GrS 2/86, DB 1988, S. 529 -, in: Der Betrieb 1988, 514ff.

Großfeld, Bernhard, Die Einkommensteuer, Geschichtliche Grundlage und rechtsvergleichender Ansatz, Tübingen 1981.

Günther, Karl-Heinz, Drittaufwand bei Sonderausgabenabzug - Anmerkung zum BFH-Urteil vom 19.4.1989, X R 2/84, BStBl. II 1989, 683 -, in: Die Information über Steuer und Wirtschaft 1989, 511.

Haarmann, H., Diskussionsbeitrag auf dem 50. Deutschen Juristentag, 1974, L 186ff.

Hackmann, Johannes, Ein Vorschlag zur Ehegattenbesteuerung, in: Finanzarchiv N.F., Bd. 31 (1972/73), 495ff.

Handzik, Peter, Getrennte Veranlagung und § 10e EStG, in: Finanz-Rundschau 1990, 484ff.

Hartmann/Böttcher/Nissen/Bordewin, Kommentar zum Einkommensteuergesetz, Wiesbaden 1992.

Hartz, Die neue Rechtsprechung zur Ehegattenbesteuerung, in: Der Betrieb 1958, 261.

Heigl, Anton, Die Typisierung im Steuerrecht, Diss. München 1958.

Heilmann, Friedrich, Persönliche Vermögensbelastung als Voraussetzung der Aufwendungstatbestände im Einkommensteuerrecht, Heidelberg 1992.

Heilmann, Friedrich, Die Drittaufwandsproblematik im Einkommensteuerrecht, in: Deutsches Steuerrecht 1993, 1201ff.

Herrmann, Carl / Heuer, Gerhard / Raupach, Arndt (Hrsg.), Einkommen- und Körperschaftsteuergesetz Kommentar, 21. Auflage, Köln, Stand: Okt. 2002 (207. Erg.Lfg.).

Heuermann, Bernd, Abziehbarkeit von Drittaufwand? - Anmerkungen zum Urteil des BFH vom 13.3.1996, VI R 103/95 und zu den Arbeitszimmerentscheidungen, in: Deutsches Steuerrecht 1996, 1518ff.

Horlemann, Heinz-Gerd, Berücksichtigung des Sparer-Freibetrages nach § 20 Abs. 4 EStG bei zusammenveranlagten Ehegatten, in: Finanz-Rundschau 1983, 220ff.

Horlemann, Heinz-Gerd, Nochmals, Gemeinsamer Sparer-Freibetrag bei negativen Einkünften aus Kapitalvermögen eines Ehegatten, in: Deutsches Steuerrecht 1986, 183ff.

Hoyer, Jürgen Henrich, Der Nießbrauch an Grundbesitz im Privatvermögen, in: Betriebs-Berater 1981, 230ff.

Hutter, Ulrich, Zur steuerlichen Behandlung von Nutzungsrechten an vermieteten Grundstücken - Zugleich eine Besprechung der BFH-Urteile vom 13. Mai

1980 VIII R 63/79, VIII R 75/79 und VIII R 128/78 - in: Deutsche Steuer-Zeitung 1981, 47ff.

Jakob, Wolfgang, Steuern vom Einkommen I, Stuttgart/Berlin/Köln/Mainz 1980.

Jakob, Wolfgang, Einkommensteuerrecht, München 1991.

Jakob, Wolfgang, Zur Abzugsfähigkeit von Drittaufwand und zur AfA-Übertragung im Bereich der Überschußeinkünfte, in: Deutsches Steuerrecht 1987, 784ff.

Jakob, Wolfgang / Jüptner, Roland, Drittaufwand, Nutzungseinlage und Überschußeinkünfte, in: Finanz-Rundschau 1988, 141ff.

Jüptner, Roland, Leistungsfähigkeit und Veranlassung, Ein ideen- und verfassungskritischer Beitrag zum Leistungsfähigkeitsprinzip und dessen Bedeutung für einen generalisierenden einkommensteuerlichen Verpflichtungsgrund, insbesondere am Beispiel der Veranlassung, Heidelberg 1989.

Kaatz, Anm. zum BFH-Urteil IV 66/55 v. 10.11.55, BStBl. III 1956, 361, in: Finanz-Rundschau 1957, 40f.

Kaiser, Thomas, Die Abzugsfähigkeit des Drittaufwandes, Betriebsausgaben - Werbungskosten - Abschreibungen - Sonderausgaben - Außergewöhnliche Belastungen, Abhandlungen zum Steuer- und Abgabenrecht Bd. 7, Hrsg.: J.M. Mössner, S. Seeger, F. Wassermeyer, Köln/Berlin/Bonn/München 1993.

Kaiser, Thomas, Nochmals: Die Abzugsfähigkeit des Drittaufwands bei den Erwerbsaufwendungen, in: Finanz-Rundschau 1993, 557ff.

Kerscher, Wilhelm, Die Ehegatten-Besteuerung bei der Einkommensteuer, München 1958.

Kessler, Rainer E., Abzug des Sparer-Freibetrags auch von negativen Einnahmen aus Kapitalvermögen?, in: Finanz-Rundschau 1983, 244ff.

Kessler, Wolfgang, Einzelwirtschaftliche Betrachtung der Nießbrauchbestellung, in: Betriebs-Berater 1985, 1386ff.

Kirchhof, Paul, Kompaktkommentar Einkommensteuergesetz, 2. Auflage, Heidelberg 2002.

Kirchhof, Paul, Der verfassungsrechtliche Auftrag zur Besteuerung nach der Leistungsfähigkeit, in: Steuer und Wirtschaft 1985, 319ff.

Kirchhof, Paul / Söhn, Hartmut (Hrsg.), Einkommensteuergesetz - Kommentar, Heidelberg, Stand: September 2002 (125. Erg.Lfg.).

Klein, Friedrich, Bundesverfassungsgericht und Ehegattenbesteuerung, in: Finanzarchiv N.F., Bd. 18 (1957/58), 236ff.

Klein, Friedrich, Die Problematik der Übergangsregelung für die Einkommensbesteuerung der Ehegatten in verfassungsrechtlicher Sicht, in: Steuer und Wirtschaft 1957, 719ff.

Klein, Franz, Zur Frage der verfassungsrechtlichen Zulässigkeit von Beschränkungen des objektiven Nettoprinzips nach § 4 Abs. 5 Satz 1 Nr. 1 EStG, in: Deutsche Steuer-Zeitung 1995, 630ff.

Klinger, Guido, Drittaufwendungen als Werbungskosten des Steuerpflichtigen?, Zur subjektiven Zurechnung von Werbungskosten im Einkommensteuerrecht nach Maßgabe des Leistungsfähigkeitsprinzips, Frankfurt a.M. 1996.

Köhler, Alo, Das neue Einkommensteuergesetz mit der neuen Ehegattenbesteuerung, Neuwied 1958.

Kohlschütter, Richard, Die Haushaltsbesteuerung im deutschen Einkommensteuerrecht, Diss. Leipzig 1938.

Koller, Andreas, Abgrenzung von Einkunftstatbeständen im Einkommensteuerrecht, München/Wien, 1993.

Kruse, Heinrich Wilhelm, Grundfragen der Liebhaberei, in: Steuer und Wirtschaft 1980, 226f.

Kullmer, Lore, Die Ehegattenbesteuerung, Ihre Geschichte, Problematik und Neuregelung in Deutschland, diskutiert unter Berücksichtigung der Erfahrungen in den USA, Frankfurt a. M., 1960.

Lademann, Kommentar zum Einkommensteuergesetz, 4. Auflage, Stuttgart/München/Hannover/Berlin/Weimar/Dresden/Boorberg/Heidelberg, Stand: April 2002 (135. Erg.Lfg.).

Lahann, Uwe, Gemeinsamer Sparer-Freibetrag bei negativen Einkünften aus Kapitalvermögen eines Ehegatten, in: Deutsches Steuerrecht 1983, 502ff.

Lang, Joachim, Die Bemessungsgrundlage der Einkommensteuer, Rechtssystematische Grundlagen steuerlicher Leistungsfähigkeit im deutschen Einkommensteuerrecht, Köln, 1988.

Lang, Joachim, Familienbesteuerung, in: Steuer und Wirtschaft 1983, 103ff.

Lang, Joachim, Reform der Familienbesteuerung, in: Steuerrecht, Verfassungsrecht, Finanzpolitik, Festschrift für Franz Klein, Köln 1994, S. 437ff.

Larenz, Karl / Canaris, Claus-Wilhelm, Methodenlehre der Rechtswissenschaft, 3. Auflage, Berlin/Heidelberg/New York/Barcelona/Budapest u.a. 1995.

Lehner, Moris, Einkommensteuerrecht und Sozialhilferecht, Tübingen 1993.

Leisner, Walter, Von der Leistung zur Leistungsfähigkeit - die soziale Nivellierung - Ein Beitrag wider das Leistungsfähigkeitsprinzip, in: Steuer und Wirtschaft 1983, 97ff.

Linzbach, Peter, Der Werdegang der preussischen Einkommensteuer unter besonderer Berücksichtigung ihrer kausalen Entwicklungsfaktoren, Frankfurt a.M./Bern/New York/Nancy 1984.

Littmann, Eberhard, Weitere Fragen zur Ehegatten-Zusammenveranlagung, in: Finanz-Rundschau 1952, 86f.

Littmann, Eberhard, Kritische Marginalien zu Kontroverse „Individuelle Veranlagung oder Haushaltsbesteuerung“, in: Finanzarchiv N.F., Bd. 27 (1968), 174ff.

Littmann, Eberhard, Ein Valet dem Leistungsfähigkeitsprinzip, in: Festschrift für Fritz Neumark, Tübingen 1970, 113ff.

Littmann, Eberhard, Unentgeltliche Nutzungsüberlassung von Wirtschaftsgütern und Absetzung für Abnutzung, in: Der Betrieb 1980, 1040ff.

Littmann, Eberhard, Anmerkung zum BFH-Urteil v. 22.1.1980, VIII R 74/77, in: Deutsches Steuerrecht 1980, 388.

Littmann, Eberhard / Bitz, Horst / Pust, Hartmut, Das Einkommensteuerrecht, Kommentar zum Einkommensteuergesetz, 15. Auflage, Stuttgart, Stand: September 2002 (53. Erg.Lfg.).

Lüdicke, Jürgen, Wahl der getrennten Ehegattenveranlagung aus Tarifgründen?, in: Deutsches Steuerrecht 1984, 511ff.

Märkle, Rudi / Franz, Roland, Betriebliche Nutzung eines Ehegattengundstücks aus einkommensteuerlicher Sicht, in: Betriebs-Berater 1991, 661ff.

Martens, J., Grundrecht auf Steuergerechtigkeit?, Die Rechtsprechung des BVerfG zum Leistungsfähigkeitsprinzip, KritV 87, 39ff.

Martin, Christa, Das geistige Ringen um die steuerliche Anerkennung von Arbeits- und Gesellschaftsverträgen zwischen Ehegatten, Diss. Köln 1965.

Mathiak, Walter, Rechtsprechung zum Bilanzsteuerrecht, in: Steuer und Wirtschaft 1981, 289ff.

Meincke, J.-P., Steuerberater Kongress Report (StbKongrRep.), 80, 334ff.

Meyer, Dirk, Drittaufwand und Leistungsfähigkeitsprinzip, in: Betriebs-Berater 1986, 986ff.

Michels, Rolf, Steuerliche Wahlrechte, Wiesbaden 1982.

Müller-Franken, Sebastian, Das Verbot des Abzugs der „Zuwendung von Vorteilen" nach dem Jahressteuergesetz 1996 - Verfassungsprobleme einer Durchbrechung des objektiven Nettoprinzips, in: Steuer und Wirtschaft 1997, 3ff.

Neumann, Friedrich Julius, Die progressive Einkommensteuer im Staats- und Gemeinde-Haushalt, Gutachten über Personalbesteuerung, auf Veranlassung des Vereins für Socialpolitik, Schriften des Vereins für Socialpolitik, Band VIII, Leipzig 1874.

Neumark, Fritz, Theorie und Praxis der modernen Einkommensbesteuerung, Bern 1947.

Niemann, Ursula, Nutzungsrechte, insbesondere Nießbrauch, bei Einkünften aus Vermietung und Verpachtung und Kapitalvermögen, Bonn 1985.

Obstfelder, Volkmar G. von, Individualbesteuerung oder Haushaltsbesteuerung unter besonderer Berücksichtigung des Ehegatten-Splitting, Frankfurt/M./ Bern 1976.

Ossenbühl, Karl Hermann, Die gerechte Steuerlast, Prinzipien der Steuerverteilung unter staatsphilosophischem Aspekt, Heidelberg 1972.

Osterloh, Lerke, Gesetzesbindung und Typisierungsspielräume bei der Anwendung der Steuergesetze, Baden-Baden 1992.

Oepen, Wilhelm, Gedanken zur Familienbesteuerung, in: Deutsche Steuer-Zeitung 1992, 684ff.

Paas, Monika, Splitting, Verfassungs- und Steuerrechtliche Probleme der Ehegatten- und Familienbesteuerung, Bonn 1983, in: Deutscher Bundestag - Verwaltung - Hauptabteilung wissenschaftliche Dienste, Materialien Nr. 81, Oktober 1983.

Pahlke, Jürgen, Steuerpolitische Grundsatzfragen. Kritische Bemerkungen zum Gutachten des Wissenschaftlichen Beirats beim Bundesministerium der Finanzen zur Reform der direkten Steuern, in: Finanzarchiv N.F., Bd. 28 (1969), 42ff.

Palandt, Otto, Bürgerliches Gesetzbuch, 61. Auflage, München 2001.

Paus, Bernhard, Verlustrücktrag bei Ehegatten, in: Finanz-Rundschau 1986, 509ff.

Paus, Bernhard, Drittaufwand nach Schenkung zwischen Ehegatten, in: Deutsche Steuer-Zeitung 1990, 487ff.

Pfeifer-Engelbach, Helge, Rechtsfragen der Ehegattenveranlagung, Mainz 1994.

Pohmer, Dieter / Jurke, Gisela, Zu Geschichte und Bedeutung des Leistungfähigkeitsprinzips unter besonderer Berücksichtigung der Beiträge im Finanzarchiv und der Entwicklung der deutschen Einkommensbesteuerung, in: Finanzarchiv N.F. Bd. 42 (1984), 445ff.

Prinz, Ulrich, Werbungskosten bei den Einkünften aus Vermietung und Verpachtung, Gelsenkirchen 1984.

Rasenack, Christian, Einkünfte aus Vermietung und Verpachtung, Heidelberg 1993.

Rößler, Gerhard, Die Veranlagung von Ehegatten zur Einkommensteuer, in: Finanz-Rundschau 1985, 393ff.

Ross, Hartmut, Besondere Veranlagung für das Jahr der Eheschließung (§ 26c EStG) und die einkommensteuerrechtlichen Ehegatten-Sonderregelungen, in: Deutsche Steuer-Zeitung 1992, 239ff.

Ruppe, Hans Georg, Die Ausnahmebestimmungen des Einkommensteuergesetzes, Wien 1971.

Ruppe, Hans Georg, Möglichkeiten und Grenzen der Übertragung von Einkunftsquellen als Problem der Zurechnung, in: Übertragung von Einkunftsquellen im Steuerrecht, Köln 1978, S. 7ff.

Ruppe, Hans Georg, Jahrbuch der Deutschen Steuerjuristischen Gesellschaft 1979.

Ruppe, Hans Georg, Einkommensteuerrechtliche Position bei Rechtsnachfolge, in: Rechtsnachfolge im Steuerrecht, Deutsche Steuerjuristische Gesellschaft Band 10, Hrsg. Joachim Schulze-Osterloh, Köln 1987, S. 45ff.

Schellenberger, Heinz, Nießbrauch im Steuerrecht – eine Standortbestimmung, in: Deutsches Steuerrecht 1981, 395ff.

Schimmelpfennig, F.G., Die preußischen direkten Steuern, 2. Theil betr. Die Klassen- und Gewerbesteuern, Sammlung d. Gesetze und Verordnungen wegen der Klassen- und Gewerbesteuern, in 2 Abteilungen, 2. Ausgabe, umfassend den Zeitraum 30.5.1820 bis 1830, Berlin 1831.

Schmidt, Kurt, Die Steuerprogression, Basel/Tübingen 1960.

Schmidt, Ludwig (Hrsg.), Einkommensteuergesetz, 21. Auflage, München 2002.

Schmidt, Ludwig, Anmerkung zum Beschluß des BFH vom 26.10.1987, GrS 2/86, in: Finanz-Rundschau 1988, 166.

Schmölders, Günter, Leistungsfähigkeit, in: Handwörterbuch des Steuerrechts, Bd. 2, hrsg. v. Hartz, Strickrodt, Wöhe, Felix, Sebiger, München 1972, S. 731.

Schubert, Peter, Abschreibungen bei Bauten auf fremden Grund und Boden, in: Finanz-Rundschau 1994, 815ff.

Schulz, Harald, Grundlagen und System der Einkommensbesteuerung, 4. Auflage, Herne/Berlin 1986.

Schulze zur Wiesche, Dieter, Die Besteuerung der Familie, Ehegattenbesteuerung - Ehescheidung - Unterhaltsverpflichtungen - Versorgungsausgleich - Pension - Nießbrauch, 2., erweiterte Auflage, Herne/Berlin 1978.

Schuppert, Gunnar Folke, Verfassungsrechtliche Prüfungsmaßstäbe bei der Überprüfung von Steuergesetzen, in: Festschrift für Zeitler, Bd. 1, S. 691ff.

Smith, Adam, An Inquiry into the Nature and Causes of the Wealth of Nations, Book V, London 1873.

Söffing, Günter, Das Zweite Steueränderungsgesetz 1971, in: Deutsche Steuer-Zeitung 1971, 273ff.

Söffing, Günter, Zweites Steueränderungsgesetz 1973, in: Finanz-Rundschau 1974, 281ff.

Söffing, Günter, Zur einkommensteuerlichen Behandlung des Nießbrauchs II, in: Finanz-Rundschau 1975, 414ff.

Söffing, Günter, Der Vorlagebeschluß des IV. Senats des BFH vom 9.7.1992 zum Drittaufwand, in: Finanz-Rundschau 1992, 801ff.

Söffing, Günter, Drittaufwand und die Vorlagebeschlüsse des VI. Senats, in: Finanz-Rundschau 1997, 511ff.

Söhn, Hartmut, Die Abgrenzung der Betriebs- und Berufssphäre von der Privatsphäre im Einkommensteuerrecht, Köln 1980.

Söhn, Hartmut, Verfassungsrechtliche Aspekte der Besteuerung nach der subjektiven Leistungsfähigkeit im Einkommensteuerrecht: Zum persönlichen Existenzminimum, in: Finanzarchiv Bd. 46 (1988), 154ff.

Spitaler, Armin, Der Beschluß des Bundesverfassungsgerichts zur Ehegattenbesteuerung, in: Betriebs-Berater 1957, 268ff.

Stadie, Holger, Die persönliche Zurechnung von Einkünften, Schriften zum Steuerrecht, Bd. 25, Berlin 1983.

Stephan, Rudolf, Drittaufwand nach dem Beschluß des Großen Senats des BFH vom 26.10.1987 sowie dem BFH-Urteil vom 12.1.1988, in: Der Betrieb 1988, 2477ff.

Tipke, Klaus, Die Steuerrechtsordnung, Bd. I-IV, Köln 1993.

Tipke, Klaus, Diskussionsbeitrag auf dem 50. Deutschen Juristentag, 1974, L 179ff.

Tipke, Klaus, Steuerrecht - Chaos, Konglomerat oder System?, in: Steuer und Wirtschaft 1971, 2ff.

Tipke, Klaus, Bezüge und Abzüge im Einkommensteuerrecht, in: Steuer und Wirtschaft 1980, 1ff.

Tipke, Klaus, Neuordnung der Familienbesteuerung, Steuerberater Kongress Report 1983, S. 39.

Tipke, Klaus / Lang, Joachim, Steuerrecht, 17., völlig überarbeitete Auflage, Köln 2002.

Traxel, Wolfgang, Die Freibeträge des Einkommensteuergesetzes, Frankfurt a.M. 1986.

Trzaskalik, Christoph, Nutzungsrechte im Einkommensteuerrecht, in: Steuer und Wirtschaft 1983, 126ff.

Trzaskalik, Christoph, Studien zu Drittaufwandsfragen, in: Ertragsbesteuerung, Festschrift für Ludwig Schmidt zum 65. Geburtstag, S. 51ff, München 1993.

Vogel, Klaus, Verhandlungen des 50. Deutschen Juristentages, München 1974, Bd. II, Sitzungsberichte, S. L 179.

Vogel, Klaus, Zum Fortfall der Kinderfreibeträge bei der Einkommensteuer, in: Neue Juristische Wochenschrift 1974, 2105ff.

Vogel, Klaus, Berücksichtigung von Unterhaltspflichten im Einkommensteuerrecht, in: Deutsches Steuerrecht 1977, 31ff.

Vogel, Klaus, Zwangsläufige Aufwendungen - besonders Unterhaltsaufwendungen - müssen realitätsgerecht abziehbar sein, in: Steuer und Wirtschaft 1984, 197ff.

Vogel, Klaus, Besteuerung von Ehegatten und Verfassungsrecht, in: Steuer und Wirtschaft 1999, 201ff.

Vollmer, Franziska, Das Ehegattensplitting, Baden-Baden 1998.

Vorwold, Gerhard, Die Ehe- und Familienbesteuerung im Licht der US-amerikanischen Veränderungen, Diss. Münster 1991.

Vorwold, Gerhard, Neuorientierung der Ehe- und Familienbesteuerung – Versuch einer zeitgemäßen Veränderung, in: Finanz-Rundschau 1992, 789ff.

Wagner, Adolph, Finanzwissenschaft, 2. Theil, Theorie und Besteuerung, Gebührenlehre und allgemeine Steuerlehre, 2. Auflage, Leipzig 1890.

Wagner, Adolph, Die Reform der direkten Staatsbesteuerung in Preußen im Jahre 1891, in: Finanzarchiv 8 (1891), Bd. 2, 71ff; 11 (1894), Bd. 1, 1ff.

Wassermeyer, Franz, Drittaufwand aus der Sicht des Großen Senats des BFH - Anmerkungen zu den Beschlüssen vom 23.8.1999 GrS 1/97, GrS 2/97, GrS 3/97, GrS 5/97 -, in: Der Betrieb 1999, 2486ff.

Waterkamp, Afra, Ehegattenveranlagung und Freizügigkeit in der Europäischen Gemeinschaft, Schriftenreihe Völkerrecht - Europarecht - Staatsrecht, hrsg. v. Albert Bleckmann, Bd. 7, Köln/Berlin/Bonn/München 1993.

Weber-Grellet, Heinrich, Tendenzen der BFH-Rechtsprechung, in: Steuer und Wirtschaft 1993, 195ff.

Weber-Grellet, Heinrich, Drittaufwand - Konsequenzen aus dem Beschluß des Großen Senats vom 30.1.1995 GrS 4/92, in: Der Betrieb 1995, 2550ff.

Weisensee, Carl, Zur Frage der Zusammenveranlagung, in: Deutsche Steuer-Zeitung 1954, 26ff.

Wichmann, Gerd, Herstellung von Rechten - dargestellt am Beispiel des Nießbrauchs und der GmbH-Anteile, in: Betriebs-Berater 1986, 28ff.

Wiegel, Bruno, Nießbrauch als Gegenleistungsbestandteil nach neuer Rechtsprechung, in: Finanz-Rundschau 1967, 269ff.

Winkler, Rolf, Die Ehegattenbesteuerung in der Bundesrepublik Deutschland, Diss., Hamburg 1961.

Wolf-Diepenbrock, Johannes, Die Entscheidung des Großen Senats des BFH zum Drittaufwand bei Eheleuten, in: Deutsches Steuerrecht 1999, 1642ff.

Wolkersdorf, Lorenz, Die Neuregelung der Ehegattenbesteuerung in der Bundesrepublik, Motive und Lösungsversuche, Finanzarchiv N.F. (1957/58), Bd. 18, 81.

Zettel, G., Verfassungswidrige Handhabung des § 9a EStG durch die Finanzverwaltung, in: Deutsches Steuerrecht 1978, 518.

Zitzlaff, Anmerkung zum BFH-Urteil v. 10.10.1951 IV 359/51 S, Bundessteuerblatt III 1951, 329f.

FSC
www.fsc.org
MIX
Papier | Fördert
gute Waldnutzung
FSC® C083411

Kolibri 360 GmbH
Ferdinand-Jühlke-Straße 7
99095 Erfurt, Deutschland
produktsicherheit@kolibri360.de

Druck:
CPI Druckdienstleistungen GmbH
im Auftrag der
Kolibri 360 GmbH
Ferdinand-Jühlke-Str. 7
99095 Erfurt